U0957416

金融市场

随机波动的联动性及预警机制研究

——基于马尔科夫链蒙特卡洛抽样方法

Research on Multivariate Stochastic Volatility
and Early-warning System
in Financial Markets

—Based on Markov Chain Monte Carlo Methods

邱冬阳 苏理云 / 著

中国财经出版传媒集团
经济科学出版社
Economic Science Press

图书在版编目（CIP）数据

金融市场随机波动的联动性及预警机制研究：基于马尔科夫链蒙特卡洛抽样方法 / 邱冬阳，苏理云著．—北京：经济科学出版社，2017．10
ISBN 978－7－5141－8579－9

Ⅰ．①金…　Ⅱ．①邱…②苏…　Ⅲ．①金融市场－经济波动－研究　Ⅳ．①F830．9

中国版本图书馆 CIP 数据核字（2017）第 262141 号

责任编辑：杜　鹏
责任校对：隗立娜
版式设计：齐　杰
责任印制：邱　天

金融市场随机波动的联动性及预警机制研究
——基于马尔科夫链蒙特卡洛抽样方法
邱冬阳　苏理云/著
经济科学出版社出版、发行　新华书店经销
社址：北京市海淀区阜成路甲 28 号　邮编：100142
总编部电话：010－88191217　发行部电话：010－88191522
网址：www.esp.com.cn
电子邮件：esp@esp.com.cn
天猫网店：经济科学出版社旗舰店
网址：http：//jjkxcbs.tmall.com
北京季蜂印刷有限公司印装
710×1000　16 开　16.5 印张　300000 字
2018 年 1 月第 1 版　2018 年 1 月第 1 次印刷
ISBN 978－7－5141－8579－9　定价：68.00 元
（图书出现印装问题，本社负责调换。电话：010－88191510）
（版权所有　侵权必究　举报电话：010－88191586
电子邮箱：dbts@esp.com.cn）

前　言

在经济一体化的背景下，金融市场之间的联系日益密切，从金融产品的价格涨跌到金融市场的整体波动，都存在相互传递、相互联动的现象。通过数理金融的方法找出金融市场波动性的特征及规律一直以来是金融学界研究的主题，并产生了分析波动性的GARCH等理论模型，以及用于实际期权产品定价的Black-Scholes公式。与此同时，金融市场的深化和金融创新工具的不断涌现对其随机波动性、波动联动性的研究提出新的挑战，本书以此为研究主题展开。

本书从金融市场中的随机波动性特征入手，梳理了解释金融市场随机波动的随机游走假说、有效市场理论、协同市场假说、分形与混沌市场理论、行为金融理论等主要金融理论。每个理论都从某个角度解释了金融市场随机波动的某些现象和部分特征，并建立起了基于理论假设的随机波动数理模型。本书归纳了研究金融市场随机波动主要数理模型及其模型的演化脉络：从ARMA到GARCH，再到随机波动（SV）模型。重点分析了SV模型的数学原理、假设条件、模型特征、一元与二元模型、估计方法、预测预警等，在此基础上详细介绍了实现SV模型估计、预测、预警的专门方法——马尔科夫链抽样方法（MCMC）的基本思想、Gibbs抽样原理以及用于MCMC方法的算法软件WinBUGS的实现路径。

理论分析后，作者搜集了我国上海证券交易所综合股票价格指数（上证综指）、深圳证券交易所成分股票价格指数（深证成指）以及美国道琼斯30种工业股票价格指数（道琼斯指数）、香港恒生股票价格指数（恒生指数）、人民币兑美元即期汇率从2005年7月25日到2012年12月31日的每日交易数据，按照一元SV模型在正态、t分布假设条件，应用MCMC方法逐一进行了波动性水平、持续性、扰动性等参数的实证估计。在此基础上，拓展到二元随机波动（MSV）模型就上证综指、深证成指、道琼斯指数、恒生指数相互之间的波动联动性进行实证分析，尤其是分析人民币兑美元汇率与上证综指、深证成指之间的波动联动性。基于MSV模型的实证拟合效果满意，尝试对四个指数进行了外推预测，并应用二元MSV模型及估计特征，就道琼斯指数、恒生指数的波动性影响我国上证综指进行预警机制的探索。

综合理论与实证分析，本书研究得到的主要结论是：第一，从单一股票市场的随机波动性看，我国的上证综指、深证成指的随机波动属于一类，美股道琼斯指数与港股恒生指数的随机波动更相似，属于另外一类。第二，从股票市场之间的随机波动联动性看，四个指数的随机波动之间存在联动性，上证综指与深证成指之间的波动联动性强于道琼斯指数、恒生指数与上证综指、深证成指之间的波动联动性。第三，从外汇与股票市场之间的随机波动联动性看，以人民币兑美元汇率为代表的人民币汇率市场与以上证综指、深证成指为代表的中国股票市场之间波动不存在显著联动性，这与人民币兑美元的升值贬值是我国股票市场涨跌的主要因素之一的普遍观点不同。第四，从随机波动的预测看，通过对MCMC改进，能够实现波动性预测，且预测结果可靠，但精度不够，对指导实际操作有一定距离。第五，从股票市场随机波动预警机制看，可以通过MSV模型来建立道琼斯指数、恒生指数对上证综指的随机波动预警机制，也能起到预警效果。第六，股票市场随机波动的实证分析方法中，MCMC方法是实现SV模型估计、模拟、预测、预警的可行方法。

基于研究结论，结合我国股票市场的实际，作者提出熨平中国股票市场波动及联动性的对策建议。一是通过降低虚拟经济与实体经济间的阀值、加强宏观经济预调微调及预期来理顺实体经济与股票市场的良性互动关系。二是通过增加做空机制、t+0、高频量化交易等来健全我国股票市场微观机制。三是改革IPO为注册制以及规范再融资、并购、退市制度等，从而优化上市公司进、调、出的机制。四是通过壮大机构投资者、加强投资者教育等来培育理性投资者。五是在股票市场信息披露、国际化等方面进一步发挥政府的作用。

作者

2017年12月

目　　录

第1章

绪　论

1.1　问题的提出

金融市场中金融产品价格走势的随机性带来收益率的波动一直是金融领域的核心问题，对金融市场随机波动性的研究是分析资本资产价格形成的微观机理、金融风险识别与防控、金融衍生品研发与定价、投资组合的基础。从1997年的东南亚金融危机、2008年美国的次贷金融危机演化为全球性金融危机、2010年爆发并持续至今的欧洲主权债务危机可以看出，在当前世界经济一体化、全球金融活动频繁的背景下，金融市场本身，不同区域、不同品种的金融市场上金融产品价格的波动即收益率的波动之间存在内在的必然的联系。这客观上要求对金融市场的随机波动、随机波动在金融市场间的传导进行科学研究，为防范和化解金融风险提供理论支持。

金融研究学者对此展开大量的研究，随着金融市场尤其是金融衍生品市场发展带来的收益率波动性的演变，金融投资理论从经典的马科维茨（H. M. Markowitz）的均值—方差分析资产组合理论、夏普（William Sharpe）的资本资产定价模型（CAPM），莫顿（Merton）的连续跨期投资模型（ICAPM），发展到布莱克—斯克尔斯（Black-Scholes）提出的以随机波动为核心期权定价公式、赫尔—怀特（Hull-White）期权定价理论。基于金融产品收益率波动的实际和金融波动理论的发展，研究者把数学分析方法不断被引入金融学中，建立了模拟收益率波动性的大量数学模型。其中，主流的是以计量经济方法的时间序列分析建立的金融资产收益率波动性模型，主要经历了自回归

(AR)、随机游走(RW)、自回归移动平均(ARMA)、自回归整合移动平均模型(ARIMA)、恩格尔(Engle)1982年提出的自回归条件异方差(ARCH)、波勒斯列夫(Bollerslev)1986年提出的广义ARCH即GARCH模型,现在最活跃的是泰勒(Taylor)1986年提出的随机波动模型(Stochastic Volatility,SV)①。非计量经济方法对金融资产波动率的模型包括非参数估计模型、小波变换模型、基于人工神经网络的模型等,当然,这不在本书研究的范畴。

东南亚金融危机,美国的次贷金融危机演化为全球性金融危机,欧洲主权债务危机的发生、发展和最终化解,不仅仅影响其所在的区域,而是对包括中国在内的其他国家和地区的经济金融运行,具体到银行、证券、保险等金融机构以及实体经济,产生了实实在在的影响,这种不同区域、不同类型的金融市场之间内在的必然联系就是金融市场随机波动的联动性。而中国作为新兴经济体,金融工具不够丰富,投资者不够成熟,金融产品定价机制不够健全,金融市场随机波动更频繁,受到成熟金融市场的影响和冲击更大。探寻中国金融市场随机波动联动性的作用机理,厘清中国金融市场受到欧美成熟金融市场随机波动的影响,以及如何采取有效的规避中国金融波动、化解金融风险尤其是外部经济体带来的波动和风险的政策措施,是一个有意义和不得不研究课题,也是一个摆在中国金融理论界和实务界面前必须面对的现实课题。

本书以此现实课题为主展开研究,从金融市场随机波动的理论、模型、方法、估计、政策等全面展开,尝试突破。

理论上,以数理金融中的金融市场资产价格随机波动理论为主,并把当前金融波动性理论从单一金融市场分析拓展到金融市场之间的分析,从单个国家和地区拓展到国家之间的分析。

模型上,在GARCH族模型基础上,重点从金融市场随机波动的一元SV模型拓展到联立或者称为多元的SV模型,而联立SV模型的设定、识别、估计、检验等计量方法有待进一步探索。

方法上,由于SV模型的形态不可知,估计的方法,一是用近似的或者模拟的方法构造模型似然函数和无条件矩;二是通过贝叶斯原理的参数后验分布

① 随机波动有广义和狭义之分,在时间序列估算条件方差中含有随机成分的都列入广义的范畴,所以ARCH/GARCH可以看成是广义随机模型。更为常用的是把ARCH/GARCH与SV对应,即狭义的SV模型。为了描述方便,如没有特别指出,本书中随机波动是狭义的,而缩写的SV表示狭义的随机波动模型。

来实现，目前主要是马尔科夫链蒙特卡洛方法（Markov Chain Monte Carlo，MCMC）（Jacquier et. al.，1994），本书中采取MCMC方法，重点是一元SV模型拓展到联立SV模型后的方法多元化、变结构问题、有效估计的简化等。

实证上，从一元SV拓展到联立SV模型后，实证的难度增加，主要是来自不同国家的金融市场的数据如何通过MCMC来有效实现估计，选取股票市场为例的实证结果的经济意义。

政策上，根据中国股票市场受到海外市场的影响和冲击的实际现象，结合随机波动理论、SV模型、MCMC实证结果，提出建立防范和化解海外股票市场波动对我国股票市场影响的对策措施，并以此进行一般分析。

本书就是基于此，展开基于马尔科夫链抽样方法（MCMC）的金融市场随机波动的联动性及预警机制研究。

1.2 研究对象

一般地，金融市场有黄金市场、资本市场与货币市场，以及国际金融市场、国内金融市场，基于本书的研究目的，首先，选择中国国内金融市场为主，辅以对应的国际金融市场；其次，选择何种金融市场，考虑到我国金融市场的发展历史、活跃程度、交易规模、呈现特征，以及金融市场中投资者的参与程度、对社会经济的影响等，综合选定中国股票市场作为具体研究对象。而我国的外汇市场、黄金市场、货币市场、债券市场、基金市场、期货市场、衍生品市场不作为主要研究对象，只是解读MCMC估计结果、分析波动的联动性背后的经济原因及对策建议等作为参照。

从逻辑上讲，以中国股票市场作为金融市场的代表，缩小了研究对象的范围。但从我国实际看，在当前及以后相当长的一段时间，股票市场是我国经济运行的“晴雨表”，是我国企业直接融资的主渠道，也是金融市场中各种利益的交汇点，现有海量的以GARCH模型为主的中国股票波动性研究就说明了其重要性，因此，有必要采用反映随机波动的SV模型等进一步深入研究。同时，从实际的市场波动性来看，中国股票市场与其他金融市场相比，本身呈现出的高波动性，比如人们常说的“高价格波幅、高换手率、高个人参与率”，是中国金融市场随机波动的典型代表。因此，先选择中国股票市场的随机波动作为对象，研究得出令人信服的股票市场随机波动特征和规律，就可拓展到对其市场的深入研究。次之，在研究了随机波动后，要进一步剖析不同国家和地区金融市场随机波动的联动性，应该尽可能保证不同市场的内在一致性，由于我国社会的经济、金融制度与西方成熟市场经济国家有一定差异，货币市场、人民币外汇市场等与西方国家存在质的差异，相对而言，中外股票市场的差异较小，因此，选择股票市场作为研究对象。再者，中国上海、深圳股票市场中的股价指数波动客观上受到美国股票市场、欧洲股票市场以及周边的日本、中国香港地区股价指数波动的影响，广大投资者存在不同市场波动联动的预期，因此，有必要全面研究中国股票市场的波动性的预警机制。

综合来看，选择股票市场代表中国金融市场上价格随机波动的特征及其受到国际金融市场对其的联动性影响是符合客观实际的。当然，在本书研究基础上可以逐步拓展到外汇市场、期货市场、金融衍生品市场的随机波动研究，这也是作者后续进一步研究的方向。

1.3 研究思路

本书遵循问题导向、理论演绎与实证分析相统一、预警机制与对策建议相结合的研究思路来展开，研究框架如图 1－1 所示。

为了寻找有效规避中国金融波动、化解金融风险尤其是外部经济体带来的波动和风险应该采取的政策措施，必须探寻中国金融市场随机波动联动性的作用机理，厘清中国金融市场受到欧美成熟金融市场随机波动的影响，在这一问题的导向下，笔者首先梳理了关于 SV 的理论、模型、估计和包括预测预警在内的应用研究的现状，尤其是对体现研究主题的联立 SV 模型、MCMC 估计方法的国外研究进行了简单的评述。其次，对金融市场的波动性、波动性的特征、收益率的随机波动性的数学建模以及 SV 模型估计方法的演变过程和最新发展进行了理论阐述。再次，根据确定的研究对象，选取中国沪深股票市场以及美国、中国香港股票市场、人民币兑美元汇率市场的多种组合数据进行了基于 MCMC 的随机波动、随机波动联动性的实证分析，基于理论框架和实证分析结论，尝试进行了简单的股票价格指数预测分析，并建立了超波动的预警机制。最后，从经济、金融的运行周期和相互影响，具体股票市场交易机制和投资者培养与培育以及政府监管等角度，提出熨平股票市场、金融市场波动性及其相互影响的联动性的政策建议。

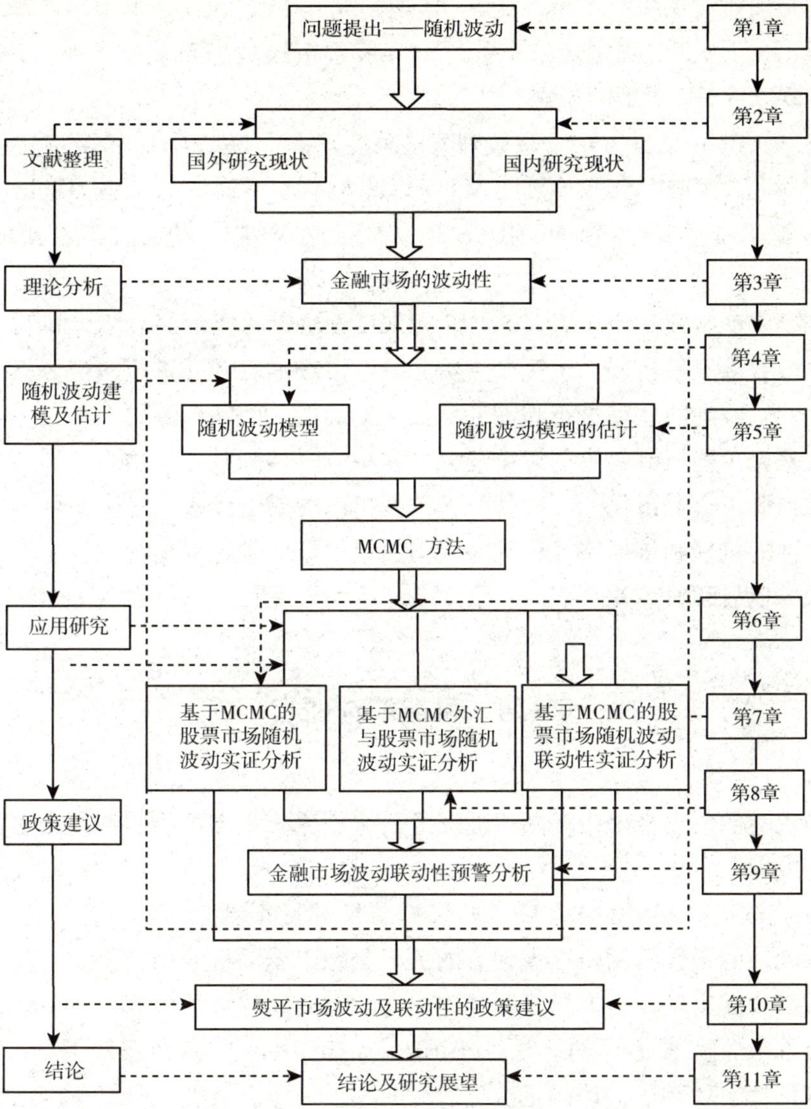

图 1－1　本书的研究框架图

本书研究内容根据研究思路展开，主要包括五大部分。

一是金融波动性理论分析。主要从国际国内金融市场资产收益率波动的实际出发，比如著名的“蝴蝶效应”，引申出随机波动的相关理论。并从波动性发展变化的历史轨迹中探索 SV 提出的科学思想，以把握 SV、MSV 在整个金融学中的地位，探索 SV 与数理、计量领域的交替、重叠和特性。

二是随机波动模型。将一元SV拓展到联立SV，包括：联立SV模型的理论推导；二元SV的固定形式；针对沪深股票市场数据及正态分布、t分布假设来实现联立SV模型的识别、估计。

三是MCMC估计方法。从数理方法角度来推论MCMC在MSV应用中的高阶问题的有效解决方法，利用WINBUGS软件、Wishart过程、Gibbs抽样、Kalman滤波来高效实现MCMC方法，并对比MCMC与矩法等方法的刻画能力。

四是实证研究。应用联立SV和MCMC方法对我国沪深股票之间及其与美国、中国香港股票市场、人民币兑美元外汇市场的联动性进行实证分析；据此对波动性、波动的联动进行超前一期或多期的点、区间预测。

五是以预警机制为主的对策建议。在拟合、预测基础上结合经济理论、我国转轨体制下金融市场的实际特征，挖掘出以股票为代表的金融市场随机波动的联动性的机理和传播路径；针对我国股票市场的实际提出规范管理、风险化解等预警信号和对策建议。

1.4 可能的创新点

与现有的关于金融市场随机波动的研究相比，本书可能的创新点主要有以下三个方面。

1. 尝试了对SV模型的MCMC模拟结果进行预测分析，建立防范和化解波动联动性的预警机制。综观现有的关于金融市场随机波动的研究，其重点要么从数学角度出发，去推导证明如何建立随机波动的数学模型，以及模型对应的估计方法，实现估计的算法，ARCH、GARCH、SV模型及极大似然估计、广义矩估计、MCMC估计就是这类研究的结果；要么从实证分析角度出发，去研究不同金融市场的随机波动的实际情况，比如股票、期货、外汇、债券、期权、黄金、衍生品市场的随机波动及呈现的特征。本书在此基础上，对SV模型的MCMC拟合结果进行长期、短期数据相结合的各种预测分析，建立预警机制，这样的做法虽然只限于中国的股票市场，技术上也有待多方面完善，预警效果也不够理想，但是一种有益的、全新的尝试。这做尝试的对象虽然是中国股票市场，但其对金融市场随机波动研究在学术意义上的探索是一般性的，超越某个具体金融市场本身，有一定的方向指引作用，同时又是本书研究应用价值的主要体现。这样的尝试有助于拓宽金融市场随机波动研究结果的应用领域和应用层面；有助于引导后续的金融市场收益率波动研究走向实际，让高深的数理金融转化为指导实际投资理财、防范金融风险的操作；有助于同行对随机波动的预警问题展开后续研究，进一步改进估计方法，提高预警效果，拓展到其他金融市场。

2. 实现了以中国转轨经济条件下高速发展、有监管的金融市场随机波动为全新对象的研究。不论是规范研究或是实证研究乃至方法论，金融市场波动性研究的选题对中国而言是一个较新的领域，如笔者对国内研究现状所述，对于波动的联动性研究的联立 SV 不多，应用 MCMC 研究 MSV 就更少，而从 ARCH、GARCH、SV 到多元 GARCH、多元 SV 是研究深化的必然路径，这是课题新颖性所在。而现实中，从欧美国家的成熟、自由股票市场随机波动转移到中国转轨经济条件下高速发展、有监管的股票市场随机波动的研究，其对象是全新的。反过来，检验了随机波动的理论假设、估计方法、政策效应在中国股票市场的普适性，同时演化出了全新的具有研究价值的问题——提高不同国家或地区股票市场波动联动性预警的有效性问题。

3. 开展了基于 MCMC 方法的对股票市场随机波动联动性的不同分布假设下的实证分析。本书遵循问题导向，旨在研究以我国股票市场为代表的金融市场如何防范和化解外部波动带来的冲击和影响，问题背后的科学基础就是股票市场随机波动联动性发生的机制，本书从 SV 模型的角度实现了随机波动的联动性，即从一元 SV 模型拓展到二元 SV 模型。从笔者掌握的文献看，国内学者的随机波动研究主要集中在一元的 GARCH 族模型、SV 模型，较少有从二元 SV 模型开展实证研究。虽然从数学上看，一元拓展到二元的思路是相同的，但是二元及以上的多元随机波动模型由于参数多、数据的分布各异，其参数的降阶、估计方法、实证的有效性、数据要求等都没有现成的实证范式，需要笔者去逐项实验，通过 MCMC 方法，最终完全实现我国沪深股票市场与美国、中国香港股票市场的基于正态分布、t 分布假设下实证分析，得出不同股票市场之间客观存在波动联动性的结论。这进一步说明了波动联动性实证的价值所在，为后续开展债券、期货等金融市场波动联动性的研究起到示范作用。

第 2 章

国内外研究现状述评

波动性是金融市场中的基本特征，金融研究者一直以来就对波动率展开系列研究，随机游走理论、协同市场假说、分形与混沌市场理论都是围绕如何有效解释波动性而提出来的金融理论，如何刻画波动率而出现的模型，从自相关（AR）、自相关移动平均（ARMA）、ARCH、GARCH 逐步发展到现在的主流模型——随机波动即 SV 模型，而且 SV 模型从一元拓展到多元。本章就对基于 SV 模型的国内外波动性研究现状作一个梳理。

2.1 理论研究现状

2008 年全球金融危机昭示了金融市场价格波动的严重后果，学术界很早就已展开了波动性的相关研究。波动性，即不确定性，是现代金融理论研究的核心。金融资产价格的不确定性可以用资产收益的方差（波动）来衡量，不同资产收益率的波动性及相互影响可以用对应的协方差来度量。同时，研究前辈们早在 20 世纪 60 年代就认识到这种方差和协方差是时变的，并不断将数学方法引入到波动性分析中去，金融货币经济的应用研究者到 20 世纪 90 年代初开始对一阶矩与二阶矩的时变特性进行建模。描述时变方差的模型一般有两类，即自回归条件异方差（ARCH）模型和随机波动（SV）模型。

2.1.1 ARCH 族模型

ARCH 模型是为了解决回归分析的异方差问题而逐步发展起来的，由恩格尔教授（Engle）于1982年研究英国通货膨胀指数时最先提出的。ARCH模型对波动性现象描述准确，有良好的统计特征，进而容易实现参数有效估计，因此，ARCH模型提出后，被广泛地用于资本资产定价、动态套利、期限结构、期权定价等随机波动的金融领域，也用于金融数据分析与挖掘等，同时，产生了各种应用成果，恩格尔教授因此获得2003年诺贝尔经济学奖，至今这一领域仍是金融计量学的研究热点。此后，ARCH模型又被扩展为GARCH和MARCH，GARCH又被拓展到EGARCH和FIGARCH等多种变化形式。ARCH、GARCH族模型已为同行熟知，当前中外研究前沿是随机波动（Stochastic Volatility，SV）。

2.1.2 SV模型

实际的金融资产价格动态变化不可知或可知但不可测时，采用ARCH模型的思路就难以实现对波动性的估计，采用回归形式来分析标准差、协方差和条件方差就没有实际意义。通过学者们多年的研究，提出了解决“不可知，或可知但不可测时”问题的两个思路：一方面是力图采用改进或新的算法来描述标准差（离中趋势），如斯蒂芬（Stephen，1997）提出均值的替代方法，格兰杰等（Ding，Granger and Engle，1993）则论证了可以采用绝对收益来衡量离中趋势；另一方面是在衡量波动率方法上寻求新的路径，在前期和当期扰动项可知但不可测的条件下，尝试采用随机过程的数理分析方法衡量波动性，SV方法应运而生，SV模型逐步得到发展。

SV模型是泰勒（Taylor，1986）首次提出的。在SV模型中，虽然金融资产价格波动是动态变化的，是不可知，或可知但不可测，但对不可知的波动性被假定为如ARMA的线性随机过程。SV模型的线性随机过程的假定决定其与ARCH模型不同，估计SV模型的精确似然函数具体形式很难得到，使用传统的极大似然方法不能对其进行估计，所以SV模型很长一段时间内难以在实际中得到应用。虽然如此，SV模型是Ornstein-Uhlenbeck过程的离散近似，而后者在金融衍生品定价、利率动力学等方面被广泛地使用着，比如在布莱克—斯克尔斯期权定价公式中，假定波动是和时间无关的常量，但这种假定并不合理，因此，很多学者讨论了随机波动下的期权定价问题，结果发现，在SV模型下得到的期权价格比B－S公式下的期权价格更近于实际。谢普哈德（Shephard，2004）比较了SV与ARCH、GARCH的研究文献后指出，不论是条件或是非条件波动，不论是历史、隐含或是现实（高频）波动，SV 是 GARCH 族的有效升级和替代，因而 SV 模型更适用于研究金融领域的许多方面。

泰勒（Taylor）及其后续研究者对 SV 模型又进行了各种各样的扩展，扩展 SV 模型主要包括非标准正态分布下的尖峰厚尾 SV 模型、包含解释变量的因素 SV 模型、连续时间动态 SV 模型、二元到多元 SV 模型、马尔科夫（Markov）转换 SV 模型、门限阀值 SV 模型、长记忆 SV 模型等。

2.1.3 波动联动性研究

金融市场的随机波动还呈现出在国家、市场、品种、期限之间的联动。为此，波动模型从单一发展到联立（也称为多元）：联立 GARCH（M－GARCH）、联立随机波动模型（Multivariate SV，MSV）。Laurent. et al.（2006）和 Silvennoinen. et al.（2008）对 M－GARCH 作了综述。同样，Asai、McAleer & Yu（2006）对近年来 MSV 的研究进展进行了综述。由于 SV 模型的条件方差方程中包括了一个服从随机过程的二次随机误差项，即误差项的误差，是一个具有动态分布波动特征的模型，从 SV 拓展到 MSV，缺乏明确的模型形式。因此，MSV 有别于 M－GARCH 的相对成熟，其在模型改良、条件修正、估计技术、实现手段、实证拟合等方面都需展开大量深入的研究。

金融市场的随机波动超过阀值就形成泡沫或危机，学者们为此展开了危机预警机制（Early-Warning System，EWS）研究。现有 EWS 的方法是 Logistic（Berg，et al.，2005），也有多元 Logistic 预警（Jacobs. et al.，2004）。Abiad（2003）对 Logistic 预警机制进行了综述，提出了基于 Markov 转换方法。IMF 研究局提出了预警期限从 1 个月到 3 年的多种 EWS 模型，近期研究集中在银行危机预警机制研究上（Philip. et al.，2008），少有从 SV、MSV 角度研究预警机制的文献。

2.2 MSV 建模综述

2.2.1 基本 MSV

哈维（Harvey，1994）第一次推演出 MSV 形式，即基本 MSV，之后出现多种 MSV 模型：有拟合厚尾特征残差 t 分布的 MSV - t（Harvey，1994；Yu，2006）；考虑波动相关性的杠杆效应的 MSV - L（Chan，et al.，2006；Omori，et al.，2007）；体现波动结构变换的阀值 MSV（So，2002）。

2.2.2 因素 MSV

因素 MSV 由 Harvey（1994）首创，Shephard（1999）、Doz & Renault（2006）拓展，其与因素 M - GARCH 中因素是可观察的不同，因素 MSV 中的因素是潜在的。而因素 MSV 依据方程中因素的加入方式可分为加法（additive）和乘法（multiplicative）因素模型（Asai，2006）。另一广泛应用的是均值因素（mean factor）MSV。但由于因素 MSV 参数过多，其参数估计和降阶难度较大，有待进一步研究。

2.2.3 动态 MSV

金融市场全球化、波动性高相关要求 MSV 中的残差、条件相关是随时间变化的，即形成动态 MSV。其包括矩阵指数转换、Cholesky 分解（Tsay，2002）、间距（Range-based）（Tims & Mahieu，2003）、Fisher 转换模型（Yu & Meyer，2006）。当前动态 MSV 主流方法是采用基于原有 MSV 的协方差矩阵的逆 Wishar t 分布的 Wishart 自相关过程（Pilipov & Glickman，2006、2008），称为 Wishart - MSV 模型。Asai、McAleer & Yu（2006）以及 Chib、Omori & Asai（2008）对此有详尽的论述。应该说，动态 MSV 是全球理论界共同面临的课题，是今后深入研究的方向。

2.3 MSV 的 MCMC 估计方法

不论是一元 SV，或是 MSV，其隐含的收益率的扰动项在历史可观察到的 t - 1期的条件分布是不可知的，所以其精确的似然函数不可得，极大似然法估计就行不通，不同的学者围绕 SV 模型中扰动项的不可观测特性，提出了多种估计方法。布罗托等（Broto & Ruiz，2004）对一元 SV 模型的估计方法作了全面深入的综述。MSV 多元特征决定了其参数空间的多维度、协方差矩阵的半正定、似然函数无闭环形式等，进而导致其参数难以估计，目前有矩法估计、辅助模型法估计。其缺陷是难以在精度、计算特性和操作性之间平衡。

近年来，由于计算技术的突破，Jacquier & Polson & Rossi（JPR，1994）把应用于统计物理的马尔可夫链蒙特卡罗（Markov Chain Monte Carlo，MCMC）方法首次引入SV模型的估计。MCMC方法是使用Markov链的Monte Carlo模拟积分来构造一条Markov链，使其平稳分布为待估参数的后验分布，利用链上的各个样本值就可以估计参数、进行各种统计推断。对于MSV，MCMC方法是基于贝叶斯原理而将高维度的联合分布分解成较低维的，进而再分别从中逐一产生样本，而不需要数字优化（Chib. et al.，2005）。

当MSV的参数和状态变量的后验分布都是标准形式的分布时，如正态、t、Beta、Gamma、Dirichlet、二项分布，MCMC算法可用Gibbs抽样；当参数是非线性，或其条件分布不可识别，或分布函数可知但不是标准形式时，MCMC可用Metropolis－Hastings抽样算法。正因如此，以牛津大学Shephard（2003，2004，2006）教授为代表的学者所倡导的采用MCMC方法得到了最广泛的认同，而与MCMC并行的WINBUGS（Bayesian analysis Using the Gibbs Sampler for Windows）专用软件，极大地简化了MCMC的算法过程，大大地推进了MCMC的实际应用。例如，Chan，et al.（2005）估计的非对称MSV，Philipov. et al.（2006）估计的Wishart MSV，Yu & Meyer（2006）估计的九种MSV模型，都是应用的MCMC。应该说，MSV的MCMC估计是后续研究方向。

2.4　应用研究综述

2.4.1　金融市场中的应用

MSV应用在股票、外汇等金融市场随机波动的联动性上，渗透到政府政策干预的联动方面。一是股票市场。Chen. et al.（2007）应用MSV模型对NASDAQ和日本、韩国、中国台湾地区股指在1998年1月～2004年12月间波动的联动性进行了估计，结果表明其有显著的波动杠杆效应，而且亚洲地区股指之间的波动联动性强于其与NASDAQ的波动联动性。Weber（2008）用二元MSV研究了美国股票市场波动在1989年1月～2008年3月间对加拿大、墨西哥、巴西股指的溢出影响，实证表明美国股指波动对其联动性显著，其中加拿大最高相关，反之则不明显。二是外汇市场。Tims. et al.（2006）用间距 MSV 对美元、英镑、欧元、日元在 1989 年 1 月 ~2003 年 9 月间汇率波动的联动性进行了测度，结果表明汇率相关消息在不同汇率间有明显的联动效应。三是政策方面。Smith. et al.（2006）用二元 Wishart MSV 模型对日本汇率政策干预效应、Stock. et al.（2006）对美国通货膨胀率的预测进行了测度。在这些应用中，少有中国金融市场与欧美的联动研究。

关于外汇市场对股票市场波动性影响研究及其相应的应用，较多的研究集中在基于 GARCH 模型而得出实证结论。多数结论表明股市与汇市之间的波动联动性不突出；也有部分结论表明汇市对股市有单项的溢出效应；个别结论证明汇市与股市之间有双向的溢出效应。不论是研究得出什么结论，都没有进一步对股市、汇市波动性进行预测或者提出预警处理的方法，更没有较为深入和专业的研究。

2.4.2　预警应用研究

MSV 的假设条件、模型构建、有效估计都是为了使模型最终能为金融市场产品的价格随机波动的联动性提供较准确的预测。M - GARCH、一元 SV、基础 MSV、因素 MSV、动态 MSV 在预测上涉及点、区间、发生概率（含符号）、密度预测，其中一元 SV 模型预测研究的文献较多，MSV 的预测实证和应用不多，主要集中在符号预测（Christofferson & Diebold，2003）和密度预测上（Giacomini，2002），也是当前研究的难点、热点。

基于 SV、MSV 方法的预警机制应用研究很少见。波动性的 EWS 主要是在基于 Logistic 形成的模型上展开的，如 Abiad. et al.（2004）对印度尼西亚、韩国、马来西亚、菲律宾、泰国，Andreou. et al.（2007）对中东欧六国的货币危机的估计与预警；Gomez. et al.（2007）以哥伦比亚为对象，实证了资产价格泡沫的预警指标。

2.5　国内研究现状

从现有文献看，有大量的 GARCH 族模型的研究，涉及 GARCH 模型的数学原理、估计方法、模型改进、假设条件放宽、从一元大多元、在金融市场中的具体实证分析等方面，得出了一些有理论价值与实际意义的结论，大大地促进了 GARCH 族模型在我国的引入和应用，改进了描述我国金融时间序列的波动性的整体水平。

国内对 SV 模型研究主要集中在一元 SV 模型，包括模型建立、估计方法、SV 结果的应用、SV 模型特性的评估、SV 与 GARCH 族模型比较等（张世英，2004、2007；王春峰，2008；吴喜之，2008；吴冲锋，2007），对于 MSV 的研究较少见。研究对象和应用领域是中国股市，较少涉及外汇、期货、政策等，几乎没有用 MSV 方法研究金融市场间波动的联动性。

第3章

金融市场波动性解析

一般地，波动性是自然界和人类社会普遍存在的现象，本章主要介绍金融学对波动性的界定，进而介绍金融市场波动具有的特征、类型，估计波动性的模型，以及现有的金融理论如何解释金融资产收益率的波动性，力图从波动性规范分析及发展变化的历史轨迹中探索随机波动的科学思想，引申出金融市场波动联动性分析。

3.1 波动性的界定

3.1.1 波动性

波动是指像波浪那样起伏不定，不稳定，其早期主要用于物理、光学，波动是一种常见的物质运动形式，振动在空间的传播称为波动。而波动性（volatility）就是指变量随时间变化而呈现的扰动，是自然科学比如物理、化学以及社会科学比如经济、金融、管理等领域都可能涉及的现象。波动性从物理学的含义引申到金融学，其主要是指金融工具或者金融资产的价格按照波浪的方式发生变动的特性。价格是重要的市场信号，是金融市场中参与各方最关心的问题，也是金融资产价格的涨跌变化趋势，描述价格变化趋势和规律的波动性逐渐成为金融领域中的重要概念，对波动性的研究也逐渐成为现代金融理论研究的核心。

世界各国经济发展，无论是完全的市场经济体，还是新兴经济体处于向市场经济转轨的形态，都表现出经济波动与经济运行是相辅相成的。只要有市场供求变化就会有价格波动，持续一段时间的供求变化必然伴随着价格的持续波动。当资本市场、劳动力市场、土地市场等要素市场和产品市场的价格波动呈现出某种共生或共振的时候，整个经济体就出现经济循环。而这一过程中，由于金融是现代经济的血液，金融作为联系各个产品市场、要素市场的纽带，金融市场本身的波动性更为显著，在时间上处于先行，波动带来的破坏性即金融风险更大，因此，描述金融产品的波动性特征，发现金融市场波动性呈现的某些规律，探索金融市场波动性的微观机理，剖析金融市场波动性的经济、政策意义，已经成为全球金融研究中的一个重要领域，正方兴未艾，金融学上的波动性概念逐渐被大众所了解并熟知。

3.1.2 金融学中的波动性

3.1.2.1 波动性的含义

由于把波动性引入金融学的研究从欧美国家开始，因此，波动性的界定都是引自欧美。根据维基百科（Wikipedia）的解释，金融学上的波动性是指金融工具或者金融资产的价格在一定时间内不确定性变动的测度（In finance, volatility is a measure for variation of price of a financial instrument over time.）。国内学者也有对波动性的界定，其意思大同小异。

从波动性的界定可以看出，金融工具或金融资产价格的不确定性是指价格变化没有明显上升或者下跌的趋势性，是不可预期的，在一定时间可以是一天、一周甚至更长的月度、季度、年度，也可是一天以内的 1 小时、10 分钟、1 分钟、10 秒等，即高频数据，测度方法是根据价格变动的幅度、频率等而逐渐发展起的，包括波幅、方差、标准差、峰度系数等，主要测度指标是波动率。

金融学上波动性可以从多方面来解释：一方面，波动是金融资产价格变动的存在形式，没有一成不变的价格，波动性是金融市场的普遍现象，所有影响金融资产价格的宏观经济、市场、投资者等因素都通过价格涨跌变化，即波动形式表现出来；另一方面，金融工具或金融资产中符合投资者预期的波动就是收益，超出投资者预期的波动就是金融风险，因此，波动性分析既是指导投资决策、获得投资收益的基础，又是分析金融风险的形成机理、扩散演化、防范化解的基础。此外，波动性作为一个客观的尺度，是对金融工具或金融资产价格的变异性、随机性、不确定性的度量，市场参与者、观察者、监管者通过波动性指标形成统一的刻画体系，而且单纯的定性描述不足以说明波动性，必须通过定量分析甚至金融工程化波动性才能准确刻画。正因为如此，波动性成为评价金融市场优劣的重要指标，是期权定价的重要参数。

3.1.2.2　波动性的度量

如何对波动性进行定量分析，或者说对波动性进行较科学的度量，一直以来都是理论界和实务界关注的焦点，从更一般意义上说，本书研究也属于这一范畴。从统计学角度看，对于一个过去已经存在的金融资产的波动性，实际是度量金融资产价格的离散程度，衡量离散程度的统计指标都从不同侧面可以反映出波动性，不同的学者也采用了方差、标准差、绝对值偏差、半方差或方差的上、下界、波动幅度等指标来度量波动，但通常用金融产品（标的资产）收益率的标准差或方差来度量。

在现代的投资组合理论中，资产收益的不确定性可以用资产的方差和资产之间的协方差来度量。1952 年，诺贝尔经济学奖获得者马克维茨（Markowitz）发展了资产组合理论，提出用概率论与线性规划的方法来衡量资产组合的收益与风险，应用样本均值来度量收益率，用样本方差来度量波动性，样本方差度量波动性简单易行，均值—方差理论逐渐被视为现代证券理论的基石，大大促进了现代资本市场理论的发展。样本方差法如下：

$$\hat{\delta}^2 = \frac{1}{N-1}\sum_{t=0}^{N}(y_t - \bar{y})^2 \tag{3.1}$$

其中，y_t 表示标的资产在时刻 t 的收益率；$\bar{y}$ 表示 y_i 样本的均值；N 表示在标的资产的样本量，根据公式（3－1）计算得到的 $\hat{\delta}^2$ 是 δ^2 的无偏估计。

在本书的实证分析中，收益率 y_t 按照下列公式计算。

$$y_t = \ln(P_t/P_{t-1}) - \mu \tag{3.2}$$

其中，P_t、P_{t-1} 表示第 t、t－1 时刻标的资产的价格；μ 表示时间序列 $\ln(P_t/P_{t-1})$ 的均值。

目前研究中常用的波动度量的方法是收益率的标准差，因为总体标准差常常是不可知的，因而需要用样本标准差去估计，而用样本标准差估计时需要以随机变量的某种分布假设为前提，因此，标准差来测度波动性不仅仅度量了收益序列的离散程度，一般也可以进一步测算其出现的概率。

收益率的标准差也就是波动率，人们常常用波动率来简洁表述波动性的度量问题，保持波动率在期权定价、风险管理、组合投资、套利定价中的一致性。

波动率指标的其他问题是波动率的时间跨度问题，以及日波动率与月、年波动率的相互转化问题。

需要指出的是，波动性的一些复杂的、与时间序列相关的特征无法简单地使用方差或标准差来测度。

年化波动率定义为对象资产的年回报率的对数值的标准差。

一般地，时间长度为T（年）的一段时间内波动率σ_T定义为：

$$\sigma_T = \sigma\sqrt{T}$$

因此，如果一种资产（如股票）在长度为P的一段时间内，日均的对数回报率的标准差为σ_{sd}，那么年化波动性为：

$$\sigma = \frac{\sigma_{sd}}{\sqrt{P}}$$

在美国，通常认为$p = \frac{1}{252}$（因为美国每年有252个交易日）。因此，如果某资产的$\sigma_{sd} = 0.01$，那么就可以算出年化波动率为：

$$\sigma = \frac{0.01}{\sqrt{\frac{1}{252}}} = 0.1587$$

当然也可依上式算出月波动率为：

$$\sigma_m = 0.1587\sqrt{\frac{1}{12}} = 0.0458$$

3.1.2.3 波动性指数

从波动性的度量方法可以看出，波动率指标一般需要专业的计算，不够直观，为了让金融市场参与各方能够直接了解市场的波动性，人们按照波动率的计算方式编制了波动性指数，并向股票价格指数一样对外公开发布。常用的波动性指数有外汇市场中的美元指数、期权市场中的波动性指数等。

美元指数（US Dollar Index，USDX）是综合反映美元在国际外汇市场的汇率波动情况的指标，用来衡量美元对一揽子货币的汇率变化程度。USDX 的计算方法是美元与全球主要货币的汇率的加权平均，权数一般采取全球各主要国家与美国之间的贸易结算量，当前选取的主要货币有欧元、日元、英镑、加元、瑞典克朗、瑞士法郎六种，其中，欧元的权重最大，超过了50%。美元指数1973年推出时为100点，并以100点为强弱分界线，其波动趋势是，当美元兑其他货币走强时，美元指数就走高，反之亦然，典型的例证就是，2008年美国次贷金融危机期间，美元指数达到历史的最低点。

美元指数的计算方法表明，其采取的是汇率波动的绝对偏差，不是常用衡量波动性的标准差指标，但美元指数对判断外汇市场的基本波动提供了一个大众普遍接受的较全面的指标，同时美元指数也是期货、期权、套利交易的标的资产。

另一个被市场普遍使用的波动性指数是芝加哥期货交易所的波动性指数，包括跟踪纳斯达克波动性指数（VXN）、跟踪道琼斯工业平均指数的波动性指数（VXD），以及最受广泛使用的跟踪S&P500指数的波动性指数（VIX）。理论上来讲，VIX（CBOE volatility index）指数是一系列标准普尔500指数期权的价格加权指数，波动性指数的概念以及基于此种指数的金融工具最早是由梅纳赫姆·布伦纳（Menachem Brenner）教授和丹·盖莱（Dan Galai）教授于1986年提出的，后经逐渐演化形成的。

VIX 的计算就是指数用年化百分比表示，并且大致反映出标准普尔500指数在未来30天的期望走向。例如，假设VIX指数为15，表示未来30天预期的年化波动率为15%，因此，可以推断指数期权市场预期未来30天标准普尔500指数向上或向下波动 $15\%/\sqrt{12}=4.33\%$。也就是说，指数期权的定价假设是：标准普尔500指数未来30天的波动率在±4.33%以内的几率为68%。尽管VIX指数是以百分比而非美元金额表示，仍有很多以VIX指数为基础的衍生工具存在，包括2004年开始交易的VIX指数期货合约、2006年开始交易VIX指数期权以及交易所交易基金等。

VIX指数通常被称为“恐慌指数”，但较高的VIX值并不代表熊市。相反，VIX指数衡量市场波动的方向，包括正向变化。因此，高的VIX指数代表投资者认为市场会有很剧烈的波动，包括正向和反向的。VIX指数的最高值出现在投资者预期市场很可能会出现很大波动时。只有当投资者认为不会有较大的下跌风险或较大的上涨可能时，VIX 指数才会低。VIX 指数推出后，受到全球投资者的追捧，特别是 2005 年以来，全球金融资产波动性急剧增加以后，VIX 指数的交易量更是屡创新高，虽然有学者批评 VIX 指数复杂且不适用，但 VIX 指数成为全球投资者评估美国股票市场风险的主要依据之一。

与美元指数不同，VIX 指数是根据 S&P500 指数期权的隐含波动率计算出来的，由于中国目前金融市场不够完善，只有股票指数期货，还没有指数期权，对 VIX 指数的了解仅局限于研究人员，但随着中国金融市场的不断发展，波动性研究逐渐深入，波动性指数等金融新产品将不断涌现，因此，有必要展开对金融市场波动性的全面研究。

3.1.3 随机波动的界定

金融学对波动性的研究是伴随着金融理论、金融工程及金融数学化发展而发展的，在对大量的股票、外汇等金融时间序列的计量分析中，研究者发现金融资产价格的波动是随时间变化而变化（时变性），对应收益率的标准差是一个随机过程，因而提出了波动性更为学术化的表达——随机波动。

经济学中，随机波动更侧重于指时间序列的随机（不可观测）部分（Andersen，Bollerslev，Christoffersen，Diebold，2005）。金融学中，随机波动的定义是在一个连续的差分模型中随机维纳（wiener）部分的标准差或协方差。Poon 和 Granger（2003）强调更为准确的分析，采用标准差或协方差来界定和计算，并以时间序列是某种条件分布为前提，如正态分布、t 分布或者是非标准分布，需要其对应的概率密度、累计概率密度才可以从历史数据推导出来的分布。

研究者很早就认识到随机波动，但直到 20 世纪 90 年代初，金融货币经济的应用研究者才对一阶矩与二阶矩的时变特性进行建模。描述时变方差的模型一般有两类，即自回归条件异方差（ARCH）模型和随机波动（SV）模型。

3.2　波动性的类型[①]

理论上界定和推证随机波动是收益率的标准差，就需要在实证上获得收益率的数据来计算、建模、检验和诠释。在成熟的金融市场上，存在三类可获得数据的波动性。

1. 历史波动（historical volatility）。历史波动就是目标资产在研究视线窗内客观的历史数据表现出的波动特征。由于投资回报率是一个随机过程，真实波动率永远是一个未知数。或者说，真实波动率是无法事先精确计算的，人们只能通过各种办法得到它的估计值。显然，如果真实波动率是一个常数，它不随时间的推移而变化，则历史波动率就有可能是真实波动率的一个很好的估计。历史波动是普遍和基础数据，也是早期研究的重点，适用于 AR、ARMA、ARCH、GARCH、SV 等多种模型。在波动性的度量方法部分的公式（2.1）和公式（2.2）都是根据历史数据得出的历史波动，这是本书研究的重点。

对于历史波动性，可以按照其波动的范围及影响分为：

（1）日常波动。日常波动指金融市场中金融工具的交易带来的金融资产价格变化的波动，其波动幅度一般不大，对交易双方、金融工具的价格走势和金融市场的影响不大，是一种常态，与宏观经济形势、实体经济或金融工具的标的资产无直接联系。

（2）周期性波动。周期性波动是指金融资产价格变动存在明显的上升、下降周期的波动，周期性波动的周期可以是全球性的金融危机、经济危机带来的衰退，也可以是一个国家或地区的宏观经济周期，还可以是某个行业的繁荣衰退周期，或者是某个特定的没被发现的某种周期性。周期性波动与市场以外的因素关联性强，比如股票市场的涨跌波动与国民经济基本是同周期变动的，是市场研究的重点，学者们期望找出周期内波动的分布函数的具体形式和固有特征。

（3）异常波动。金融市场的实际运行情况比人们的认知更复杂、更不可预知，不时会出现超出人们预期的涨跌波动，并带来市场的震荡，这就是异常

---

① 邱冬阳等．金融市场随机波动：基于文献综述的视角．西南农业大学学报（社科版），2009（4）．

波动。异常波动存在于新兴市场，同样存在于成熟市场，著名的黑天鹅效应就是波动性的最好例证。从这个意义上将，波动性研究无止境。

2. 隐含波动（implied volatility）。在金融期权的定价模型中，波动率的估计和预测值是一个重要的影响变量。反过来，从实际交易中获得期权的价格数据，可以倒算推导出暗含在期权价格、持有期限、执行价格等条件下波动率的值，这就是隐含波动。这一过程常常通过 Black - Scholes 公式求解，或通过二叉数模型来实现。由于 Black - Scholes 公式的期权定价模型给出了期权价格与五个基本参数即标的股价、执行价格、利率、到期时间、波动率之间的定量关系，只要将其中前 4 个基本参数及期权的实际市场价格作为已知量代入定价公式，就可以从中解出唯一的未知量，其大小就是隐含波动率。由于我国没有期权市场，无从实证中国的情况，无从比较中国历史波动与隐含波动。

3. 现实波动（realised volatility）。现实波动又称高频数据（high frequency data）波动，是指由于信息技术手段的提高，可获得金融市场一天内（intra-day）的交易数据如 5 分钟、10 分钟呈现出的波动。高频数据的使用极大地提高了在不依赖直接模型条件下直接观测潜在波动的可能，也从实践上支撑并推动了 SV 模型、连续波动性研究，同时为随机波动研究在金融市场的微观结构方面的应用提供了保障。

3.3 波动性的特征①

经典的波动性研究是假设金融资产收益率服从正态分布，在实证研究中，获得的收益率波动数据是否与正态分布的假设吻合呢？股票等资产价格的波动呈现出什么特征呢？于是许多经济学家尝试对收益率的误差项的分布做出各种研究，得到如下结论。

1. 尖峰厚尾特征（thick tails）。Mandelbrot（1963）和 Fama（1965）先后发现资本市场收益率分布在均值附近以及在距离均值较远的尾部，其四阶矩大于 3，随后的研究得出收益率的真实分布比标准正态分布具有更高的概率分布密度函数值，表现出尖峰厚尾特征。尖峰厚尾特征虽然是从股票市场的每天数

---

① 邱冬阳等．金融市场随机波动：基于文献综述的视角．西南农业大学学报（社科版），2009（4）．

据序列中先观察到的，但其他金融资产也表现出同样的特性（Andersen，Bollerslev，1998），并在任意时间标度上都存在（几秒到几个月），而且时间标度越短越显著，峰度也随着数据频率的增加而增加。与尖峰厚尾特征吻合的分布，一是Levy分布；二是混合分布，如正态—泊松混合分布，以及指数分布和正态分布构成的Laplace分布等。

2. 波动集群性（volatility clustering）。金融时间序列往往在较大幅度波动后面伴随着较大幅度的波动，在较小波动幅度后面紧接着较小幅度的波动，这种性质称为波动集群性。收益率的时间序列数据在高波动或低波动阶段的堆集现象可直观地观察到。波动集群性反映了收益率波动的正相关和正反馈效应，虽然其与有效市场理论中关于金融波动不相关假设矛盾，实际上，波动集群和厚尾特征是高度相关的。

3. 杠杆效应（leverage effect）。杠杆效应是指股票价格变动与其随机波动负相关（Black，1976）。因为股票价格下跌意味着更多的不确定性，也就是说，收益率为负时的波动性比收益率为正时波动性要大一些。换言之，正面和负面的信息会对未来的价格波动产生不同程度的影响，通常负面信息所引起的波动更大。在金融市场中，杠杆效应在一定程度上反映了投资者的风险厌恶特性。大量的实证文献中，有支持杠杆效应的（Nelson，1991；Engle and Ng，1993；Yu，2005），也有认为杠杆效应不明显的，不足以支持股票价格收益正负的不对称性（Schwert，1989）。

4. 信息流（information arrivals）。所谓信息流特征，是指收益率波动的分布由影响价格变化的信息流决定。由于对资产收益率的衡量和模型化都是通过观察固定频率的样本资料而获得，例如日、周、年收益，显然，资产收益是直接与信息相关的，而信息流没有固定模式，常常不是按时间标准排列，也难以观察和预期，是时间变换的（time deformation）。所以可以把资产价格波动看做一个与信息流高度相关的现实波动过程。

信息流特征被认为是收益率波动尖峰厚尾特征的内在原因（Gourieroux and Jasiak，2001）。Easley 和 Hara（1992）证实了资本市场的微观结构中影响波动性的信息流主要是：交易量；报价方式；预期事件，如股息红利分配、宏观数据发布等；市场闭市时间等。

5. 长记忆与持续性（long memory and persistence）。长记忆性是指收益率序列的绝对值或幂的自相关呈现十分缓慢的衰减（Ding，Granger and Engle，1993），相距较远的时间间隔仍然具有显著的自相关性，表现为历史事件会长期影响着未来。在实证研究中，发现股市收益存在短期正相关而长期负相关的关系，并且高频数据的金融波动的条件方差时间序列接近单位根过程，也就是说，当前的信息和波动会对未来的波动产生长期和持续的影响。

6. 共生波动（volatility co-movements）。在交易全球化、国际投机资金四处游走的背景下，共生波动问题就产生了：全球化的股票市场是否扩大了价格波动和收益率的相关性。Harvey，Ruiz and Shephard（1994）采用联立模型，Lin，Engle and Ito（1994）采用因素模型，实证研究得出共生波动存在的结论。

7. 溢出效应（volatility spillover）。作为经济系统的子系统，不同金融市场的波动之间可能相互影响，波动会从一个市场传递到另一个市场，从一种金融产品到另外一种金融产品，这一现象称为波动的溢出效应。向量 GARCH 模型和向量 SV 模型是研究波动溢出效应的主要工具。

8. 微笑现象（smiles）。在期权定价研究中，如果市场的期权定价与 Black - Scholes 公式一致，那么隐含波动率就应该与该标的证券收益率波动的标准差一致，但实证的结果却是：不同的执行价格，其对应的隐含波动率有时呈 U 型，即平价期权的隐含波动率最低，实值和虚值期权的隐含波动率较高，这称为波动的微笑现象。同时，微笑现象在实值和虚值期权间不完全对称，而且并接近期权到期日，微笑现象更显著（Taylor and Xu，1993）。

9. 隐含的相关波动（implied volatility correlations）。在衍生品的隐含波动率测定中，常常是根据同一标的资产、不同的执行价格、不同的到期日得到不同的隐含波动率，再加权获得一个复合隐含波动率，权数是依据期权价值（near - the - money）的交易量的形成的（Harvey and Whaley，1992）。

3.4 金融市场波动的相关理论

对金融市场实际运行中波动性的解释催生了经济金融理论的发展，而关于资产价格行为模式的理论探索和争论已经持续多年，金融理论主要产生于西方发达经济体国家，并经多年市场检验而逐渐发展成较为完备的体系，同时又演化为不同流派。由于中国金融市场发展相对滞后，金融市场波动性理论主要源于西方，中国学者们对金融市场波动性的研究主要是基于西方理论的实证检验。

3.4.1　有效市场理论①

在众多解释金融波动性理论中，影响最大的是被誉为现代金融经济学理论基石的有效市场理论，也叫有效市场假说（efficient-market hypothesis，EMH）。

3.4.1.1　有效市场理论的内涵

完整的有效市场理论包括三方面主要内容：理性投资者、随机游走和有效市场假说。

所谓理性投资者主要是指：一是假设投资者可以理性地评估资产价值，以追求风险一定条件下的投资收益最大化为目标，即投资者是理性的；二是即使有些投资者不是完全理性的，也是有限理性的，但由于有限理性投资者的交易随机独立地产生，交易相互抵销而不至于共同影响资产的交易价格；三是即使投资者的非理性行为并非相互独立而是具有相关性，但其在市场中会遇到理性的套期保值者，理性套期保值将消除不理性投资者对价格的影响。

随机游走假说则是指金融资产价格的变化过程是布朗运动，用数学语言表述，也就是金融资产的收益率在时间上服从相互独立的、相同的正态分布。

有效市场假说是指证券市场的投资者是理性的，价格是随机游走的，则与市场相关的信息能够在证券价格中得到充分反映，市场就是有效的。在有效市场假说下，正是因为价格反映所有的信息，任何战胜市场的企图都是徒劳的。因为股票的价格已经充分反映了所有可能的信息，所有可能的信息既包括所有公开的公共信息又包括未公开的私人信息，在股票价格对信息的迅速反应下，不可能存在任何高出正常收益的机会，市场参与者只能获取正常收益。为了区分理想的有效市场，法玛把有效市场分为弱式、半强式和强式有效市场。

综合起来，就是在一个有效的金融市场上，投资者是理性的，金融工具或产品的价格是市场均衡价格，利用任何历史价格及其他信息来预测资产价格的行为都是无效的。

3.4.1.2　有效市场理论的思想渊源

有效市场理论在经济学思想渊源上植根于新古典主义，其基本理念来自于

---

① 在本文完成时，有效市场假说的提出者尤金·法玛（Eugene F. Fama）教授获得了 2013 年诺贝尔经济学奖。

对竞争性市场的信仰和崇拜，从某种意义上说，相关理论只是为这种信仰和崇拜所作的注解。

虽然对股票市场价格波动最早的理论研究可以追溯到一百多年前开启现代数理金融先河的法国数学家路易斯·巴舍利耶（Louis Bachelier），但是，早期对股票价格的研究，只是在建立股价时间序列基础上试图用随机游走模型进行描述，而没有进一步从经济、金融的角度去解释。1889 年，经济学家吉比森（Gibson）的论著《伦敦、巴黎和纽约的股票市场》描述过与有效市场一致的思想，并在当时产生了较大影响，但是还没有有效市场假说明确的提法。1965 年和 1966 年，经济学家萨缪尔森（Samuelson）、曼德尔布罗特（Mandelbrot）在研究随机游走理论基础上，揭示了有效市场理论期望收益模型中的公平游戏原则，开始真正研究市场有效性问题。

尤金·法玛（Eugene F. Fama）正式提出了有效市场理论，并是研究有效市场的集大成者。有效市场理论产生的标志是论文《有效资本市场：理论与实证研究回顾》，该论文是法玛于1970 年在专业金融杂志发表的，其不仅系统地梳理总结了过去有关 EMH 的研究，更是创造性地提出了研究 EMH 的一个完整的理论框架。在法玛的论文发表后，EMH 得到广泛的研究，其内涵不断加深、外延不断扩大，得到了业界的广泛认同，逐渐发展成为现代金融经济学的支柱理论之一。

简洁明了的有效市场理论体现了自由经济的思想，突出市场的作用，市场均衡成为目标。从思想上讲，有效市场理论是亚当·斯密“看不见的手”在金融市场的延伸，因此，有效市场理论是经典金融经济学的基础。

3.4.1.3 有效市场理论的实证研究

法玛根据资本市场所包含信息的不同而把有效性划分为三类：弱式、半强式和强式有效市场。资本市场的信息分为历史信息、公开信息和内幕信息三类。在弱式有效市场中，股票价格充分反映了所有历史信息，但没有包括公开信息和内幕信息，投资者无法利用历史信息赚取超额收益，但可以利用内幕信息和目前公开信息赚取超额收益；在弱式有效市场中，股票投资的技术分析方法则会无效。在半强式有效市场中，股票价格充分反映了所有历史信息和一切公开信息，但没有包括内幕信息，投资者不仅无法从历史信息中获利，也不能从当前公开信息中获利；在半强式有效市场中，股票投资的技术分析和基本分析方法无效。在强式有效市场中，股票价格包含了全部三类信息，尤其是包括了未公开的内幕信息，任何投资者都无法以任何信息赚取超额利润，在强式有效市场中，内幕操纵也无利可图，任何投资者都只能获得市场正常收益。

EMH 的实证研究对应的就是弱式检验（weak-form tests）、半强式检验（semi-strong-form tests）、强式检验（strong-form tests）。弱式有效假说检验方法包括序列自相关、三因素模型、滤嘴法则等，强式有效的检验采用事件法，而强式有效假说采用基金或有可能获得内幕消息人士的投资绩效评价。不同学者对中外不同成熟度、不同类型的金融市场进行海量的实证检验，但检验结果与理论假设有明显的出入。波动的集群性（股票投资实务中所说的动量效应与反转效应）、波动的日历效应等波动特征就是否定弱式有效假说，而半强式有效假说则不能解释金融市场对事件的反应过度和反应不足的异象。对中国股票市场的有效性检验同样得出了不同结论，总体上其有效性比欧美发达国家股票市场更弱。

3. 4. 1. 4　有效市场理论的简单评价

自从有效市场理论被正式提出后，一方面得到越来越多的认可和广泛传播；另一方面是对其争论从来就没有停止过。显然，完全符合强式有效市场理论的市场在现实中不存在，市场参与者的理性经济人假说也与实际投资者的经济行为有差距，加之部分实证检验结果也不支持强式有效市场。于是，研究者一方面从理论上去完善 EMH；另一方面则提出了行为金融的理论，从另一个全新的视角去解释金融市场收益率的波动现象。可以说，有效市场理论这种高度抽象、假设推断方式对经济和金融现象的描述是科学的。同时，经过 40 多年的发展，有效市场理论完全融入主流经济学，成为资本资产定价、无风险套利、投资组合以及期权定价等金融理论的重要基石。

3. 4. 2　随机游走理论

随机游走理论（random walk hypothesis）是与有效市场理论并行发展的解释股票等金融资产的价格波动性过程的另外一个理论，它把有效市场假说的思想与物理学中的布朗运动联系起来，由此形成了分析金融资产价格的一整套的随机数学方法。

随机游走理论的数学基础是随机过程，所谓随机过程（stochastic process）是一连串随机事件动态关系的定量描述，如果某变量的价值以某种不确定的方式随时间变化，则称该变量遵循某种随机过程。对于股价随机波动的研究是源于随机过程理论的发展，在维纳（Wiener）、伊藤清（Ito）等论证了随机过程的数学性质后，英国统计学家莫里斯·肯德尔（Maurice Kendall）等人先后研究股票价格波动的性质，得出的结论表明：股价不遵循任何模式运行，完全处于随机游走状态。1965 年，尤金·法玛发表了《股票市场价格的随机漫步》(Random Walks In Stock Market Prices)，正式形成随机游走假说。1973 年，普林斯顿大学伯顿·墨尔基尔（Burton Malkiel）教授出版《漫步华尔街》一书之后，随机游走假说开始为人所熟知。

随机游走模型是指金融资产（比如股票）在 t+1 时刻的价格是其在 t 时刻的价格加一个随机数构成的，模型的假设条件较为严格，要求误差项为独立同分布的正态分布。公式表示如下：

$$y_{i,t} = \alpha + y_{i,t-1} + \varepsilon_t, \varepsilon_t \sim iidN(0, \sigma^2) \tag{3.3}$$

其中，$y_{i,t}$是 t 时刻第 i 种金融资产价格的自然对数；α 是常数，表示漂移项；iid 表示独立同分布；ε_t 是误差项。

从随机游走的理论模型可以看出，金融资产价格（比如股价）的时间序列呈现随机状态，不会表现出某种可观测或统计的确定趋势，进而可以推论出金融资产价格的变动是不可预测的，这是随机游走模型所揭示的核心思想。

当把随机游走模型与市场有效性假说理论联系在一起时，为市场有效性检验提供了一种方法。随机游走理论表明股票交易形成的历史价格数据不能用来预测未来价格的走势，这就是有效市场假说中的弱式有效市场的情形。实际中，随机游走是市场弱式有效性实证检验的主要方法。然而，由于我国股票市场属于转型股票市场，许多实证研究表明我国的股票市场还不是弱式有效市场，因此，采用随机游走模型对我国股票市场价格波动性进行分析的条件不够成熟。

3.4.3 协同市场假说①

按照有效市场理论和随机游走假说，股票等金融资产的价格是没有规律可

① 本部分内容的详细论述参见：资本市场的混沌与秩序（第二版）. 北京：经济科学出版社，1999。

循的，但实际中金融资产的价格波动又呈现出集群、厚尾等特征。于是，研究者试图跳出有效市场理论及正态分布和价格、收益率的随机游走等假设来寻求答案，于是协同市场假说就出现了。协同市场假说（coherent-market hypothesis，CMH）是研究资本市场波动、风险以及市场基本因素与技术因素交互影响的又一理论分析框架，是一种非线性动力学模型。

协同市场假说的创始人是瓦加（Vaga），瓦加认为，资本市场的价格、收益率或风险与收益率总值是由“投资者的集体情绪”和“外部的基本经济环境”两个因素综合决定的。两者不同的结合方式使得资本市场状态发生相应的变化，可能出现四种现象，即四种市场状态：一是随机游走状态，属于有效市场状态，投资者行为相互独立，市场信息迅速反映在价格之中；二是过渡市场状态，属于无效市场状态，随着外部环境的变化，对投资者情绪上的改变会使信息的影响长期延续；三是混沌市场状态，基本经济环境是不确定的，但投资者情绪对于群体思维有很强的传导力，群体行为有可能出现大的波动，市场传言被曲解的信息会引起投资者的恐慌；四是协同市场状态，即强烈的正面或负面的基本环境与强烈的投资者情绪相吻合，产生巨大的市场协同效应，市场出现更加强有力的正面或负面趋势，从而大大降低或提高市场风险。由此可见，有效市场假说只是协同四种市场中的一种。

协同市场假说可以通过协同行为模型来描述，瓦加通过伊辛（Ising）模型建立了一个复杂的概率密度函数，其有三个有序参数：市场情绪、基本环境、自由度或参与人数。三个参数的不同取值组合就得到四种市场状态，因此，随机游走只是协同市场假说中的特例。

资本市场作为一个系统，影响系统的内部因素众多，因素之间存在相关性。系统同时受外部的众多因素影响，内部因素的相关性水平和外部因素的强度的耦合决定着系统的状态，风险与收益的线性交换转变为基本环境和市场情绪的结合，协同市场理论为此提供一个丰富的理论框架。遗憾的是，CMH 的实证检验较困难，人们还未对其展开广泛的研究，进而支持协同市场假说的实际情况较少。但是，缺乏经验数据不能否则理论的有效性。

我国金融市场发展时间较晚，有待 CMH 理论完善后从而展开进一步研究和普及，但 CMH 理论有助于我国金融市场波动性研究视角的拓展。

3.4.4 分形与混沌市场理论

近年来，有效市场理论在金融分析领域中出现越来越多的难以解释的金融异象，国内外学者开始将混沌与分形理论应用于金融市场的波动性分析，并借此来描述和刻画金融市场的整体运行机制。混沌（chaos）理论说明确定性系统的行为不仅仅是定常、周期和准周期的，而更普遍的则是貌似无序的混沌。而有效市场理论及其研究方法是建立在概率统计学基础之上，并通过随机过程理论建立线性模型。显然，现实金融市场中非线性特征不断凸现，这些基于线性范式的模型已无法对金融市场的价格波动进行有效的描述和解释，并且其实证的结果往往与现实相悖，这样就逐渐形成了分形与混沌市场理论。

混沌理论最著名的例证就是“蝴蝶效应”，但首次把混沌理论引入经济学研究的是美国经济学家司徒泽（Stutzer）。司徒泽及其后续研究者得到的结论主要有：第一，金融市场的价格波动不是通常所认为的随机游走，而是具有内在确定性的混沌运动。第二，金融市场的剧烈波动是由于非线性系统进入了混沌均衡。金融市场处在混沌状态，其价格的联动效应特别突出。当系统进入混沌均衡时，由于具有初始敏感性。

分形（fractal）就是局部和整体之间具有某种相似方式的形状，分形理论认为，局部可能在一定条件下，在某一方面如信息、功能、时间、形态、结构、能量等，表现出与整体的相似性，空间维数的变化既可以是离散的也可以是连续的。如果金融资产价格的变动符合分形走动，以此为基础可构造出一种普遍适用的模型，可以再现剧烈震荡的金融交易，提供关于市场动向的概率估计值，精确描述实际市场价格上下波动的关系，为无法预测的金融市场注入某些有序性。赫斯特（Hurst，1951）提出的 R/S 分析法被广泛地应用于研究金融时间序列的分形结构。

由于混沌与分形理论本身在物理学上的蓬勃发展，越来越多的学者开始运用混沌与分形方法研究经济和金融系统，特别是有关股票、黄金、汇率、期货、期权等金融市场变化方面的研究，并不断丰富混沌与分形理论在金融市场中的应用。已有研究结果表明，多数国家的资本市场符合复杂非线性动力系统的条件，具有明显的混沌现象和分形结构特征，比如美国、英国、日本、德国等。于是，混沌与分形理论逐渐形成了动力学分析解释金融市场的理论之一。

20 世纪 80 年代末，部分学者应用混沌与分形理论研究中国的资本市场，并得出了一些有价值的研究结论，但目前混沌与分形理论对金融市场波动性解释还没有像有效市场理论那样得到广泛的认可。但不可否认的是，对金融市场随机波动研究从线性到非线性、从单一假定到复杂系统是必然趋势。

3.4.5　行为金融学理论

以有效市场假说为代表的经典金融理论认为市场上的参与者是理性的，而金融市场中出现一系列难以用经典金融理论解释的异象，比如市场对事件的过度反应和反应不足，于是，一批力图解释金融市场实际行为的全新金融理论逐渐兴起，行为金融理论就是其中之一。

行为金融学是将心理学尤其是行为科学的理论融入金融学中，把投资者完全理性假定放宽为有限理性假定，即使完全占有历史、公开和内幕信息，其投资策略也会有系统性错误，不会是建立在对将来所有可能的后果进行缜密权衡的基础上的最优决策，其投资决策行为不仅仅是物质驱动，而且是包含内在动机的复杂过程。

行为金融学虽然处于发展过程中，但一些决策行为特征已经得到行为金融学家们的公认。投资者的决策行为在决策过程中才能完整形成，决策行为本身不是固定不变的，会受到多方面因素的影响。因此，有必要将人类的一些心理学特性如人类行为的认知缺陷、遗憾厌恶、风险偏好的变动、易感性、自控缺陷以及理性趋利特性和投资者情绪等价值感受引入资产定价理论体系中，据此，行为金融学还提出了与均值方差投资组合理论、资本资产定价模型（CAPM）相似的行为组合理论和行为资产定价模型（BAPM）。

中国证券市场是一个新兴的市场，以股票市场为例，中小投资者占投资者的绝大部分，而中小投资者的决策是有限非理性的，甚至是非理性的，理性的机构投资者与不理性的中小投资者的决策行为共同决定中国股票市场的发展状况。但由于行为金融学理论体系处于发展变化之中，分析方法也有待进一步完善，本书不展开研究，采用其部分原理解释金融市场中数量金融不能解释的波动性，作为结果分析。

3.5 估计波动性的常用模型

从金融市场波动性的理论分析可以看出，波动或者说波动性一直是金融理论的核心问题，因此，如何在理论框架下对金融市场的波动性进行专业而准确的度量、估计与预测，需要建立相应的波动性模型。早期，学者们采用经典计量经济模型来建模和估计。近年来，计量经济学、数量金融和金融工程等领域的蓬勃发展为研究者提供了新的估计模型和实现工具，经过众多专家和学者努力，波动模型逐渐演化，归纳起来主要有以下几类常用的波动性模型。

3.5.1 简单时间序列模型

波动时间序列模型是把波动率按照时间顺序排列，按照对时间序列的估计方法对其进行波动性估计和预测的模型。波动性时间序列模型在金融理论的指导下出现了以下主要的形式。

1. 随机游走模型。按照随机游走理论假设，金融资产的价格波动是一个随机过程，因此，其模型可以表示为：

$$\delta_{i,t+1} = \alpha + \sigma_{i,t} + \varepsilon_t, \quad \varepsilon_t \sim iidN(0, \sigma^2) \tag{3.4}$$

其中，$\sigma_{i,t+1}$是 t+1 时刻第 i 种金融资产价格的波动率；α 是常数，表示漂移项；iid 表示独立同分布；ε_t是随机误差项。

2. 平均模型。金融资产的价格波动的条件期望值是常数，因此，可用历史数据的平均水平来估计当期的波动水平。平均模型又可分为历史平均与移动平均，历史平均模型中的所有历史数据的权重是相同的，而移动平均模型中的权重按照离当期越近权重越大的原则设定。其计算公式如下：

$$\delta_{i,t+1} = \frac{1}{T}\sum_{t=1}^{T}\sigma_{i,t} + \varepsilon_t \tag{3.5}$$

3. 指数平滑模型。其从移动平均法发展而来，是以上期实际值和预测值为基数，分别给两者不同的权数，计算出加权平均数作为预测期的预测值的方法。其计算公式如下：

$$\hat{\sigma}_{i,t+1} = \alpha\sigma_{i,t} + (1-\alpha)\hat{\sigma}_{i,t} + \varepsilon_t \tag{3.6}$$

其中，$\hat{\sigma}_{i,t+1}$是第 t+1 期的预测值；α 是平滑系数，且要求 $0 \leqslant \alpha \leqslant 1$。

4. 自回归模型。自回归即 AR（Autoregressive），是指金融市场当期波动性通过与上期波动性的建立回归模型来估计，也称自相关。其计算公式如下：

$$\delta_{i,t+1} = \beta_0 + \beta_1\sigma_{i,t} + \varepsilon_t \tag{3.7}$$

显然，波动时间序列模型还不是严格意义上的模型，其模型形式非常简单，也不能很好地描述金融市场波动性的特征，但其是后续波动性模型的基础。

3.5.2　GARCH 族模型

近年来，研究者在 AR 模型的基础上提出了自回归条件异方差模型，即 ARCH 模型（autoregressive conditional hcteroskedasticity），ARCH 模型后经发展演变为 GARCH 模型，不论 ARCH 或是 GARCH 模型，其均有多种变形形式，统称为 GARCH 族模型。

1. ARCH 模型。ARCH 模型是自回归条件异方差模型的缩写，其表示在金融时间序列中可以采用某种自回归形式来刻画方差的变异，在不同时刻可利用的信息不同，而相应的条件方差也不同，利用 ARCH 模型可以刻画出随时间而变异的条件方差。根据 ARCH 模型提出者恩格尔的思想，ARCH 模型的数学表达式为：

$$y_t = \varepsilon_t h_t^{1/2}, \varepsilon_t \sim NID(0,1) \tag{3.8}$$

$$h_t = \omega + \alpha(L)y_t^2 \tag{3.9}$$

其中，y_t 为第 t 日的收益率；ε_t 为独立同分布的白噪声，服从均值为 0、方差为 1 的正态分布。

ARCH 模型研究者众多，对其的估计方法较容易实现，通常的计量经济学软件 Eviews 和 SPSS、MATLAB 等均可估计 ARCH 模型的参数。

2. GARCH 族模型。即 Generalized ARCH 或广义 ARCH 模型，其是 ARCH 模型的拓展。因为 ARCH 模型实际上只适用于异方差函数短期自相关过程，相比于 ARCH 模型，GARCH 模型更能反映实际数据中的长期记忆性质。

对于 GARCH（p，q），若一个平稳收益率随机变量 y_t 可以表示为 ARMA（m，n）形式，其随机误差项的方差可用 p 阶自回归与误差项平方的 q 阶分布滞后模型描述：

$$y_t = \beta_0 + \beta_1 y_{t-1} + \beta_2 y_{t-2} + \cdots + \beta_p y_{t-m} + u_t + \phi_1 u_{t-1} + \phi_2 u_{t-2} + \cdots + \phi_p u_{t-n} \tag{3.10}$$

$$\sigma_t^2 = \alpha_0 + \lambda_1 \sigma_{t-1}^2 + \cdots + \lambda_p \sigma_{t-p}^2 + \alpha_1 u_{t-1}^2 + \cdots + \alpha_q u_{t-q}^2 \tag{3.11}$$

模型应满足的条件是：

$$\alpha_0 > 0$$

$$\alpha_i \geqslant 0, i = 1, 2, \cdots, q$$

$$\lambda_i \geqslant 0, i = 1, 2, \cdots, p$$

$$0 \leqslant \left(\sum_{i=1}^{q} \alpha_i + \sum_{i=1}^{p} \lambda_i \right) < 1$$

其中，（3.10）式称作均值方程，（3.11）式称作 GARCH 方程或者方差方程。

GARCH（p，q）理论上等价于 ARCH（∞）模型，但其待估参数的个数大幅度减少。GARCH（p，q）模型的缺陷是要求的估计系数必须为正，且不能刻画许多金融时间序列中的波动非对称性特征。GARCH 模型的演化主要有以下三种。

（1）指数 GARCH 模型，即 EGARCH 模型（exponential GARCH），通过把标准残差作为方差方程的移动平均的回归因子，且保留了数量效应的估计，解决了 GARCH（p，q）不能为负值这个问题。与 GARCH 相比，EGARCH 模型的优点在于可以区别正新息和负新息的不同影响。

（2）阀值 GARCH 模型。Glosten，Jaganathan and Runkle（1993）提出 TGARCH 模型，与 EGARCH 模型一样，可以区别“利好”与“利空”消息对波动的不同影响。

（3）GARCH－M 模型。如果将条件方差（或标准产）引入均值方程中，可得到以资本资产定价模型（CAPM）和套利定价理论（APT）为基础的 GARCH－M 模型，假设模型旨在解释一项金融资产的回报率，那么增加条件方差的原因是每个投资者都期望资产回报率是与风险度密切联系的，而条件方差代表了期望风险的大小。所以 GARCH－M 模型适合于描述那些期望回报与期望风险密切相关的金融资产。

GARCH族模型一经提出，就以其良好的统计性能和对波动现象的准确描述得到了广泛的应用，并成为波动性建模分析的最重要的工具。与其他各种波动性建模方法相比，GARCH族模型显示了极强的生命力。

3.5.3 SV模型

不论是描述波动性的简单时间序列，还是经典的GARCH族模型，都不能很好地描述波动性随时间变动的特征。而实际金融市场、金融产品的价格波动特征又存在明显的时变特征，这些时变特征已经部分被市场参与者所认识和理解。在此背景下，就提出随机波动（SV）模型。

泰勒（Taylor）最早提出SV模型，SV模型考虑了方差方程中的噪声过程，并假定噪声独立于收益，这使得SV模型更灵活。正态分布假定下的一元SV模型的基本形式如下：

$$y_t = \exp(h_t/2)\varepsilon_t, \varepsilon_t \sim i.i.N(0,1) \tag{3.12}$$

$$h_t = \mu + \varphi(h_{t-1} - \mu) + \eta_t, \eta_t \sim i.i.N(0,\sigma_\eta^2), t = 1,2,\cdots,T \tag{3.13}$$

其中，y_t为第t日的收益率；ε_t为独立同分布的白噪声，服从均值为0、方差为1的正态分布；η_t为独立同分布的波动的扰动水平，服从均值为0、方差为σ_η^2的正态分布。

与GARCH族模型一样，为了刻画波动性的多种特征，SV模型也得到后续研究者的不断发展，派生出系列SV模型，主要包括t分布SV模型、长记忆SV模型、非对称SV模型、阀值SV模型以及二元、多元随机波动模型（MSV）。而MSV模型又衍生出更多的MSV形式（详见第4章）。

实证研究也表明，SV模型对波动性的刻画与预测比对应的GARCH族模型要更优，因而得到大家的广泛使用。但是，估计SV模型中的精确似然函数难以找到，所以估计难度较大，在一定程度上制约了SV模型的普及，尤其是向实务界普及。反过来看，这也是本书研究的重点和意义所在。

需要说明的是，还有一类期权隐含波动模型。期权市场产品的价格客观存在，就可根据布莱克—科尔斯（Black - Scholes）期权定价公式从期权价格倒推出市场波动性，这就是隐含波动模型。由于我国期权市场处于起步阶段，隐含波动模型后续展开专门研究。

3.6 波动的联动性

3.6.1 从单一波动到波动的联动性

金融市场波动性的特征中有溢出效应，解释市场波动性的协同创新理论有协同市场状态，估计波动性的几类模型中有多元模型，这些都在说明同一个问题，即波动性的联动性。

所谓波动的联动性，是指两种或两种以上金融资产的收益波动性的相互影响。随着经济全球化与世界一体化的迅猛发展，波动的联动性普遍存在。从宏观上讲，不同国家经济周期之间相互影响，宏观经济走势的起伏波动影响金融市场的波动。从微观上看，股票、外汇等金融市场之间，同一市场的不同区域之间，同一市场的品种之间，同一品种的资产之间，同一资产的不同期限之间，现货与期货之间，期货与期权之间，标的资产与衍生产品之间，都有波动性的相互影响，即波动联动性特征。

金融市场的运行中，资产价格波动的联动性普遍客观存在，各个市场间的关联更加紧密，依赖关系更加明显。比如，美国股票市场的涨跌走势与伦敦、法兰克福、巴黎等主要的欧洲股票市场的走势高度相关，对中国、巴西、印度等新兴市场也有巨大影响。同样，国际油价的波动起伏对主要大宗商品市场、资本市场都有直接的影响。股票与外汇的期货、期权交易价格更是和股票与外汇本身价格走势有关。这种波动的联动性，从套利的角度看，不同市场、品种、期限的资产价格波动的联动性提供了跨市场、跨品种、跨期限等套利的可能，并反过来进一步强化了波动的联动性。而从风险管理的角度看，防御并化解金融市场风险，从单个市场、单个品种出发的风险管理措施是不够的，需要对多个波动联动性的资产进行组合以对冲风险，而这一切都是建立在对多个相关变量波动率模型的分析基础之上。因此，研究多个变量之间的波动与风险特性，把一元波动率模型过程向多元波动率模型过程进行扩展，就显得非常必要，本书正是基于此，主要从多元随机波动模型方面展开对波动联动性的估计、分析与预测。

3.6.2　估计波动联动性的模型

虽然从逻辑上容易理解单一波动到波动的联动性，但要构建估计波动联动性的模型却非常不易。就像 ARCH 模型和 GARCH 模型的提出经历了漫长过程一样，ARCH 模型和 GARCH 模型与早期传统度量波动率的线性回归模型相比，只是把收益率序列分布的标准差从不变修改为时变。

波动性估计常用模型都可以拓展到估计波动的联动性，也就是从一元模型拓展到二元模型，再拓展到多元模型。现有大量研究从 GARCH 模型演变为二元 GARCH 模型和多元 GARCH 模型。本书主要是研究二元 SV 模型和多元 SV 模型，Harvey（1994）第一次推演出多元 SV 模型（具体的模型数学表达式见第 4 章）。多元 SV 模型的多元特征决定了其参数空间的多维度、协方差矩阵的半正定、似然函数无闭环形式等，进而导致其参数难以估计，现有一些方法可用，但还不稳定，精度也不高，有待进一步改进。

第 4 章

随机波动模型

金融市场波动特性的研究，是分析资本资产定价、金融风险防范等问题的基础。本书第 3 章主要介绍了金融市场波动的特性、相关理论以及刻画波动的常用模型，而随机波动模型已被证明其刻画金融市场随机波动性具有很好的表现，目前在金融计量分析中受到广泛关注，本章则重点讨论这一类随机波动模型的理论、方法及应用。

4.1 一元随机波动模型

4.1.1 SV－N 模型

Taylor（1986）在解释金融收益序列波动模型的自回归行为时提出了正态分布情形下的标准 SV 模型，简称为 SV－N 模型，其形式如下：

$$y_t = \exp(h_t/2)\varepsilon_t, \varepsilon_t \sim \text{i. i. N}(0,1), \tag{4.1}$$

$$h_t = \mu + \varphi(h_{t-1} - \mu) + \eta_t, \eta_t \sim \text{i. i. N}(0,\sigma_\eta^2), t = 1,2,\cdots,T \tag{4.2}$$

其中，y_t 为第 t 日的收益率。ε_t 为独立同分布的白噪声，服从均值为 0、方差为 1 的正态分布；η_t 为独立同分布的波动的扰动水平，服从均值为 0、方差为 σ_η^2 的正态分布。误差项 η_t 与 ε_t 一般是不相关的，都是不可观测的，当 ε_t 与 η_t 负相关时，说明模型捕捉到了一般金融市场中所具有的一类非对称现象——杠杆效应，即股票价格的运动与未来的波动是负相关的。φ 为持续性参数，反映了当前波动对未来波动的影响，并且对于 $|\varphi| < 1$，SV 模型是协方

差平稳的，潜在的波动 h_t 服从一个持续性参数为 φ 的高斯 AR（1）过程，也可以扩展为一个 ARMA 过程。

在不同的文献中还会用到 SV 模型不同的形式，例如：

$$y_t = \sigma\varepsilon_t \exp\left(\frac{h_t}{2}\right), \tag{4.3}$$

$$h_{t+1} = \varphi h_t + \eta_t, \eta_t \sim \text{i. i. } N(0, \sigma_\eta^2), |\varphi| < 1. \tag{4.4}$$

其中，σ 为比例参数，表示波动水平。尽管式（4.1）和式（4.2）形式上不相同，但两者实际上是一致的。通常我们将式（4.1）或式（4.2）称为测度方程，将式（4.3）或式（4.4）称为波动方程。

4.1.2　SV－t 模型

许多金融时间序列的无条件分布与异方差模型在假设变量服从标准正态分布的情况相比，会呈现较大的峰度和更厚的尾部。为了将基本 SV 模型扩展到较一般的形式，Kim，Shephard 和 Chib 构建了一种厚尾 SV－t 模型，具有捕捉实际金融收益序列尖峰厚尾的能力。其形式为：

$$y_t = \exp(h_t/2)\varepsilon_t, \varepsilon_t \sim \text{i. i. } t(0, 1, \upsilon) \tag{4.5}$$

$$h_t = \partial + \varphi(h_{t-1} - \partial) + \eta_t, \eta_t \sim \text{i. i. } N(0, \sigma_\eta^2), t = 1, 2, \cdots, T \tag{4.6}$$

在 SV－t 假设下，（4.5）式中的扰动项 ε_t 被假设为服从均值 0、方差为 1 的标准化 t 分布，其密度函数为：

$$f(\varepsilon_t) = \frac{1}{\sqrt{(\upsilon-2)\pi}}\Gamma\left(\frac{\upsilon+1}{2}\right)\Gamma\left(\frac{\upsilon}{2}\right)^{-1}\left(1+\frac{\varepsilon_t^2}{\upsilon-2}\right)^{-(\upsilon+1)/2}$$

其中，参数 υ 为自由度。

Liesenfeld & Jung（2000）考察了 SV－t 与 SV－GED 两种厚尾假设，并将之与 SV－n 假设进行了比较。而广义误差分布（GED）也是对正态分布模型的一种替代。在 SV－GED 模型下，扰动部分设为服从均值为 0、方差为 1 的标准化 GED 分布，这时有：

$$f(\varepsilon_t) = \frac{\upsilon\exp\left\{-\frac{1}{2}(|\varepsilon_t|/\lambda)^{\upsilon}\right\}}{\lambda\Gamma(1/\upsilon)2^{1+1/\upsilon}}, 0 < \upsilon < 2$$

其中，$\lambda = \left[2^{-2/\upsilon}\frac{\Gamma(1/\upsilon)}{\Gamma(3/\upsilon)}\right]^{1/2}$。在 GED 分布的密度函数中，参数 υ 控制分布形式，不同参数导致不同的分布形式。当 $\upsilon = 2$ 时，GED 就是正态分布；当 $\upsilon > 2$ 时，尾部比正态分布更薄；当 $\upsilon < 2$ 时，尾部比正态分布厚。除了广义误差分布还有有偏的广义误差分布（skew GED）。

4.2 多元随机波动模型（MSV）

金融市场的随机波动还呈现出在国家、市场、品种、期限之间的联动。为此，波动模型从单一发展到联立——联立多元随机波动模型（Multivariate SV，MSV）。Asai，McAleer & Yu（2006）对近年来 MSV 的研究进展进行了综述。

4.2.1 基础多元随机波动模型（Basic MSV）

Harvey（1994）第一次推演出 MSV 形式，即基本 MSV（BMSV）。假定 t 时刻的收益率记为 N 维的随机过程$\{Y_t\}$，$Y_t = (y_{1t},\cdots,y_{Nt})^T$，其分量为：

$$y_{it} = \varepsilon_{it}\exp\left\{\frac{h_{it}}{2}\right\},i = 1,2,\cdots,N;t = 1,2,\cdots,T \tag{4.7}$$

其中，y_{it}为第 i 个观测序列在时刻 t 的值，且随机向量 $\varepsilon_t = (\varepsilon_{1t},\cdots,\varepsilon_{Nt})^T$ 为 N 维正态过程，具有零均值和协方差矩阵 $\sum_\varepsilon$，$\sum_\varepsilon$ 中对角线元素为 1，非对角线元素为 ρ_{ij}，而 $\rho_{ij} = \rho_{ji}$，$\sum_\varepsilon$ 为对称阵，h_{it}表示为：

$$h_{it} = \mu_i + \varphi_i(h_{i,t-1} - \mu_i) + \eta_{it},i = 1,2,\cdots,N;t = 1,2,\cdots,T \tag{4.8}$$

其中，$\eta_t = (\eta_{1t},\cdots,\eta_{Nt})^T$，这里 η_t 服从正态分布 $N(0,\sum_\eta)$ 的白噪声，而 $\sum_\eta$ 是正定矩阵。

4.2.2 厚尾多元随机波动模型（MSV－t）

类似地，针对一元 SV－t 模型可扩展到有拟合厚尾特征残差 t 分布的

MSV-t（Harvey，1994；Yu，2006），其分量形式为：

$$y_{it}=\varepsilon_{it}\exp\{\frac{h_{it}}{2}\},i=1,2,\cdots,N;t=1,2,\cdots,T \tag{4.9}$$

$$h_{it}=\mu_i+\varphi_i(h_{i,t-1}-\mu_i)+\eta_{it},i=1,2,\cdots,N;t=1,2,\cdots,T \tag{4.10}$$

其中，$Y_t=(y_{1t},\ \cdots,\ y_{Nt})^T$，$\varepsilon_t=(\varepsilon_{1t},\ \cdots,\ \varepsilon_{Nt})^T$，$\eta_t=(\eta_{1t},\ \cdots,\ \eta_{Nt})^T$，这里除了 ε_t 假定为 t（0，$\sum_\varepsilon$，υ），与 BMSV 不同，其他假设条件不变。

4.3　随机波动模型的统计特性

4.3.1　随机波动模型的一般结构

这里考虑单变量波动过程的一般形式：

$$y_t-\mu_t+\sigma_t Z_t \tag{4.11}$$

其中，$\mu_t=\mu(y_{t-1})$为前期可测变量的一个可测函数，$y_{t-1}\in\psi_{t-1}$，ψ_{t-1}表示在 $t-1$时刻可获得的信息集；$\{z_t\}$过程为一个独立同分布零均值、单位方差的正态分布，它独立于系统中所有前期可测变量和同期变量；σ_t 为未知的严格正波动过程。

方程（4.11）中的主要条件是 y_t 的同期相依性，其可完全由一阶和二阶条件矩描述，这表明其存在标准化残差，且分布随系统演化是不变的，即：

$$z_t=(y_t-\mu_t)/\sigma_t \tag{4.12}$$

由于在 t 时刻 y_t 和 μ_t 已知，如果 σ_t 也已知，那么 z_t 是直接可测的。因此，σ_t 是否可测是任何波动模型争论的关键，这也是为什么总要将 ARCH 模型和 SV 模型区分开来的真正原因，其中 SV 模型的波动项 δ_t 是随机波动的。

最简单的模型为确定性波动，只考虑波动项中的可预测变化，如季节效应，形式上为$\sigma_t=\sigma_t(t),\sigma_o(t)\in\psi_o,z_t=(y_t-\mu_t)/\sigma_o(t)$的正交性质可直接利用，且在 z_t 为正态分布假设下的极大似然估计（MLE）是直接的。然而，当数据表现出条件异方差时，这些模型则是不充分的。在条件异方差 ARCH 模型中，波动随时间变化：

$$\sigma_t = \sigma_t(z_{t-1}) \tag{4.13}$$

其中，$z_{t-1} \in \psi_{t-1}$。

为此，这里列举了几个流行的 ARCH 波动设定。例如，Bolleraler（1986）的 GARCH（1.1）形式为：

$$\sigma_t^2 = \omega + \beta\sigma_{t-1}^2 + \alpha\sigma_{t-1}^2 z_{t-1}^2, \omega, \beta, \alpha \geqslant 0$$

其中，z_t 可假设为正态分布、学生 - t 或广义误差（general error distribution，GED）分布（Nelson，1991）。

Nelson（1991）的指数 GARCH（Exponential GARCH，EGARCH）形式为：

$$\log\sigma_t^2 = \omega + \sum_{i=1}^{p} \alpha_i \log\sigma_{t-i}^2 + \sum_{j=1}^{q} b_j(\delta(|z_t| - E[|z_t|]) + \phi z_t)$$

其中，$b_t = 1$，正态分布 $E[|z_t|]\sqrt{2/\pi}$。

SV 模型不允许 σ_t 表示成上述形式，它或依赖于前期未观测变量，或在波动过程中假设有一个单独同期冲击。相反，一般取如下形式：

$$\sigma_t = g(K_t) \tag{4.14}$$

其中，K_t 为驱动波动过程的未观测隐含过程，$K_t \in (0, \infty)$；g 为一个递增映射。模型的完全描述则需要对 g 和 K_t 过程的动态函数形式进行设定。

K_t 关于 ψ_{t-1} 不可测的事实使得估计和假设检验更为复杂，即使在关于 K_t 的特殊分布假设下，标准极大似然估计（MLE）通常还是不可行，除非发生在当 K_t 为独立同分布（Tauchen & Pittn，1983）或 K_t 约束为一些离散值（区制）（Hamrilton，1988；Hamilton & Susmel，1994；Caj，1994）时。

使用最广泛的 SV 模型就是对数正态 SV，也称为自回归随机方差模型 Taylor（1982，1986），它为期权定价文献中盛行的扩散过程提供了离期时间近似，其模型形式在下一小节给出。

4.3.2 基本随机波动模型及其统计性质

令 P_t 表示 t 时刻资产价格，μ 为收益率过程的条件均值，通常它被假设为一个常数，于是去均值或去势收益率过程 y_t 定义为：

$$y_t = \ln(P_t/P_{t-1}) - \mu$$

金融资产收益率的离散时间 SV 模型可记为：

$$y_t = \sigma_t \varepsilon_t, t = 1, \cdots, T$$

假设 ε_t 为独立同分布的随机扰动序列，通常 ε_t 被设定为具有标准分布，所以它的方差 σ_ε^2 是已知的。因此，对正态分布而言，σ_ε^2 是单位 1，而对具有 υ 自由度的学生 - t 分布而言，$\sigma_\varepsilon^2 = \upsilon/(\upsilon - 2)$。

根据 Taylor（1982，1986）的研究，$\ln\sigma_t^2$ 服从 AR（1）过程，记为 $h_t = \ln\sigma_t^2$，则最简单的基本 SV 模型记为：

$$y_t = \sigma\exp(h_t/2)\varepsilon_t \tag{4.15}$$

$$h_t = \alpha + \varphi(h_{t-1} - \alpha) + \sigma_\eta \eta_t \tag{4.16}$$

或

$$h_t = v + \varphi h_{t-1} + \sigma_\eta \eta_t$$

$$h_t \sim N(\alpha, \sigma_\eta^2/(1 - \varphi^2))$$

其中，扰动项 $\varepsilon_t \sim$ ii. $N(0,1)$，$\eta_t \sim$ i. i. $N(0,1)$，且它们之间互不相关，即 corr (ε_t, η_t)，σ 为尺度参数，α 为位移参数，表示平均对数波动水平，且满足 $\sigma = \exp(\mu/2)$ 和 $v = \alpha(1 - \varphi)$。一般来说，为避免参数过度识别，基本 SV 模型中或者设 $\sigma = 1$，或者设 $\alpha = 0$ 或 $v = 0$。在没有特殊说明的情况下，本书中将设定参数 $\sigma = 1$，并考虑由方程（4.15）和方程（4.16）构成的 SV 模型形式。

这个模型是 Andersen（1994）所定义的广义随机自回归波动（SARV）模型的一种特殊情形。当 ε_t 为正态分布时，此模型就变为对数正态 SV 模型。隐变量的一种解释就是它代表随机、易变甚至相关的信息被输入金融市场中，因此，波动是时变的且以某种去样方式进行聚集。如果允许 ε_t 和 η_t 相关，那么模型能够反映常在股价中发现的非对称行为，当相关性为负数时就称为杠杆效应（Black，1976）。

由式（4.15）和式（4.16）构成的基本 SV 模型具有以下性质。

4.3.2.1 一般性质

第一，$\{y_t\}$ 是一个鞅差分（martingale difference）过程，由于 $\{\varepsilon_t\}$ 是鞅差分序列；第二，h_t 的平衡性隐含了 y_t 的平衡性；第三，如果 η_t 服从正态分布，那么从对数正态分布的性质可得到 $E[\exp(ah_t)] = \exp(a^2\sigma_h^2/2)$，其中，a

为常数，σ_h^2 为$\{h_t\}$的方差。因此，如果 ε_t 具有有限方差，那么 y_t 的方差为：

$$\mathrm{Var}[y_t]=\sigma^2\alpha_\varepsilon^2\mathrm{epx}(\sigma_h^2/2)$$

其中，σ^2 是常数。同样，如果说 ε_t 的四阶矩存在，那么 y_t 的峰度为 rexp（σ_h^2），其中 r 为 ε_t 的峰度，这样 y_t 就比 ε_t 有更大的峰度。最后，所有的奇数阶矩都是零。

基于多种目的，往往需要考虑绝对值幂的矩。假设 η_t 是正态分布的，由于已假定 ε_t 具有标准正态分布，Harvey（1993，1998）推导了如下表达式：

$$E[|y_t|^c]=\sigma^c2^{c/2}\frac{\Gamma(c/2+1/2)}{\Gamma(1/2)}\exp\left(\frac{c^2}{8}\sigma_h^2\right)$$

和

$$\mathrm{Var}[|y_t|^c]=\sigma^{2c}2^c\exp\left(\frac{c^2}{2}\sigma_h^2\right)\left(\frac{\Gamma(c+1/2)}{\Gamma(1/2)}-\left(\frac{\Gamma(c/2+1/2)}{\Gamma(1/2)}\right)^2\right)$$

$$c>-0.5,c\neq0$$

其中，$\Gamma(1/2)=\sqrt{\pi}$，$\Gamma(1)=1$。对$\{\varepsilon_t\}$服从其他分布也可以计算出相应的表达式，包括学生 - t 分布和广义误差分布（GED）（参见 Nelson，1991）。

最后，σ_t^2 变异系数的平方经常被用做 SV 过程相关强度的度量，即：

$$\mathrm{Var}(\sigma_t^2)/[E(\sigma_t^2)]^2=\exp(\sigma_h^2)-1$$

Jacquier et al.（1994）认为这个指标比 σ_η^2 更容易解释。在经验研究中，他们指出该系数很少小于 0.1 或者大于 2。

4.3.2.2 自相关函数

如果假设扰动项 ε_t 和 η_t 是相互独立的，并且 η_t 为正态分布，那么观测的自相关函数（ACF）绝对值的 c 次幂为：

$$\rho_\tau^{(c)}=\frac{E[|y_t|^c|y_{t-\tau}|^c]-(E[|y_t|^c])^2}{E[|y_t|^{2c}]-(E[|y_t|^c])^2}=\frac{\exp\left(\frac{c^2}{4}\sigma_h^2\rho,\tau\right)-1}{K_c\exp\left(\frac{c^2}{4}\sigma_h^2\right)-1}$$

$$\tau\geqslant1,c\geqslant-0.5,c\neq0$$

其中：

$$K_c=E[|y_t|^{2c}]/(E[|y_t|^c])^2$$

且 $\rho_{h,\tau}$，$\tau=0$，1，2，…表示 h_t 的 ACF，Taylor（1986）给出了 c 等于 1 和 2 且 ε_t 为正态分布时的表达式。当 $c=2$ 时，K_c 是峰度（标准正态分布的峰度等于 3）。更一般地有：

$$k_c=\Gamma(c+1/2)\Gamma(1/2)\Gamma(c/2+1/2)^2, c\neq 0$$

对于具有自由度 υ 的学生 - t 分布：

$$k_c=\frac{\Gamma(c+1/2)\Gamma(-c+\upsilon/2)\Gamma(\upsilon/2)}{(\Gamma(c/2+1/2)\Gamma(-c/2+\upsilon/2))^2}|c|<\upsilon/2 \quad c\neq 0$$

注意，如果 c 为 2，则 υ 必须至少为 5。

自相关函数 $\rho_{h,\tau}$ 具有如下特征：第一，与 Taylor（1986，pp. 74 - 76）比较，如果 σ_h^2 很小，或者 $\rho_{h,\tau}$ 接近于 1，则自相关函数 $\rho_{h,\tau}$ 与 $\rho_\tau^{(c)}$ 有如下关系：

$$\rho_\tau^{(c)}\approx\rho_{h,\tau}\frac{\exp\left(\frac{c^2}{4}\sigma_h^2\right)-1}{\left[k_c\exp\left(\frac{c^2}{4}\sigma_h^2\right)-1\right]}, \tau\geqslant 1 \tag{4.17}$$

则 h_t 的 ACF 形式近似于 $\rho_\tau^{(c)}$。除了乘以一个比例因子外，对于正的 c，当 $k_c>1$ 时，该比例因子必须小于 1。第二，对于学生 - t 分布，当 υ 趋于无穷时，K_c 下降。所以对于正态分布，$\rho_\tau^{(c)}$ 是极大值。另外，具有比正态分布更小峰度的分布将会有更高的 $\rho_\tau^{(c)}$ 值。

虽然式（4. 17）给出了 $\rho_\tau^{(c)}$ 和 c 之间的一个明确关系，但仍不可能对某个 c 值下 $\rho_\tau^{(c)}$ 的极大化做出概括性描述。事实上，不同的 σ_h^2 值将导致不同的 c 以极大化 $\rho_\tau^{(c)}$。如果 σ_h^2 的选择使得 $\rho_\tau^{(c)}$ 和 Ding et al.（1993）的对应项大小相同，那么对于稍微小于 1 的 c 值就可以得到该极大值。Harvey（1993）指出，与 c 相关的 $\rho_\tau^{(c)}$ 曲线形状同 Ding et al.（1993）得出的经验关系很相似。

4. 3. 2. 3　对数变换

随机波动模型还可以转化为一个线性表示式，将式（4. 1）两边进行平方并且取对数就得到：

$$\ln y_t^2=\omega+h_t+\xi_t \tag{4.18}$$

其中，$\omega = E[\ln\varepsilon_t^2]$，$\xi_t = \ln\varepsilon_t^2 - E[\ln\varepsilon_t^2]$，$\xi_t \sim i.i.d(0, \sigma_\xi^2)$。如果 ε_t 为标准正态分布，那么 $\ln\varepsilon_t^2$ 服从对数卡方分布，根据 Abramowjtz & Stegun（1970）的研究可知其均值和方差分别为 -1.2704 和 $\pi^2/2$。然而，ε_t 的分布一般非标准正态，而是严重左偏斜，且具有长尾性质。

更一般地，如果 ε_t 服从具有自由度为 υ 的学生 - t 分布时，它可以表示为：

$$\varepsilon_t = \zeta_t k_t^{-0.5}$$

其中，ζ_t 是一个标准正态变量；k_t 是独立分布，从而 υk_t 服从具有自由度为 υ 的卡方分布。这样有：

$$\ln\varepsilon_t^2 = \ln\zeta_t^2 - \ln k_t$$

其中，$\ln\zeta_t^2$ 仍然是对数卡方分布，再根据 Abramowjtz & Stegum（1970）的结果，$\ln\varepsilon_t$ 的均值和方差分别为 $-1.27 - \phi(\upsilon/2) - \ln(\upsilon/2)$ 和 $4.93 + \phi'(\upsilon/2)$，其中 $\phi(\cdot)$ 是双 Γ 函数，见 Harvey et al.（1994）。注意，即使模型的构造方式使 ε_t 服从 Cauchy 分布，即 $\upsilon = 1$，ε_t 的矩也是存在的。事实上，这种情形中，ε_t 是对称的，具有超峰度为 2；而当 ε_t 为高斯分布时，ε_t 具有超峰度为 1。

由于 $\ln\varepsilon_t^2$ 序列独立，由此可直接算出当 h_t 服从任何平稳过程时 $\ln y_t^2$ 的自相关函数：

$$\rho_\tau^{(0)} = \rho_{h,\tau}/(1 + \sigma_\xi^2/\sigma_h^2), \tau \geqslant 1 \tag{4.19}$$

式（4.19）表明观测值的绝对值幂的相关函数等价于 Box - Cox 变换，即 $(|y_t|^2 - 1)/c$，因此，任何（非零）幂乘方绝对值的对数变换对应于 $c = 0$。

根据 Harvey et al.（1994）的研究，即使 ε_t 和 η_t 不是相互独立的，如果 ε_t 和 η_t 的联合分布是对称的，即 $f(-\varepsilon_t, -\eta_t)$，那么扰动项 ε_t 和 η_t 仍是不相关的，因此，式（4.19）中 ACF 的表达式仍是有效的。

4.3.3 与 ARCH 类模型的比较

GARCH 类模型已被广泛地应用于金融问题的学术研究中，它是由 Bollersler（1986）和 Taylor（1986）提出的，并且是 Engle（1982）提出的 ARCH 模型的推广。ARCH（1）模型就是 $\beta=0$ 时的特殊 GARCH（1，1）模型。这样做的动机是来自预测的需要，在具有独立扰动的 AR（1）模型中，下一个观测值的最优预测是当前预测的一小部分，并且在 ARCH（1）中它是当前观测值平方的一部分（加上一个常数）。这是因为，最优预测是在当前信息条件下做出的，在 ARCH 模型中，下一时段的方差被假设为已知。一旦 ε_t 的分布被假定，该结构可直接导出模型的似然函数。这样，原则上对 σ_t^2 所依赖的参数估计是直接的。GARCH 模型中的移动平均项，使得预测值成为过去观测平方的分布滞后函数。

显然 ε_t 是具有（无条件）方差 $\alpha_0/(1-\alpha-\beta)$ 的鞅差分，因此，$\alpha+\beta<1$ 是协方差平稳的条件。正如 Bollerslev（1986）所述的，高斯模型中使得四阶矩存在的条件是 $2\alpha^2+(\alpha+\beta)^2<1$ 于是模型显示出超峰度，然而在现实中不可能总满足四阶矩条件。如 Nelson（1990）所指出的，严平稳的条件反而弱得多，甚至包括 $\alpha+\beta=1$ 的情形。

GARCH（1.1）的设定意味着：

$$\sigma_t^2=\alpha_0+\alpha\varepsilon_{t-1}^2\beta\sigma_{t-1}^2$$

则有：

$$\varepsilon_t^2=\alpha_0+(\alpha+\beta)\varepsilon_{t-1}^2+\upsilon_t-\beta\upsilon_{t-1}$$

其中，$\upsilon_t=\varepsilon_t^2-\sigma_t^2$ 是一个鞅差分。从而 ε_t^2 具有 ARMA（1.1）过程的形式，它的 ACF 可以用同样的方法计算数值。对应于 ARMA 模型的 ACF 反映了实际应用中在 ε_t^2 的相关图里可能观察到的模式类型。

通过增加 σ_t^2 和 ε_t^2 的更多滞后项可以扩展 GARCH 模型，而 GARCH（1.1）看起来是用得最广泛的，它显示了与 SV 模型相似的特征，特别是 φ 发挥了类似于 $\alpha+\beta$ 的作用，ACF 的主要不同似乎在滞后一期时最明显。

SV 模型与 GARCH 模型之间的主要区别在于：

（1）在 SV 模型中，由于 y_t 为一个混合分布，即使 φ 为零，也能描述序列的超峰度现象。参数 σ_η 决定的混合程度独立于方差演变的平滑程度。GARCH 模型的情况并不如此，它描述的峰态和方差的根（在 GARCH（1.1）中就是 α 和 β）是联系在一起的。因此，需要用非正态 GARCH 模型（即扰动项 I_T 不是正态分布，而是学生 - t 分布、GED 分布等）来捕捉金融时间序列中经常发生的超峰度现象。

（2）基本的 GARCH 模型并不能反映 SV 模型在扰动同期相关下捕捉的非对称性，如杠杆效应。当然也可以对 GARCH 模型进行修正，以描述非对称现象（Engle&Ng，1993）。Nelson（1991）提出的 EGARCH 模型通过使 $\ln\sigma_t^2$ 为过去观测值与函数来描述上述的非对称问题。相反，SV 模型可以直接通过收益率过程和波动过程的两个扰动项之间的相关性进行直接描述。

4.4 扩展随机波动模型

本节对基本 SV 模型进行扩展讨论。根据现有文献，归纳和总结为两类：（1）变量本身的推广；（2）维数的推广。在第一种类型的 SV 模型扩展中，主要有厚尾 SV 模型、波动均值 SV 模型、非线性 SV 模型等，在第二种类型的扩展模型中，则主要有多元 SV 模型和多因子 SV 模型等。

4.4.1 波动均值 SV 模型

在 ARCH 类模型中，若考虑预期收益与风险的关系，引入 ARCH - M 或 GARCH - M 模型。同样，在 SV 模型中，为了研究风险与预期收益的关系，也可以引出波动均值（SV - in - mean，SV - M）模型。Koopman & Uspensky（2002）针对金融市场预期收益与波动的关系，提出了 SV - M 模型，即：

$$y_t = \mu_t + \sigma_t\varepsilon_t, \varepsilon_t \sim i.i.N(0,1)$$
$$\mu_t = a + by_{t-1} + d\sigma_t$$
$$\sigma_t = \sigma^* \exp(h_t/2)$$
$$h_t = \phi h_{t-1} + \eta_t, \eta_t \sim i.i.N(0,\tau^2)$$

其中，y_t 为 t 时刻超额收益率；μ_t 表示 t 时刻的预期收益；h_t 为对数波动；σ^* 是尺度因子并且为一正常数；ε_t 和 η_t 是互不相关的白噪声过程；ϕ 为波动持续性参数；d 是度量波动对预期收益影响的参数。

在上述模型中，ε_t 服从标准正态分布。为了扩展其应用范围，基于前面的分析也可考虑为学生 - t 分布或有偏的 GED 分布。

4.4.2 非线性 SV 模型

对数正态 SV 模型中的对数波动为一个一阶自回归 AR（1）过程。然而，实际情况可能并不总是保证这种关系。Yu et al.（2006）对这种关系进行了一种推广，他们允许波动的平滑函数（非线性）服从一个 AR（1）过程，也即：

$$y_t = \sigma_t \varepsilon_t$$
$$h(\sigma_t^2, \lambda) = \alpha + \varphi[h(\sigma_{t-1}^2, \lambda) - \alpha] + \sigma\eta_t$$

其中，ε_t 和 η_t 是两个互不相关的服从 N（0，1）分布的序列，$h(.,\lambda)$是一个以参数 λ 为指标的平滑函数，该函数一个很好的选择就是使用 Box - Cox 幂函数：

$$h(x,\lambda) = \begin{cases} (x^\lambda - 1)/\lambda, \lambda \neq 0 \\ \ln x, \lambda = 0 \end{cases}$$

由于函数 $h(x,\lambda)$是一个非线性函数，因此，称这种模型为非线性 SV 模型。这类新的 SV 模型具有下面三个性质：（1）对数正态 SV 模型和其他“传统”SV 模型是它的特例；（2）它增加了函数形式的灵活性；（3）它可以对对数正态 SV 模型进行简单检验，即“H_0：$\lambda = 0$”检验，以及对其他“传统”SV 模型描述的检验。

如果我们记 $h_t = h(\sigma_t^2, \lambda)$，那么我们可以把非线性 SV 模型重新表示为：

$$y_t = [g(h_t, \lambda)]^{1/2} \varepsilon_t$$
$$h_t = \alpha + \varphi(h_{t-1} - \alpha) + \sigma\eta_t$$

其中，g（h_t，λ）是逆 Box - Cox 变换，它的形式为：

$$g(h_t, \lambda) = \begin{cases} (1 + \lambda h_t)^{1/\lambda}, \lambda \neq 0 \\ \exp(h_t), \lambda = 0 \end{cases}$$

同样也可以反写成下面的形式：

$$y_t = \sigma_t \varepsilon_t$$
$$\frac{(\sigma_t^2)^\lambda - 1}{\lambda} = \alpha + \varphi\left[\frac{(\sigma_{t-1}^2)^\lambda - 1}{\lambda} - \alpha\right] + \sigma\eta_t, \lambda \neq 0$$

用 $\theta=(\alpha,\varphi,\sigma,\lambda)$ 表示模型的待估参数向量。

4.4.3 长记忆性 SV 模型

对金融价格时间序列，其收益率序列的一个典型化特征就是，收益率平方的自相关函数，既非表现记忆性过程的指数衰减，也不表现为永久持续性的单位根过程。从而这种现象表明波动应该被模拟为一种长记忆性过程，其自函数以双曲率衰减。Breidt et al.（1996）提出了扩展 GARCH 类模型的一种方式以解释长记忆性，他们称该模型为分数单整（fractionally integrated）GARCH 或 FIGARCH 模型，其他主要特征是在条件方差等式过去观测值平方的滞后结构中，加入分数差分（fractionally difference）算子 $(1-L)^d$，其中 L 是滞后算子。然而，当 $d=0$ 时，这个模型只有是平稳的，并还原为 GARCH 模型。

为了刻画波动过程中表现出来的长记忆特征，Breidt et al.（1998）和 Harvey（1998）分别提议把 ARFIMA 过程纳入标准 SV 模型的框架，即在波动方程中引入分数差分（fractionally difference）算子，得到长记忆性随机波动（LMSV）模型，其一般形式如下：

$$y_t=\exp(h_t/2)\varepsilon_t$$
$$(1-L)^d\phi(L)h_t=\theta(L)\eta_t$$

其中，d 为长记忆性参数，ϕ（L）和 θ（L）为滞后算子多项式，它们的根都在单位圆外，且 $-0.5<d<0.5$。模型的两个扰动项为 $\varepsilon_t\sim$ i. i. N(0.1) 和 $\eta_t\sim$ i. i. N(0,1)，且两者相互独立。于是，SV 模型扩展到 LMSV 模型，这类似于 ARMA 模型扩展到 ARFIMA 模型。

同样，将 LMSV 模型收益率过程两边平方并取对数，有：

$$\ln y_t^2=E[\ln\varepsilon_t^2]+h_t+\ln\varepsilon_t^2-E[\ln\varepsilon_t^2]=\omega+h_t+\xi_t$$

其中，$\xi_t=\ln\varepsilon_t^2-E[\ln\varepsilon_t^2]\sim$ i. i. $N(0,\sigma_\xi^2)$。如果 ε_t 服从标准正态分布，则 ξ_t 服从对数 χ^2 分布。且 $E[\ln\varepsilon_t^2]=-1.2704$，$\sigma_\xi^2=\pi^2/2$。

容易证明，以 LMSV 模型有 $\ln y_t^2\sim$ AREIMA(p,d,∞)。为了估计长记忆随机波动（LMSV）模型的参数，Breidt et al.（1998）针对一维 LMSV 模型提出了频域方法，这种谱似然估计是通过最大化模型的对数谱似然函数来得到模型参数的估计，最后他们证明了一维 LMSV 模型谱似然估计量的一致性。

关于 LMSV 模型的性质可以从前面章节的公式中得到，长记忆性的一个固有属性是自相关的双曲率衰减，而非观测到的指数比率衰减。在长记忆性模型中，衰减缓慢是很明显的。

4.4.4　非对称随机波动模型

在期权定价文献中，非对称随机波动（ASV）模型通常根据随机差分方程（stochastic differential equation，SDE）进行公式化表示，广泛使用的 ASV 模型将资产价格 $S(t)$ 和对应波动率 $\sigma^2(t)$ 的过程设定如下：

$$dS(t) = \mu(t)S(t)dt + \sigma(t)s(t)dW_t^{(1)} \tag{4.20}$$

$$d\ln\sigma^2(t) = v + \beta\ln\sigma^2(t)dt + \sigma_\eta dW_t^{(2)} \tag{4.21}$$

其中，$W_t^{(1)}$ 和 $W_t^{(2)}$ 为两布朗运动，且 $corr(dW_t^{(1)}, dW_t^{(2)}) = \rho$。如果参数 $\rho < 0$，那么就说明存在杠杆效应。为简便起见，假设收益率方程漂移为零，即 $\mu(t) = 0$。

在实证研究中，上述模型通常以离散化形式给出并进行估计。设 $ds(t) = ds(t)/S(t) = d\ln S(t)$ 为对数收益率，并考虑以 Euler - Maruyama 时间离散化的近似表示，我们有：

$$y_t = \exp(h_t/2)\in_t \tag{4.22}$$

$$h_{t+1} = v + \phi h_t + \sigma_\eta \eta_t \tag{4.23}$$

其中，$y_t = s(t+1) - s(t)$ 为连续复合收益率，$\in_t = W_{t+1}^{(1)} - W_t^{(1)}$，$\eta_t = W_{t+1}^{(2)} - W_t^{(2)}$，$\phi = 1 + \beta$。

于是，$\in_t$ 和 η_t 服从二元正态分布：

$$\begin{pmatrix} \in_t \\ \eta_t \end{pmatrix} | (p) \sim iidN_2(0, \sum), \sum = \begin{pmatrix} 1 & \rho \\ \rho & 1 \end{pmatrix} \tag{4.24}$$

在 ASV 模型中，其转移方程式与 SV 模型的转移方程有所不同，这恰恰是它保留了波动率与收益率之间相关性。需注意此 ASV 模型形式与 Harver & Shephard（1996）、Meyer & Yu（2000）和 Yu（2005）是一致的，但与 Jacquier et al.（2004）将 $h_t = v + \phi h_{t-1} + \eta_t$ 代替式（5.11）的不同。Yu（2005）等认

为 Jacquier et al. （2004） 的 ASV 模型形式在理论上是有偏的，并给出了模拟证明和实证应用。

近年来，一些经验研究探讨了 ASV 模型的估计问题。最简单的估计方法就是 Harvey & Shephard（1996） 基于 Harvey et al. （1994） 的 QML 方法，他们采用对数转换并采用卡尔曼滤波对线性高斯状态空间模型进行极大似然估计。该方法在对数转换之后，用正态分布密度直接近似对数卡方分布的密度，由于这些近似是不准确的，这种方法称为伪（quasi） 极大似然（QML） 方法。但这种方法的优点就在于估计的简便性，由于对数似然可直接建立在预测误差及其均方误差上，计算速度非常快。然而，更多的估计方法则倾向于采用贝叶斯 MCMC 方法，其严格依赖于似然推断结果，研究包括 Meyer & Yu（2000）、Jacquier et al. （2004）、Yu（2005）、Tsay（2005） 和 Qmori et al. （2007）。其他一些方法则依赖于模拟方法，例如 Kawakatsu（2007） 基于数值积分高斯滤波的极大似然方法、Durham（2005） 的模拟极大似然方法等。

4.5 随机波动模型研究的展望

金融资产随机波动的计量研究是一个非常重要的课题，它萌芽于 Taylor（1982，1986） 提出的基于参数驱动的离散时间对数一阶自回归 SV 模型，兴起于 Harvey et al. （1994）、Jacquier et al. （1994） 和 Kim et al. （1998） 等诸多估计方法的相继提出，而基于不同角度的新的理论观点、新的检验方法和新的研究思路正不断涌现，绝非本书所能一一概括。下面就本书所研究遇到的问题和不足，对以后需要进一步研究的方向做出展望。

第一，大部分金融波动理论都是建立在连续的时间模型上的，而现实模型研究和经验研究一般都将其离散化近似，也包括本书的研究在内。众所周知，SV 模型最早主要出现在连续时间的金融理论模型中，如随机波动下的期权定价公式 Hull & White（1987）、随机波动下的利率期限结构 Longstaff & Schwartz（1992） 等。连续时间的金融随机波动模型的估计则分别可由 Gourieroux et al. （1993） 的间接推断方法、Gallant & Tauchen（1996）；Andersen & Lund（1997） 的有效矩估计（EMM） 方法以及 Eraker（2001） 的贝叶斯 MCMC 方法实现。本书研究股票收益率时变波动也实行时间离散化近似表示，这势必导致经验结果偏离理论结果，可见，连续时间 SV 模型的相关研究也将是未来研究的一个重要方向。

第二，本书的研究工作主要是在 SV 类模型的基础上展开，由于篇幅有限，没能进一步探讨经济学其他领域中的一些问题和应用，例如，经济学领域的经济周期波动的阶段性划分问题、汇率非对称调整机制问题以及通货膨胀结构性转变问题等。

第 5 章

随机波动模型的估计及预测

5.1 随机波动模型估计方法

由于 SV 模型在波动过程中有多个随机新息的加入，这使得金融资产波动率的建模更加灵活，但这也导致模型的参数难以直接由传统的似然方法估计。在 SV 模型中，似然函数非常复杂，具体形式如下：

$$L(y_T;\theta) \propto \int p(y_T | H_T;\theta) p(H_T | \theta) dH_T \tag{5.1}$$

其中，y_T 是样本容量为 T 的全部观测值，即 $y_T \equiv \{y_1, \cdots, y_T\}'$，对数波动 $H_T \equiv \{h_1, \cdots, h_T\}'$为隐含变量，且 SV 模型的参数空间包含三个未知参数 $\theta = (\alpha, \varphi, \sigma_\eta)$。这样形如方程（5.1）的高维积分难以在解析上求解，所以传统的极大似然估计无法实现。

本节简要介绍随机波动模型的估计方法：广义矩估计（generalized methods of moment，GMM）、伪极大似然估计（quasi maximum likelihood estimation，QML）、蒙特卡罗似然方法（Monte Carlo likelihood，MCL）以及其他估计方法，而基于贝叶斯统计的马尔科夫链蒙特卡罗估计（Markov Chain Monte Carlo，MCMC）是我们所选用的估计法。

5.1.1 广义矩方法①

Melino & Turnbull 在 1990 年就提出随机波动模型的广义矩估计法，后来，

---

① 在本文完成时，广义矩方法应用于金融领域的主要推动者彼得·汉森（Lars Peter Hansen）获得 2013 年诺贝尔经济学奖。

Jacquier 等人在 1994 年、Andersen 等人在 1996 年进行了进一步的推广和完善。广义矩估计得以实现的基础是随机波动模型的广义平稳性和各态历经性，从而样本均值、样本方差等时间样本矩收敛于总体矩。

利用式（4.1）和式（4.2）的 SV 模型形式，并取 $\sigma_t = \exp(h_t/2)$。显然序列 $\{y_t\}$ 是严平稳且遍历的，并且任意阶非条件矩存在。令 $\mu = \alpha/(1-\beta)$，$\sigma_h^2 = \sigma_h^2/(1-\varphi^2)$，根据 Taylor（1986）和 Jacquier et al.（1994）的研究，关于 y_t 的 24 个矩为：

$$m_1 = E[|y_t|] = \sqrt{\frac{2}{\pi}}E[\sigma_t], m_2 = E[y_t^2] = E[\sigma_t^2]$$

$$m_3 = E[|y_t^3|] = 2\sqrt{\frac{2}{\pi}}E[\sigma_t^3], m_4 = E[y_t^4] = 3E[\sigma_t^4]$$

$$m_{4+i} = E[|y_t y_{t-i}|] = \sqrt{\frac{2}{\pi}}E[\sigma_t \sigma_{t-i}], i = 1, \cdots, 10$$

$$m_{14+i} = E[|y_t^2 y_{t-i}^2|] = E[\sigma_t^2 \sigma_{t-i}^2], i = 1, \cdots, 10$$

其中，对任意正常数 i，r，s 有：

$$E[\sigma_t^r] = \exp(r\mu/2 + r^2\sigma_h^2/8)$$

$$E[\sigma_t^r \sigma_{t-i}^s] = E[\sigma_t^r]E[\sigma_t^s]\exp(rs\varphi^i \sigma_h^2/4)$$

对一个样本容量为 T 的收益序列，令 $g_T(\theta)$ 表示参数 θ 样本矩和前面表达式离差的一个向量，例如与 m_1 对应的总体矩与样本矩偏离为 $1/T\sum_{t=1}^{T}|y_t| - E[|y_t|]$。Hansen 于 1982 年进行的广义矩法极小化如下形式的公式得到：

$$\hat{\theta}_T = \arg\min g_T(\theta)' W_T g_T(\theta) \tag{5.2}$$

其中，$\theta \in \Theta$，W_T 为权重阵，它刻画不同的重要程度。

基于 SV 模型的 GMM 参数估计方法，由于其限制条件少、实现简单、可操作性强，因而被得到广泛的应用，如 Andersen（1994b）、Ghysels & Jasjak（1996）、Vetzal（1997）以及 Fleming et al.（1998）等。该方法并不需要正态性假定，也不像极大似然估计一样要已知整个密度函数，即使新息过程存在异方差和序列相关性，只要给定它的一些矩性质，即可获得全部的参数估计。

矩估计虽然简单，却对样本量有较高要求。即是说，矩估计要想有好的统计性质，需要较大的样本量；在小样本条件下，矩估计统计性质较差。相关研究可见 Andersen & Sorensen（1996）以及 Jacquier et al.（1994）。具体来说，他们发现表征波动持续性的参数 φ 在很多真实数据中近似为 1，而这将导致其矩的收敛变得十分慢，需要大量样本来保证收敛性，也就意味着 GMM 应用于小样本时分析波动持续性是相当无效的方法。对此，Andersen & Sorensen（1996）对控制无效性的程度提出了一些具体的建议，能够取得一定的改进效果。

GMM 估计的另一缺点就是不能对隐含波动进行估计。对此，一个推荐的方法是，使用 Kalman 滤波或重新映射（reprojection）等方法来进行滤波或估计，具体研究结果及内容可参看 Gallant & Tauchen（1998）、Andersen（1994b）以及 Ghysels & Jasiak（1996）。

5.1.2 伪极大似然估计

由于 SV 模型中对数波动是不可观测的隐含变量，其确切似然函数（5.1）的计算相当困难。因此，Ruiz（1994）和 Harvey 等人（1994）提出一种比较容易实施的近似方法，即伪极大似然（QML）估计。

QML 方法的基本思想是对标准 SV 模型的收益率方程取对数平方变换，将模型（4.1）和模型（4.2）线性化为两个线性方程形式。即令 $y_t^* \equiv \ln y_t^2$，则 SV 模型可重新表示为：

$$y_t^* = -1.2704 + h_t + \xi_t \tag{5.3}$$

$$h_{t+1} = \alpha + \varphi h_t + \sigma_\eta \eta_t \tag{5.4}$$

其中，$\alpha = \mu(1-\varphi)$，$\xi_t = \ln\varepsilon_t^2 + 1.2704$，$E[\xi_t] = 0$ 且 $Var[\xi_t] = \pi^2/2$。进一步假定 ξ_t 服从高斯分布，Ruiz（1994）和 Ghysels & Jasiak（1996）利用 Kalman 滤波可获得样本联合密度函数，并借助数值方法，从而实现极大化似然函数，求出参数估计。

Kalman 滤波是一种迭代算法，可分为预测和更新两个步骤。

第一步为预测：

$$h_{t|t-1} = \alpha + \varphi h_{t-1|t-1}$$

$$p_{t|t-1} = \varphi^2 p_{t-1|t-1} + \sigma_\eta^2$$

$$\hat{\xi}_{t|t-1} = y_t^* - h_{t|t-1} + 1.2704$$

$$F_{t|t-1} = p_{t|t-1} + \pi^2/2$$

第二步为更新：

$$h_{t|t} = h_{t|t-1} + p_{t|t-1}\hat{\xi}_{t|t-1}/F_{t|t-1}$$
$$p_{t|t} = p_{t|t-1} - p_{t|t-1}^2/F_{t|t-1}$$

其中，$h_{t|t-1}$和 $p_{t|t-1}$分别是基于 t - 1 时刻可获取信息条件下对 h_t 的最优线性估计和方差；$h_{t|t}$和 $p_{t|t}$分别是基于 t 时刻可获取信息条件下对 h_t 的最优线性估计和方差；而$\hat{\xi}_{t|t-1}$和 $F_{t|t-1}$则分别是基于 t - 1 时刻量测信息条件下对 ξ_t 的预测偏差和方差。给定合适的初始值 $h_{0|0}$和 $p_{0|0}$，滤波就可以递推地进行。如果 $|\varphi| < 1$，那么 h_t 的无条件均值和方差分别为 μ 和 $\sigma_\eta^2/(1-\varphi^2)$，它们通常作为 $h_{0|0}$和 $p_{0|0}$。给定$\{\xi_{t|t-1}\}$和$\{F_{t|t-1}\}$, $t = 1, \cdots, T$, 可以构造相应的对数似然函数：

$$\ln(\theta) = -\frac{T}{2}\ln 2\pi - \frac{1}{2}\sum_{t=1}^{T}\ln F_{t|t-1} - \frac{1}{2}\sum_{t=1}^{T}\frac{\xi_{t/t-1}^2}{F_{t/t-1}}$$

其中，T 为样本数。这样就可以根据合适的优化程序极大化似然函数，从而实现 SV 模型参数 $\theta = (\alpha, \varphi, \sigma_\eta)'$的估计。

Ruiz（1994）的研究结果表明 QML 估计是一致收敛于渐近正态的，但注意到 $\xi_t = \ln\varepsilon_t^2 = \ln\chi^2(1)$的真实概率密度为对数卡方分布，具有严重的左偏长尾性质，由一个正态分布简单的近似是一种相当粗糙的做法。这种近似过分地依赖于真实参数值的影响，当对数波动过程的方差 σ_η^2 较小时这种影响更糟。

另外，在进行对数平方转换时会遇到内窗（inlier）问题。具体来说，当收益率 $y_t \to 0$ 时，有 $\ln(y_t^2) \to -\infty$，特别地，若收益率 $y_t = 0$，相应的对数平方转换就没有意义了。通过观察不同密度函数的图形可以看出，具有较大概率分布的负值显示有内窗值存在。较好的解决办法是引入一个补偿参数 c（Fuller，1996），即：

$$y_t^* = \ln(y_t^2 + c) \tag{5.5}$$

其中，参数 c 取很小的正数。比如可取 c = 0.001（Kim et al.，1998）。

通过对 GMM 和 QML 的仿真模拟研究，Ruiz（1994）、Jacquier 等人（1994）、Andersen & Sorensen（1996）和 Harvey & Shephard（1996）等获得了一系列结果。普遍结论是：QML 在波动率相对强（波动率相对强弱的表现为

方差系数的高低）时的估计具有更小的 MSE，而 GMM 在相对弱时具有更高的 MSE。然而，Jacquier 等人（1994）的研究发现，在波动率相对较弱时 QML 和 GMM 估计量的性能都快速下降。类似地，当 AR 模型的系数 φ 接近 1 时，自相关缓慢减小，很难使用 GMM 的矩方法捕捉，因此，更倾向于使用 QML。

QML 也有许多优点，比如它很容易实现，且很容易扩展到像非平稳的和多变量模型的更一般的模型。同时，QML 能够同时获得状态的滤子、平滑估计和预测，且其一步向前（one - step ahead）预测误差还可构造统计量用于诊断。这使得我们即使使用其他方法估计超参数（hyperparameter），仍旧可以用 QML 来寻找恰当的模型设定。

5.1.3 蒙特卡罗似然方法

在 Shephard & Pitt（1997）和 Durbin & Koopman（1997）的文献中，分别提出了蒙特卡罗似然（MCL）的估计法，Sandmann & Koopman（1998）则在研究 SV 模型时采用了该方法，其主要作用是估计非正态、非线性的状态空间形式的模型，其对数似然函数计算方法可推导如下。

给出似然值的定义。

$$(\theta)=p(y|\theta)=\int p(y,\vartheta|\theta)d\vartheta=\int p(y|\vartheta,\theta)p(\theta|\theta)d\vartheta$$

一个估计重积分的有效方法是利用蒙特卡罗方法，具体操作见 Ripley（1987，第 5 章）。这里使用蒙特卡罗方法中的重要性抽样方法来估计该似然值。在具体应用方面（Sandmann & Koopman，1998）：从重要性密度 $\bar{p}(\vartheta|y,\theta)$（它与真密度 $\bar{p}(\vartheta|y,\theta)$ 相关）中抽样，对此，给定 ϑ 和 θ 的值以及密度 $g(y|\vartheta,\theta)$，由于 $g(y|\vartheta,\theta)$ 为高斯的，因此，从 $\bar{p}(\vartheta|y,\theta)=g(\vartheta|y,\theta)$ 中抽样易于获得。而且，随着模拟次数增加时，该密度几乎必然收敛于真实值（Geweke，1989，定理 1）。从而他们给出了 SV 模型的一个近似高斯模型。

SV 模型的似然函数可以重新表示为：

$$(\theta)=\int p(y,\vartheta|\theta)\frac{p(\vartheta|\theta)}{g(\vartheta|y,\theta)}g(\vartheta|y,\theta)d\vartheta=\bar{E}\left[p(y,\vartheta|\theta)\frac{p(\vartheta|\theta)}{g(\vartheta|y,\theta)}\right] \tag{5.6}$$

其中，$\bar{E}$ 表示重要性密度 $g(\vartheta|y,\theta)$ 的期望。Durbin & Koopman（1997）简化

了该式。与之相关联的似然函数是：

$$(\theta)=g(y|\theta)=\frac{g(y,\vartheta|\theta)}{g(\vartheta|y,\theta)}=\frac{g(y|\vartheta,\theta)p(\vartheta|\theta)}{g(\vartheta|y,\theta)}$$

它服从：

$$\frac{p(\vartheta|\theta)}{g(\vartheta|y,\theta)}=\frac{(\theta)}{g(y|\vartheta,\theta)}$$

将这个比值代入得到：

$$(\theta)=(\vartheta)\bar{E}\left[\frac{p(y|\vartheta,\theta)}{g(y|\vartheta,\theta)}\right] \tag{5.7}$$

计算该表达式是非常简便的，借助 Kalman 滤波可计算近似高斯模型的似然函数值，积分中的两个条件密度在给定 ϑ 的条件下是容易计算的。由此可见，近似高斯模型的似然函数值乘以一个修正项就等价于 SV 模型的似然函数值，而我们通过模拟就可估计该修正项。

对 SV 模拟似然值的一种显而易见估计为：

$$(\theta)=(\theta)\bar{\omega}$$

其中：

$$\bar{\omega}=\frac{1}{M}\sum_{i=1}^{M}\omega_i,\omega_i=\frac{p(y|\vartheta^i,\theta)}{g(y|\vartheta^i,\theta)}$$

这里 ϑ^i 是重要性密度 $g(\vartheta|y,\theta)$ 中的一个抽取。Geweke（1989）研究发现，该估计的精度依赖于加权值 ω_i。因为模拟样本相互独立的假定，模拟的方差将随着 M 增加时间而减小。通常，我们取似然函数对数来控制其值，对于因数转换而引入的偏畸，用 $O(M^{-3/2})$ 来修正（Shephard & Pitt，1997；Durbin & Koopman，1997）。进而可以得到：

$$\log(\theta)=\log(\theta)+\log\bar{\omega}+\frac{s_{\omega}^{2}}{2M\bar{\omega}^{2}} \tag{5.8}$$

其中，$s_{\omega}^{2}=(M-1)^{-1}\sum_{i=1}^{M}(\omega_i-\bar{\omega})^2$。

Sandmann & Koopman 在 1998 年曾提议用抽样数 M = 5 来保证得到的有效性与 MCMC 方法相似。MCL 方法能获得隐含波动估计值，将 Kalman 滤波平滑应用于近似高斯模型可以计算波动后验估计值（Durbin & Koopman，2000），而由 MCL 方法获得的潜在对数波动估计值的平滑性可通过控制重要性抽样的重复次数来控制。使用这些方法，Sandmann & Koopman（1998）给出了转换 SV 模型（5.3）和（5.4）的近似估计方法。通过利用近似高斯模型来逼近经过转换真实的 SV 模型，这使得它们关于 h_t 的前二阶距是相等的。相关的文章还有 Koopman & Uspensky（2002）的关于 SVM（SV in Mean）模型的 MCL 估计，这里，当波动均值项系数为零时，可以获得基本 SV 模型。区别在于，他们逼近的是真实的 SV 模型。

近年来，MCL 已被广泛应用于误差是厚尾的、多维变量问题的解决中，例如，Koopman & Uspensky（2002）对 SVM 模型的研究；Asai & McAleer（2005，2006）、Asai（2008）对非对称形式、误差厚尾、多因素和多变量的 SV 模型的研究等。

5.1.4 马尔科夫链蒙特卡罗（MCMC）方法

马尔科夫链蒙特卡罗（MCMC）方法的基本原理、思想和应用的具体介绍详见 5.2 节。

5.1.5 其他估计方法

前文我们给出了常用的几种估计方法，现有文献还从不同层面研究了其他的估计方法，下面我们将进行简略的介绍。这些估计方法主要划分为两类：第一类是基于 y_t 统计性质的估计方法；第二类是基于 $\ln\sigma_t^2$ 统计性质的估计方法，即线性化之后的模型性质。

5.1.5.1 基于 y_t 的方法

有关 GMM 方法的早期研究受到了很多质疑，在不断改进中获得了一些新的研究方法。例如 Duffie & Singleton（1993）采用模拟过程的矩作为真实矩估计的模拟矩方法（SMM）；Gourieroux et al.（1993）借助辅助模型的间接推断（indirect inference）程序；Bansal et al.（1993）和 Gallant & Tauchen（1996）的有效矩（EMM）估计等。另外，EMM 通过改进间接推断方法来改进计算方面的问题。间接推断和 EMM 估计方法均能够有效估计连续时间 SV 模型。一些具体的研究参看如下文献：关于间接推断的应用研究有 Engel & Lee

（1996）、Vander Sluis（1997）及 Fiorentini et al.（2002）等；关于 EMM 估计的应用研究有 Ghysels & Jasiak（1996）、Andersen & Lund（1997）、Dai & Singleton（2001）及 Chernow et al.（2003）等。

Danielsson & Richard（1993）提出了一种估计动态隐含模型的一般性方法，称为模拟极大似然（SML）方法，Danielsson（1994）进一步将这种方法应用于 SV 模型中。SML 估计与 ML 估计有相同的渐近分布。Danielsson（1994）的研究表明 SML 和 JPR 有接近的均方误差（RMSE），但仿真实验较少，较为片面。有关 SML 估计的一些问题如下：积分的估计方法是间接的，难以对控制近似的准确性进行度量；更为重要的是，Shephard（2000）的研究表明，对 SV 模型的典型重要性抽样结果不会服从标准的中心极限定理。一个改进的做法是 Fridman & Harris（1998）的 NML 估计方法，该方法使用非高斯滤波的递归数值积分程序（Kitagawa，1987）直接计算似然函数值。通过小型的模拟实验发现直接的 NML 方法性能较 QML 和 GMN 更好，其效果与 Kim & Shephard（1994）的模拟期望最大化（SIEM）及 JPR 程序接近。

另外，Watanabe（1999）推广了 QML 的非线性滤波。具体地，通过对对数波动和观测序列条件概率密度函数的非线性滤波获得似然的确切形式。他们使用与 JPR 相同的设定，并通过蒙特卡罗模拟来比较研究结果，证明了非线性滤波极大似然（NFML）程序的效果接近 SML 和 JPR 程序获得的效果。同时，还提出一种估计波动的平滑算法，该算法效果优于 QML 中的标准平滑解。进一步，NFML 程序还在含有均值线性结构（其误差被假设为正态）的模型中应用。

5.1.5.2　基于 $\text{in}\delta_t^2$ 的方法

在这一方面，主要研究工作有 Kim & Shephard（1994）提出的仿真期望最大化（SIEM）算法、Kim et al.（1998）的近似算法以及 Mahieu & Schotman（1998）的混合算法。这些方法均具有一定的优点。其中，有关 SIEM 程序的仿真实验由 Fridman & Harris（1998）研究，有限样本行为表明该方法在有效性方面类似于 MCMC 方法和 SML 方法。Singleton（2001）和 Knight et al.（2002）提出一种基于经验特征函数（empirical characteristic function，ECF）的新估计算法，并用一般权值函数建立的对 ECF 的估计是强一致的、渐近高斯的。

5.2 马尔科夫链蒙特卡罗（MCMC）方法

在前面章节中，我们粗略介绍了一些 SV 模型中应用较多的估计方法，而本节主要介绍 MCMC（Markov Chain Monte Carlo）方法的基本原理、思想和应用，其一般理论框架可以参看 Metropolis et al.（1953）和 Hastings（1970）的研究，以及其他各种介绍 MCMC 的专著。

5.2.1 蒙特卡罗积分

蒙特卡罗方法最初是由物理学家提出的利用随机数发生器来计算复杂积分的方法。假定需要计算的积分为：

$$\int_a^b h(x)\,dx$$

如果可以把函数 $h(x)$ 分解成一个函数 $f(x)$ 和一个定义在 (a,b) 区间上的概率密度函数 $p(x)$ 的乘积，那么有：

$$\int_a^b h(x)\,dx = \int_a^b f(x)\,p(x)\,dx = E_{p(x)}[f(x)]$$

所以积分可以表达为密度 $p(x)$ 上的 $f(x)$ 的期望。因此，如果从密度 $p(x)$ 上抽取大量的随机变量 $x_1, x_2, \cdots, x_n$ 则有：

$$\int_a^b h(x)\,dx = E_{p(x)}[f(x)] \cong \frac{1}{n}\sum_{i=1}^{n} f(x_i)$$

称其为蒙特卡罗积分。

借助蒙特卡罗积分，可以获得后验分布（或边际后验）的一个近似。对于积分 $I(y) = \int f(y|x)\,p(x)\,dx$，可以用下式近似：

$$\hat{I}(y) = \frac{1}{n}\sum_{i=1}^{n} f(y|x_i)$$

Gelfand 和 Smith 在 20 世纪 90 年代就实现了一种可以广泛应用到一大类贝叶斯问题中的特殊的 MCMC 抽样方法。该抽样方法源于 Metropolis 算法，是当时物理学家计算复杂的积分时所采用的一种估计方法。该方法把积分表示成某个分布的期望，然后通过从该分布抽取样本估计这个期望；而 Gibbs 抽样的最初起源是图像处理，直到最近才被应用于统计领域，并产生广泛影响。MCMC 方法将随机过程中的马尔科夫过程引入蒙特卡罗模拟中，实现了动态模拟（即抽样分布随模拟的进行而改变）。本质上，MCMC 是使用马尔科夫链的蒙特卡罗模拟积分。目前针对 MCMC 方法的应用已经十分广泛，并成为计算复杂贝叶斯统计问题的一种主流方法。

5.2.2 Gibbs 取样

Gibbs 抽样方法可看成 Metropolis - Hastings 抽样的一个特殊情况，最早由 Geman 在处理二维图像的时候给出的，其抽样值总是被接受（也就是说 $\alpha=1$）。Gibbs 抽样考虑单变量的给定条件下的分布，随机的只有一个变量，其余变量给定。这种条件分布容易模拟，且通常具有简单的形式（如正态分布、χ^2 分布或其他常见的先验分布等）。概括说来，该方法就是从 n 个一元条件分布依次模拟 n 个随机变量来产生一个单独的 n 维向量的抽样方法。

作为例子，考虑一个二元随机变量(x,y)，要分别计算它的边际密度 $p(x)$ 和 $p(y)$，因为计算条件密度 $p(x|y)$ 或 $p(y|x)$ 要比通过从联合密度 $p(x,y)$ 积分获得边际密度（例如，$P(x)=\int f(x,y)dy$）容易得多，所以使用 Gibbs 取样器。给定的初始值 y_0，通过从条件密度 $p(x|y=y_0)$ 产生一个随机变量获得 x_0；然后使用 x_0，从基于 x_0 的条件密度 $p(y|x=x_0)$ 抽样产生一个新值 y_1。取样器按下述过程进行取样：

（1） $x_j=p(x|y=y_j)$；

（2） $y_i=p(y|x=x_{i-1})$。

重复该过程 k 次，产生一个长度为 k 的 Gibbs 序列，可以从点(x_j,y_i)且 $1<j<i<k$ 的集合中选取一个子集作为来自联合密度的抽样的模拟。为了获得所有的 m 个理想取样点（这里取样器上的每一个点都是一个二元参数向量），并去除初始值的影响，点的抽取应在足够的燃烧期（burn - in period）之后进行，这样 Gibbs 序列会收敛到一个独立于起始值的平稳（均衡）分布，这个平稳分布就是我们的目标分布。

当模型含有多个变量时，取样器可以自然扩展。对包含 n 个变量(x_1, x_2,…,x_n)的模型，Gibbs 抽样按下面的步骤进行：

(1) 设置初始状态点($x_1^{(0)}, x_2^{(0)}, \cdots, x_n^{(0)}$)；

(2) 从条件分布密度 $x_1^{(1)} = p(x|x_1^{(0)}, x_2^{(0)}, \cdots, x_n^{(0)})$ 抽取 $x_1^{(1)}$；

(3) 用 $x_1^{(1)}$ 代替 $x_1^{(0)}$，从 $x_2^{(1)} = p(x|x_1^{(1)}, x_2^{(0)}, \cdots, x_n^{(0)})$ 抽取 $x_2^{(1)}$；

(4) 一直进行，直到从 $x_i^{(1)} = p(x|x_1^{(1)}, x_2^{(1)}, \cdots, x_{i-1}^{(1)}, x_i^{(0)}, x_{i+1}^{(0)}, \cdots, x_n^{(0)})$ 中重复一个抽取周期。

经过如上所述的抽样，就完成了一个周期的迭代取样。下一个周期的抽样以($x_1^{(1)}, x_2^{(1)}, \cdots, x_n^{(1)}$)作为初始值，并重复过程(1)－(4)。当进行了 L 轮迭代后，就得到长度为 L 的 Gibbs 序列 $X^{(L)} = (x_1^L, \cdots, x_n^L)$。考虑到 Gibbs 序列的收敛需要足够的燃烧期，因此，舍弃前 s 轮燃烧期的迭代值，剩余的序列 $x_1^{s+1}, \cdots, x_n^L$ 就是我们需要的抽样值。

5.2.3 马尔科夫链蒙特卡罗方法

SV 模型作为贝叶斯分级模型的一个实例，当然可以利用贝叶斯方法的有关数据扩展（data augmentation）的思想：将模型中潜在波动当做高维参数处理。然而，这在贝叶斯模拟和计算时是难以处理的，这时，可以使用 MCMC 方法。MCMC 方法被认为是这方面十分有效的工具。

5.2.3.1 MCMC 方法的原理

在大多数基于金融数据建立的时序模型中，参量的联合密度分布是很繁杂的，维数也很高的，非常不易从中抽取样本。而基于马尔科夫链和蒙特卡洛模拟方法的所谓 MCMC 技术则可以间接地从参量联合密度或分布中抽取数据，而不必计算联合密度的精确公式。简单 MCMC 法就是 Geman & Geman 于 1984 年发表的文章中提出的 Gibbs 取样法，它通过条件密度或条件分布实现，而条件密度或条件分布获取更简单，并通过马氏链的平稳性进行迭代形成马氏链。由此，随着样本增加，就可趋近于目标密度或分布。

若目标是从联合密度 $p(\theta_1, \cdots, \theta_m|y)$ 中进行抽样，其中 $\theta = (\theta_1, \cdots, \theta_m)$ 为划分为 m 块的未知参数向量或隐变量。给定任意初始迭代值 $\theta^{(0)} = (\theta_1^{(0)}, \cdots, \theta_m^{(0)})$，算法从 $p(\theta_1|\theta_2^{(g-1)}, \cdots, \theta_m^{(g-1)}, y)$ 中抽取 $\theta_1^{(g)}$，从 $p(\theta_2|\theta_1^{(g-1)}, \theta_3^{(g-1)}, \cdots, \theta_m^{(g-1)}, y)$

中抽取 $\theta_2^{(g)},\cdots$，从 $p(\theta_m|\theta_1^{(g-1)},\cdots,\theta_{m-1}^{(g)},y)$ 中抽取 $\theta_m^{(g)}$，这里 $g=1$，总数为 M + N。这种迭代抽取可直接从基本密度函数（如 Gamma 分布、正态分布和学生氏分布等）进行采样或利用 M - H 法从复杂分布中进行取样。有关 G - 抽样的具体结果，见 Geweke（1999）、Tierney（1994）以及 Smith & Roberts（1993）对 Gibbs 抽样收敛性的详细讨论。由于马氏链的收敛需要较长时间，故可将前 N 个值去掉，参量的估计直接基于抽取的样本 $\{\theta^{(g)}\}_{g=1}^{M+N}$ 之上。

5.2.3.2 单步移动 MCMC 方法

（1）针对基本形式的 MCMC 方法。Jacquier 等人 1994 年第一次用 MCMC 方法分析了随机波动模型。文中的 SV 模型形式为：

$$y_t=\sigma_t\varepsilon_t$$
$$\ln\sigma_t^2=\alpha+\varphi\ln\sigma_{t-1}^2+\sigma_\eta\eta_t$$

根据 Clifford - Hammersley 定理，联合分布 $p(\alpha,\varphi)\propto N(a,A)$，$p(\sigma_\eta^2)\propto Ig(b,B)$，Ig 表示逆伽马分布。且参数 α 和 φ 的联合后验分布为 $p(\alpha,\varphi|\sigma_\eta,\sigma_t^2,y_t)\propto N(a^*,A^*)$，参数 σ_η^2 的后验分布为 $p(\sigma_\eta^2|\alpha,\varphi,\sigma_t^2,y_t)\propto Ig(b^*,B^*)$。针对波动的更新，文中使用了单步 Gibbs 抽样进行更新，即对波动向量 V_T 中的元素逐个采样。具体地，波动的联合后验分布密度可表示为：

$$p(\sigma_t^2|\theta,y_t)\infty p(y_t|\theta,\sigma_t^2)p(\sigma_t^2|\theta)\infty\prod_{t=1}^{T}p(V_t|V_{t-1},V_{t+1},\theta,y_T)$$

其中：

$$p(V_t|V_{t-1},V_{t+1},\theta,y_T)\infty p(Y_t|V_t,\theta)p(Y_t|V_{t-1},\theta)p(V_t|V_{t+1},\theta)$$

即：

$$p(V_t|V_{t-1},V_{t+1},\theta,y_T)\infty V_t^{-3/2}\exp\left(-\frac{y_t^2}{2V_t}\right)\exp\left(-\frac{e_t^2}{2\sigma_\eta^2}\right)\exp\left(-\frac{e_{t+1}^2}{2\sigma_\eta^2}\right)$$

其中，$e_t=\log V_t-v-\varphi\log V_{t-1}$。这是相当复杂的，并且 V_t 以四个不同延迟进入，故文中建议采用独立性 M - H 法进行抽样。独立性 M - H 法优于随机游走的 M - H 法，可以更好地近似条件分布 $p(V_t|V_{t-1},V_{t+1},\theta,y_T)$，尤其是其尾部。控制密度（proposal density）选用逆 Gamma 分布。

（2）针对对数波动形式的 MCMC 方法。另一种单步移动 MCMC 方法是由 Shephard（1996）和 Kim et al.（1998）给出的。这里，他们关心 SV 模型中的

对数波动向量 $H_T = \{h_1, \cdots, h_T\}$。

根据 Clifford – Hammersley 定理，联合密度 $p(\theta, H_T)$ 可分别进行。

对数波动状态向量：$p(H_T | \alpha, \varphi, \sigma_\eta^2, y_T)$

波动参数：$p(\sigma_\eta^2 | \alpha, \varphi, H_T, y_T)$

波动持续性参数：$p(\varphi | \alpha, \sigma_\eta, H_T, y_T)$

波动均值参数：$p(\alpha | \varphi, \sigma_\eta, H_T, y_T)$

对参数 σ_η，假设存在共轭先验密度 $p(\sigma_\eta^2) \propto IG(b, B)$，则该参数的后验分布密度为 $p(\sigma_\eta^2 | \alpha, \varphi, H_T, y_T) \propto IG(b^*, B^*)$；对参数 φ，令 $\varphi = 2\varphi^* - 1$，其中 ϕ^* 服从于含有参数 $\varphi^{(1)}$ 和 $\varphi^{(2)}$ 的 Beta 分布，于是 φ 的先验密度为 $p(\varphi) \propto [(1+\varphi)/2]^{\varphi(1)-1}[(1-\varphi)/2]^{\varphi(1)-1}$。Shephard（1996）和 Kim et al.（1998）利用 Metropolis 算法从 φ 的后验分布抽取 φ。最后，对参数 α，假设为一扩散先验 $p(\alpha) \propto 1$，于是该参数的后验分布为 $p(\varphi | \alpha, \sigma_\eta, H_T, y_T) \propto N(\hat{\alpha}, \sigma_\alpha^2)$。

对潜在变量 H_T，Shephard 于 1996 年和 Kim 等人于 1998 年将多维联合密度 $p(H_T | y_T\theta)$ 划分为 T 个单元条件分布 $p(h_t | h_{t-1}, h_{t+1}, y_T, \theta)$。若记 $h_t | h_{t-1},$ $h_{t+1} \sim N(h_t^*, \sigma_{ht}^2)$，有 $\ln p(h_t | h_{t-1}, h_{t+1}, y_t), \theta = const + \ln f^*$，其中：

$$\begin{aligned}\ln f^* &= -\frac{1}{2}h_t - \frac{1}{2\sigma_{ht}^2}(h_t - h_t^*)^2 - \frac{1}{2}y_y^2\exp(-h_t)\\ &\leqslant -\frac{1}{2}h_t - \frac{1}{2\sigma_{ht}^2}(h_t - h_t^*)2 - \frac{y_t^2}{2}\{\exp(-h_h^*)(1 + h_h^*)\\ &\quad - h_t\exp(-h_h^*)\} = \ln g^*\end{aligned}$$

是一个有界函数。运用 Metropolis 法，可以较为容易地从真实密度 p 中抽样。通过对正态分布密度 g^* 的抽取控制密度。抽样的均值和方差分别为：$\mu_t = h_t^* + \frac{\sigma_{ht}^2}{2}[y_t^2\exp(-h_t^*) - 1]$，其中 $\sigma_{ht}^2 = \sigma_\eta^2/(1+\varphi^2)$。因此，利用这些结果，通过 $h_t \sim N(\alpha, \sigma_{ht}^2)$ 并以概率 f^*/g^* 接受，可以从 $p(h_t | h_{t-1}, h_{t+1,} \theta, Y_r)$ 中抽取每个 h_t。

5.2.3.3 多步移动 MCMC 方法

在随机波动方程中，如果 φ 接近于 1 且 σ_η^2 较小，那么波动就是高线性相关的。对高度相关这一情况，单步 MCMC 方法将会非常缓慢地收敛于后验分布（Shephard & Kim，1994；Kim et al.，1998），可以认为算法是失效的。而基于多步抽样的 MCMC 方法便应运而生。具体的计算方面的研究成果可参看 So et al.（1998）、So & Li（1999）、Chib et al.（2002）和 So et al.（2002）等。

一些针对随机波动方程的研究采用近似的成块法来更新。具体的研究有，Kim 等人 1998 年通过对收益率方程两端先取平方，而后加入了一个常数 c，则可将随机波动模型转为状态空间形式，其结构如下：

$$y_t^* = h_t + \xi_t \tag{5.9}$$

$$h_t = \alpha + \varphi(h_{t-1} - \alpha) + \sigma_\eta \eta_t \tag{5.10}$$

其中，$y_t^* \equiv \ln(y_t^2 + c), \xi \equiv \ln\varepsilon_t^2$，显然是非高斯的，但其在状态空间中的两个方程均为线性的，故可直接应用线性状态空间法进行研究，这是一个很好的简化，进一步地，文中将误差 ξ_t 可以通过一个含 7 个子分布的混合正态来拟合：

$$p(\xi_t) \approx \sum_{b=1}^{7} \omega_b \phi(\xi_t; \mu_b Q_b)$$

其中，$\varphi(x;\mu_b Q_b)$是一个均值为 μ_b、方差为 Q_b 的正态分布。参数 ω_b、μ_b 和 Q_b 用来近似 $\log e_t^2$ 的分布。形式上，这需要引入一种潜在状态 $L_T = \{I_1, \cdots, I_t\}$，满足：

$$\xi_t / I_t = b \sim N(\mu_b, Q_b), \Pr(I_t = b) = \omega_b \tag{5.11}$$

这样，随机波动的两个方程就变为了混合正态下的状态空间线性形式。这里，在新模型中的参数 $\theta = (\mu, \varphi, \sigma_n)$需要估计。而状态对数波动向量 $H_r = (h, \cdots, h_r)$和潜在混合指示向量 $I_r = (I_1, \cdots, I_r)$，它们的联合分布密度为 $p(\mu, \varphi, \sigma_\eta, H_T I_T | y_T^*)$。类似地，MCMC 算法可实现为：

$$H_r | \mu, \phi, \sigma_\eta, H_T I_T, y_T^* : \text{FFBS}$$

$$I_r | \mu, \phi, \sigma_\eta, H_T I_T, y_T^* : \text{Multinomial}$$

$$\sigma_\eta^2 | \phi, \sigma_\eta, H_T I_T, y_T^* \sim \text{Ig}$$

$$\mu | \mu, \phi, \sigma_\eta, H_T I_T, y_T^* \sim N$$

$$\phi | \mu, \phi, \sigma_\eta, H_T I_T, y_T^* \sim \text{Metropolis}$$

其中，参数 μ、ϕ 和 σ_η^2 的抽取采取 Shephard（1996）和 Kim 等人（1998）的技术。给定 I_T，公式（5.11）中 $\xi_t(t=1, \cdots, T)$就给定了，分别代入式（5.9）和式（5.10），则 SV 转换模型变为一个线性时变的正态状态空间模型。进一

步地，对状态对数波动向量 H_r，根据“前滤波、后抽样”法（Carter & Kohn，1994；Shep hard，1994）进行成块采样。此时，I_T 的采样就变得很容易了。对 $I_t(t=1,\cdots,T)$ 从以下概率密度函数中提取样本：

$$\Pr(I_t = b \mid h_t, y_t^*)\alpha\omega_b\phi(y_t^* \mid h_t + \mu_b, Q_b), b \leqslant 7$$

这种多步移动 MCMC 抽样法以很低的自相关性生成马氏链，因此，通常被认为是一个高速收敛法。具体的关于单步与多步 MCMC 方法的收敛性研究成果，可参看 Kim 等人（1998）的相关论文。

在此基础上产生了大量研究对 SV 模型的推广，先后有对马尔科夫转移随机波动模型的推广（So et al.，1998），对 TSV 模型的推广（So et al.，2002），对尾、跳跃 SV 模型的推广（Chib et al.，2002），对杠杆、厚尾和跳跃 SV 模型的推广（Nalajima & Omori，2008），以及对多元 TSV 模型推广（So & Choi，2008）等。

总地来说，使用 MCMC 方法获得的估计有许多优点，例如，能够同时获得关于参数、未观测方差平滑估计值以及波动多步预测的样本推断；如果次数足够大，就能获得和极大似然法相同的渐近分布。最主要的是，MCMC 方法的推断是基于有限的样本的，并由此不再需要近似。当然，MCMC 法也有不足，主要是没有好的实现，现有实现在时间上比较复杂，且没有任意分布下可简单实现，现有 WinBUGS 软件也有很多不足，使得 MCMC 方法还有很多改进的地方。

5.3 基于 MCMC 和 Kalman 滤波的波动性预测

5.3.1 模型的转换

前文曾讲到，可将 SV 模型进行线性化，乘积变加法的主要技术手段就是利用对数变换的性质，这里对（4.1a）式两边先平方，而后去自然对数就得到：

$$\ln y_t^2 = \omega + h_t + \xi_t \tag{5.12}$$

其中，$\omega = E[\ln\varepsilon_t^2]$，$\xi_t = \ln\varepsilon_t^2 - E[\ln\varepsilon_t^2]$，$\xi_t \sim i.i.d(0, \sigma_\xi^2)$。若 ε_t 为标准

正态分布，那么 $\ln\varepsilon_t^2$ 服从非高斯的对数—卡方分布，均值严重偏左、长尾，其均值和方差分别为 -1.2704 和 $\pi^2/2$。

更一般地，如果 ε_t 服从具有自由度为 υ 的学生 - t 分布时，它可以表示为：

$$\varepsilon_t = \zeta_t k_t^{-0.5}$$

其中，ζ_t 是一个标准正态变量，k_t 是独立分布，从而 ε_t 服从具有自由度为 υ 的卡方分布。这样有：

$$\ln\varepsilon_t^2 = \ln\zeta_t^2 - \ln k_t$$

$\ln\zeta_t^2$ 仍然是对数卡方分布，再根据 Abramowjtz & Stegum（1970）中的结果，$\ln\varepsilon_t$ 的均值和方差分别为 $-1.27-\phi(\upsilon/2)-\ln(\upsilon/2)$ 和 $4.93+\phi'(\upsilon/2)$，其中 ϕ（·）是双 Γ 函数，见 Harvey et al.（1994）。注意，即使模型的构造方式使 ε_t 服从 Cauchy 分布，即 $\upsilon=1$，ε_t 的矩也是存在的。事实上，这种情形中，ε_t 是对称的，超峰度为 2，而当 ε_t 为高斯分布时，ε_t 的超峰度为 1。

5.3.2　波动预测方法

SV 模型的估计可用 ML 法。利用 Kalman 技术即可实现。但存在问题，主要是变化后的线性模型误差项是非高斯的，需要做一些处理。这时，可用基于近似正态的伪极大似然（QML）法。但不够精确，故大多数采用贝叶斯统计意义的 MCMC 方法。

为以下估计算法的简便性，我们可以直接考虑 Yu（2005）给出的模型形式。如果我们令 $\omega_t=(\eta_t-\rho\varepsilon_t)/\sqrt{1-\rho^2}$，且 $-1<\rho<1$，则可重新表示为：

$$y_t = \exp(h_t/2)\varepsilon_t \tag{5.13}$$

$$h_{t+1} = \upsilon + \phi h_t + \rho\sigma_\eta \exp(-h_t/2) y_t + \sigma_\eta\sqrt{1-\rho^2}\,\omega_t \tag{5.14}$$

此时，ε_t 和 ω_t 均服从 iidN(0,1)，且满足 $\mathrm{corr}(\in_t,\omega_t)=0$。

针对上述非线性 SV 模型，将收益率方程（5.13）式进行对数平方变换之后，可用近似滤波（AMF）和近似极大似然方法进行估计和预测。然而，只有当 $\rho=0$ 时，近似滤波 AMF（k）可按 SV 模型进行构建，而当 $\rho\neq0$ 时，由于方程（5.14）式中 $\phi h_t+\rho\sigma_\eta\exp(-h_t/2)y_t$ 为对数波动 h_t 的非线性函数，直接运行上述 AMF 和近似似然法将不再可取。可用以下两种方法进行处理：一是基于预期的近似方法；二是基于泰勒近似的近似方法。

5.3.2.1 基于预期的近似方法

为推导这种非线性情形的递归滤波，目的是推导基于信息集 y_{t-1} 下的对数波动一步向前预测 $h_{t|t-1}$ 和其均方误差 $p_{t|t-1}$。先考虑基于信息集 y_{t-1} 下关于 h_t 的前二阶矩，即 $h_{t|t-1}=E(h_t|y_{t-1})$ 和 $E(h_t^2|y_{t-1})$，则有：

$$h_{t|t+1}=\upsilon+\phi h_{t-1|t-1}+\rho\sigma_\eta y_{t-1}\exp\left(-\frac{h_{t-1|t-1}}{2}+\frac{p_{t-1|t-1}}{8}\right) \tag{5.15}$$

和

$$\begin{aligned}E(h_t^2|y_{t-1})&=E[(\upsilon+\phi h_{t-1}+\rho\sigma_\eta\exp(-h_{t-1}/2)y_{t-1}+\sigma_\eta\sqrt{1-\rho^2}\omega_t)^2|y_{t-1}]\\&=\upsilon^2+\phi^2E(h_{t-1}^2|y_{t-1})+\rho^2\sigma_\eta^2\exp\left(-h_{t-1|t-1}+\frac{p_{t-1|t-1}}{2}\right)y_{t-1}^2\\&\quad+2\upsilon\phi h_{t-1|t-1}+2\upsilon\rho\sigma_\eta\exp\left(-\frac{h_{t-1}}{2}+\frac{p_{t-1|t-1}}{8}\right)y_{t-1}\\&\quad+2\phi\rho\sigma_\eta\left(h_{t-1}-\frac{p_{t-1|t-1}}{2}\right)\exp\left(-\frac{h_{t-1}}{2}+\frac{p_{t-1|t-1}}{8}\right)y_{t-1}+\sigma_\eta^2(1-\rho^2)\end{aligned} \tag{5.16}$$

于是根据式（5.15）和式（5.16），可以推导对数波动的均方预测误差 $p_{t|t-1}$，即：

$$\begin{aligned}p_{t|t-1}&=E(h_t^2|y_{t-1})-[E(h_t|y_{t-1})]^2\\&=\phi^2p_{t-1|t-1}+\rho^2\sigma_\eta^2\exp\left(-h_{t-1|t-1}+\frac{p_{t-1|t-1}}{4}\right)\left[\exp\left(\frac{p_{t-1|t-1}}{4}\right)-1\right]y_{t-1}^2\\&\quad-\phi\rho\sigma_\eta p_{t-1|t-1}\exp\left(-\frac{h_{t-1|t-1}}{2}+\frac{p_{t-1|t-1}}{8}\right)y_{t-1}+\sigma_\eta^2(1-\rho^2)\end{aligned} \tag{5.17}$$

至此，将式（5.15）和式（5.17）代入近似滤波 AMF 中，即可完成 SV 模型的近似估计。

5.3.2.2 基于一阶泰勒近似的近似方法

这里提出的方法类似于 Tsay（2005），在递归滤波中他对转移方程运用了一阶泰勒近似表示，并给出 ASV 模型的贝叶斯 MCMC 估计方法。这里，我们将这种思想与近似滤波 AMF 进行结合。

假设 $G(h_t)=\upsilon+\phi h_t+\rho\sigma_\eta \exp(-h_t/2)y_t$，式（5.14）则可用在 $h_t=h_{t|t}$ 附近的一阶泰勒近似式替代，表示为：

$$h_{t+1}=G(h_{t|t})+g(h_{t|t]})(h_t-h_{t|t})+\sigma_\eta\sqrt{1-\rho^2}\,\omega_t \tag{5.18}$$

这里我们定义：

$$G(h_{t|t})=\upsilon+\phi h_{t|t}+\rho\sigma_\eta \exp\left(-\frac{h_{t|t}}{2}\right)y_t \tag{5.19}$$

$$g(h_{t|t})=\frac{\partial G(x)}{\partial x}\Big|_{x=h_{t|t}}=\phi-\frac{1}{2}\rho\partial_\eta \exp\left(-\frac{h_{t|t}}{2}\right)y_t \tag{5.20}$$

于是，递归滤波中方程可替代表示为：

$$h_{t|t-1}=G(h_{t-1|t-1}) \tag{5.21}$$

$$p_{t|t-1}=g\,(h_{t-1|t-1})^2P_{t-1|t-1}+\sigma_\eta^2(1-\rho^2) \tag{5.22}$$

基于此，同样可以结合近似滤波 AMF(k)进行估计。因此，这种方法也称为基于一阶泰勒近似的近似滤波 AMF(k) - TA，其对应近似极大似然方法称为 AML(k) - TA。

5.4　MCMC 应用软件——WinBUGS

5.4.1　WinBUGS 简介

BUGS（Bayesian inference Using Gibbs Sampling）最初由英国的 Imperial College 和 MRC（Medical Research Council）联合研制开发，而 WinBUGS 是基于 BUGS 面向对象交互式环境的 Windows 版本，是一款与 MCMC 方法并行的软件，WinBUGS 软件已在网推出（http：//www. mrc - bsu. cam. ac. uk/bugs），可以免费下载用于科学研究。其基本工作原理就是基于 Gibbs 抽样算法和 Metropolis 算法，从完全条件概率分布中抽样，从而生成马尔科夫链，通过迭代，最终估计出模型参数。使用 WinBUGS 可以方便地对许多常用的模型和分布进行 Gibbs 抽样，编程者不需要知道参数似然函数的精确表达式，只要设置好变量的先验分布并对所研究的模型进行一般性的描述，就能很容易实现对模型的贝叶斯分析，而不需要复杂的编程。在 WinBUGS 中可以使用有向图模型方式（directed graphical model）对模型进行直观的描述，也可以直接编写模型程序，并给出参数的 Gibbs 抽样动态图，用 Smoothing 方法得到的后验分布的核密度估计图、抽样值的自相关图及均值和置信区间的变化图等，使抽样结果更直观可靠。Gibbs 抽样收敛后，可以得到参数后验分布的平均值、标准差、95%的置信区间和中位数等信息。

5.4.2 WinBUGS 基本操作流程

第 1 步，建立 WinBUGS 模型。

早期 WINBUGS 提供的模型是 Doodle 模型，其 Doodle 模型较特别，它以节点（nodes）、箭头（edges）和平板（Plates）等图形方式出现，通过图形的方式来构建模型，每个模型的节点中含有特定的属性，如名称、类型、分布或逻辑函数的定义等。

Wingbugs14.0 版本以及 Openbugs 需要运算者根据数学模型运用 WinBUGS 提供简单的语言，自己编写程序，程序中仍然包含名称、类型、分布或逻辑函数的定义。

第 2 步，模型检查（check）。

程序写完后，接下来需要对模型进行调试，观察 WinBUGS 是否能被正确识别，验证模型是否有程序上或语法上的错误。具体操作是把程序放在最前面（WinBUGS 同时可以打开多个窗口），点击 model 菜单，出现 specification 功能按钮，点击后出现一个标题为 specification tool 的对话窗口，在对话窗中点击 check model 按钮。如果程序中有错误，点击 check model 后会在状态栏中出现不同的提示，可以根据提示内容对模型中的每一个分布、名称、类型和逻辑关系等进行逐项检查，改正错误的地方，然后不断重复进行，直到 WinBUGS 出现不同的提示，可以根据提示内容对模型中的每一个分布才能进入下一步。

第 3 步，输入数据（load data）。

模型检查合格后，需要对数据进行说明并读入。数据说明主要是要给出样本量，数据有多列时要分开给出。数据读入则先确定在程序中有 data list 路径，然后在第二步的 specification tool 对话框下，点击 load data 按钮，状态栏就会出现“on”的信息，这表示数据读入完成。也可以在 File 菜单中选择 New 命令对超文本进行编辑。

第 4 步，对模型进行编译（compile）。

在 specification tool 对话框下有 compile 按钮，该按钮的功能就是模型编译。值得注意的是，在进行模型编译之前，compile 按钮右侧文本框中显示的正整数表示同时模拟相互独立链的个数（num of chains），WinBUGS 默认值为 1，可以根据编程者的需求进行调整。若模型和数据是一致且完整的，则系统会显示编译成功，状态栏和 log 窗口中的提示信息是："model compiled"，同时 compile 按钮、Load Data 按钮变灰，需要进入下一步。

第 5 步，设定模型初始值（load inits）。

模型编译好后，还需要设定模型的初始值，一般在模型设定为标准的正态分布，后尾特征的 t 分布等要设定不同的初始参数，再根据数据的特征设定好初始值，点击 Load inits 即可，状态栏中就出现"the chain contains uninitialized variables"的提示。点击 gen inits 按钮对未给定初始值的变量自动赋予初始值，此时，系统窗口中状态栏的提示信息为"initial values generated，model initialized"，初始值设定完成。

第 6 步，参数检测设置（monitor）。

与 model 平行有 inference 菜单，该菜单的功能主要是对设定参数进行统计推断。我们点击 inference 菜单后，继续点击 Sample 命令，系统将会弹出"Sample Monitor Tool"对话框。在 node 框中分别输入设定的变量（与初始值设定一致），然后分别按下 set 按钮，对话框中的其他按钮是模型设定的，可以不做调整。这样，在 WinBUGS 运行后，对输入的变量的运行过程及结果进行储存。

第 7 步，模型迭代运行。

若根据系统提示正确无误地完成了前六步，那么模型就可以实现迭代估计了。返回到 model 菜单，点击 update 命令后系统将会弹出 update tool 对话框，这时需要输入迭代的次数，点击 update 后 WinBUGS 就开始计算，状态栏中出现"model is updating"的提示，迭代到规定次数后，状态栏中会提示运行所需时间。

需要特别指出的是，迭代过程分为两个阶段：一个阶段是燃烧退火的次数；另一个阶段是运行至收敛的次数。

第 8 步，模拟结果的输出。

结果的输出由 inference 菜单中的 Samples 命令来执行（第 6 步已经打开），在 Sample Monitor Tool 对话框中的 node 框中，输入想观测的参数，参数与第 6

步的参数检测相同，可以单个输入，也可以输入“*”的参表示所有的参数均需要输出。WinBUGS14.0 版本下有反映拟合的多种输出结果，包括动态轨迹（trace）、后验密度（density）、统计特征（stats）、历史运行（history）、自相关（auto cor）和运行区间（quantiles）等，在后续的实证章节中有具体的实例。在输出形式上，根据以图为主，统计特征则以表的形式出现。

第 9 步，模型收敛性判断。

MCMC 方法的原理决定了迭代过程必须是收敛的，这是因为 MCMC 方法的收敛性直接影响到迭代结果的可靠性，而 MCMC 迭代方法的收敛是指用于参数估计的迭代值收敛于稳定的 Markov Chain 或目标分布。但能从理论上证明其收敛性的情形非常少，于是在 WinBUGS 软件中对 MCMC 收敛性判断是采用的有效收敛（effective convergence）。有效收敛是指对参数值的推断和拟合不依赖设定的初始值（Brooks and Gelman，1998）。

第6章

基于MCMC的股票市场随机波动实证分析

前述章节较为详细地介绍了金融市场随机波动现象的经济学、金融学原理，单一随机波动数学原理和模型设定，二元随机波动原理和模型设定，随机波动模型的估计方法，重点说明了马尔科夫链蒙特卡洛（MCMC）方法的数学原理及估计的实现方式，WinBUGS 的使用原理和特征。从本章开始，将从理论阐述转向对我国金融市场实际运行过程中的随机波动分析。鉴于金融市场从内容上可以划分为股票市场、债券市场、外汇市场、期货市场、黄金市场、基金市场等，从地域范围上可以划分为国内市场、国际市场，金融市场之间随机波动的联动性有多种组合，涉及多种层次，难以全面研究。因此，遵循项目研究设计的主要目的，本书选择中国股票市场以及美国和中国香港地区股票市场为样本来揭示基于 MCMC 的金融市场随机波动的联动性。本章先从一元 SV 角度对主要股票市场进行实证分析。

6.1 金融市场随机波动联动性实证设计

6.1.1 理论假设

金融学理论中，对以股票市场为代表的金融资产价格波动的解释有多种，早期有随机游走理论，到金融学业内广为熟知的有效市场理论假说（EMH），发展提出了协同市场假说，以及引入数学、物理学中分形与混沌来研究金融资产价格的市场理论。近年来，伴随着行为经济学的兴起，对股票价格等金融市场价格波动的解释也可以通过行为金融学理论来解释，该理论认为，股票市场上投资者信息不对称，即使是投资者拥有同样的信息，但决策者的情绪、决策的可逆转性、决策的复杂性、投资者对信息的敏感度、控制的差别和选择的权重都将影响决策程序，而这些都将极大地影响股票价格及其波动（见第3章）。

笔者认为，正是由于没有一个准确有效的解释金融市场价格波动的理论体系，或者说某一个理论体系只能解释金融市场价格波动的某些现象。比如，我国学者对中国股票市场的有效性进行大量研究，得出的结论有认为是强式有效，也有认为是半强式有效，同时有证据表明是弱式有效的，但总体上，中国股票市场的有效性在逐渐增强。这种理论上不统一，一方面说明了金融市场是复杂系统；另一方面说明以复杂系统为研究对象的随机波动（SV）可以在理论上来合理解释金融资产价格的不确定性，换言之，随机波动（SV）模型包含解释价格不确定性的理论。为此，笔者在本章按照第3章的理论阐述，不对应具体的理论来构建随机波动模型。

6.1.2 随机变动观测值的界定

根据SV模型中随机变动的含义，随机波动的测度量 h_t 是潜在变量（参见第4章），只有通过测度方程中可观测的 y_t 值，然后通过SV模型来研究随机波动的特征。

遵循研究同行的做法，y_t 采用公式（6.1）来界定：

$$y_t = \ln(P_t/P_{t-1}) - \mu \tag{6.1}$$

其中，P_t、P_{t-1} 表示第 t、t-1 个交易日金融市场中金融产品或衍生品的价格；$\ln(P_t/P_{t-1})$ 表示收益率；μ 表示时间序列 $\ln(P_t/P_{t-1})$ 的均值。所以 y_t 是收益率去掉均值后的漂移值，是SV模型分析中从样本对象获取实证数据对象，基于 y_t 就可进一步分析其随机波动特征。如果简单分析，则可通过计算 y_t 的方差、标准差等指标来表示其波动率的情况。

在股票市场随机波动分析中，可以采用个股的价格来分析每只股票的变动，也可以用股票价格指数来反映股票市场的整体波动情况，即P可以是个股价格，也可以是股票价格指数。项目研究的侧重点是市场的整体变动情况，选取的是股票价格指数。

6.1.3 样本选择与数据来源

根据研究设计，金融市场随机波动选择股票市场作为研究对象，而金融市场随机波动的联动性重点研究股票市场之间波动性的联动性，也就是中国股票市场之间、中外股票市场之间，因此，样本选择集中在选择中国股票市场的哪种层次和对中国股票市场波动有较明显影响的全球主要国家的股票市场。

（1）确定样本对象。上海证券交易所于 1990 年 12 月 19 日正式开业，随后的 1991 年 7 月 3 日深圳证券交易所正式成立并开始交易，标志着我国股票市场正式建立。2004 年 5 月，经国务院批准，中国证监会批复同意深圳证券交易所在主板市场内设立中小企业板块，2009 年 10 月 23 日，深圳证券交易所推出了创业板，我国股票市场的层次进一步丰富。

由于深圳中小板市场和创业板市场成立和交易的时间不长，在中小板和创业板挂牌的公司不足以代表中国的主要行业和公司，其主要定位是对主板市场的补充。基于此，本书选择的样本对象主要是上海和深圳主板市场，在考虑上海、深圳股票交易所之间的波动性联动影响时，暂时不考虑深圳中小板和创业板。

由于美国股票市场制度完善，投资者成熟，加之美国是全球经济的风向标，因此，美国股票市场的涨跌和发展趋势对全球其他市场有显著的影响。即人们常说的："华尔街感冒了，全世界均要咳嗽"，海量的研究也无数次证实了这一点。在分析全球股票市场波动对中国的影响时，显然美国股票市场是影响最大的。同时，从全球范围来看，美国在世界经济周期性波动中扮演着重要角色，股票市场随着世界经济周期性繁荣与衰退也出现了明显的波动特征。比如 1997 年的亚洲金融危机、2008 年的美国次贷危机引发的全球性金融危机、2000 年前后网络经济引发的股市泡沫。另一个直接联系美国股票市场的通道是上海证券交易所还有专门以美元计价的 B 股市场，在中国和美国股票市场同时挂牌交易的股票也是两个市场波动联动通道。因此，首选美国股票市场作为样本对象。

此外，由于中国香港地区与内地的特定政治经济联系，中国香港是全球的金融中心之一，香港股票市场有大量的中国内地企业上市交易，即 H 股，香港证券交易所还专门编制恒生中国内地企业股票价格指数，部分公司同时又在内地股票市场上市交易，即 A + H 股，这一特定的联系纽带决定了香港股票市场与内地股票市场的波动性之间联动性强。更为一般的是深圳证券交易所还有专门以港元计价的 B 股市场。另一个因素是香港地区与沪深证券交易所的交易时间节拍更合拍，与美国股票市场对沪深市场的影响相比，波动性的联动特征更为动态、更为同步。为此，在海外股票市场的选择上必须包含香港地区市场。

基于上述考虑，本书选择了美国股票市场和香港地区股票市场作为研究中外股票市场波动性的联动性的海外样本对象。

（2）样本指标的选择。股票市场的交易品种多样，每个品种的交易价格波动呈现出不同特征，有的波动性强，有的有波动的集群性。因此，在研究股票市场波动性的总体情况，应该选择股票价格指数来综合反映。

在股票市场建立的同时，我国有关部门开始编制综合反映股票价格走势的股票价格指数，比如，上海证券交易所从 1991 年 7 月 15 日起编制并公布上海证券交易所股价指数，它以 1990 年 12 月 19 日为基期，基日指数定为 100 点，以全部上市股票为样本。随着上市股票品种逐渐增加，上海证券交易所在综合指数的基础上，从 1992 年 2 月起分别公布 A 股指数和 B 股指数；从 1993 年 5 月 3 日起分别公布工业、商业、地产业、公用事业和综合五大类分类股价指数，以反映不同行业股票的各自走势。

深圳证券交易所编制了深圳综合指数，随后推出了深证成分股指数，按一定标准选出 40 家有代表性的上市公司作为成分股。根据新建立的中小板市场和创业板，编制了相应的中小板综合指数、创业板综合指数。为了促进中国股市向统一综合指数迈进，2005 年 4 月 8 日设置了沪深 300 指数，沪深 300 指数成了我国股指期货的标的，并于 2010 年 4 月 16 日正式上线交易。

样本指标选取股票指数，即上海证券交易所股票价格综合指数（简称上证综指，下同）和深圳证券交易所成分价格指数（简称深证成指，下同），不包含个股，当然不排除在实证结果分析中采用其他一些股票价格指数进行对比。

对于海外股票市场，股票价格指数更是品种繁多，本书选取了最具有代表性也有广泛影响的美国股票市场的三大股票指数，即道琼斯 30 种工业股票价格指数（简称道琼斯指数，下同）、纳斯达克综合指数、标准普尔 500 指数，香港地区的恒生股票价格指数（简称恒生指数，下同）作为样本，进行对比分析。

（3）样本期间的选择。样本期间的选取上，需要综合考虑我国股票市场的总规模、形成的基本交易制度、众多的投资者人数、活跃的市场参与中介、股票定价功能等。由于要研究中外股票市场之间波动性的联动性，在考虑样本期间海外股票市场的总体情况基础上，重点考虑的是我国的资本项目是否自由兑换，因为资金的跨境自由流动是中外股票市场之间的波动联动纽带，而资本项目下货币自由兑换程度制约着资金自由流动的程度。总体上，我国资本项目的可兑换性在逐年加强，标志性的时间节点就是2005年7月21日我国人民币汇率形成制度改革。为此本书选取2005年7月21日到2012年12月31日作为研究的视线窗，其他的基于此进行微调。

（4）样本数据的频率。根据SV的理论，SV的实证研究中，样本数据的频率对研究有一定的影响。实际股票交易中提供的各种交易数据的频率可高可低，有部分研究集中在一天以内的高频交易数据上，但波动率的尖峰厚尾特征是首先从股票市场的每天数据序列中先观察到的。本书从以下三点考虑选择每天交易数据。第一，与主要研究同行一致以便于研究结论的对比。第二，考虑到股票市场、外汇市场、期货市场在实际运行中主要的交易时间段是以天为基础，尤其是在研究海外股票市场对我国股票市场波动的联动性时，海外股票市场与国内股票市场之间存在明显的时差，高频数据明显不适合。第三，从资料的来源渠道看，每天交易数据仍然是主要的渠道，应用每天交易数据可以避免数据的再处理，保障数据的可靠性。为此，就可以得到样本期内的样本量。

需要特别说明的是，由于中国内地、美国和中国香港地区股票市场实际交易中的放假等方面的差异，其在样本期间的实际交易日期不相同。在一元SV模型实证时为了保证数据的完整性，保留了全部数据。而在联立SV模型实证过程中，要求不同股票市场之间数据相互匹配，因此，需要对其进行相应的处理（详见第7章），与一元SV模型的样本量不同，具体的样本量见表6-1。

表6-1　　　　样本量一览表

样本对象	样本指标	样本量	
		一元SV	二元MSV
中国股票市场	上海证券交易所综合指数	1814	1716
	深圳证券交易所成分指数	1814	
美国股票市场	道琼斯指数工业股票价格指数	1875	
	标准普尔500指数	1875	
	纳斯达克综合指数	1875	
香港股票市场	香港恒生股票价格指数	1840	

根据确定选择样本的上述规定，收集相应的数据资料。国内的上证综指和深圳深证成指数据分别从上海证券交易所网站（http：//www.sse.com.cn）、深圳证券交易所网站（http：//www.szse.cn/）下载获得，海外各种股票价格指数从数据库中获得。波动率 y_t数据则是笔者根据上述公式计算得出的，数据的预处理采用 EXCEL 完成，附录 5 给出部分数据，全部数据备索。

6.2 股票市场随机变动的描述统计

6.2.1 上海股票市场——上证综指

为了更直观地观察，笔者把上证综指的绝对值与对应的波动率（y_t）绘制成时序图，见图 6-1。笔者按照描述统计规范，对上海证券综合股票价格指数的波动率计算了均值、中位数、最大值、最小值、标准差、峰度、偏度等描述统计指标值，以进一步了解波动率序列的基本统计特征。需要特别指出的是，由于波动率的计算方法，找出上证综指微小波动的值需要计算绝对值最小值，同时对序列进行了 Jarque－Bera 检验以验证序列是不是符合正态分布，具体见表 6-2。从图表中可以看出上证综指波动率整体上的特征。

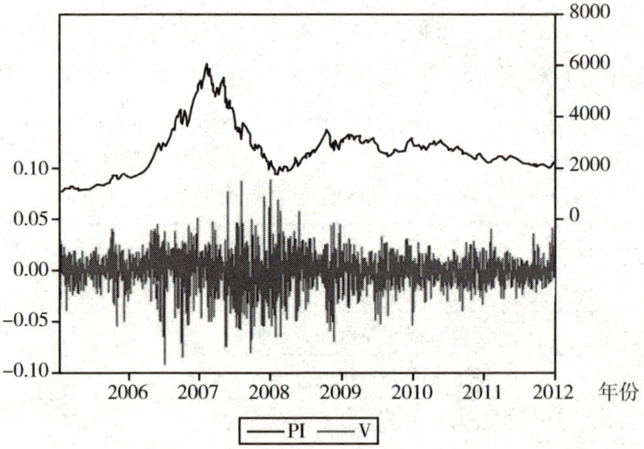

图 6-1　上证综合指数（PI）走势及波动率（V）趋势图

表 6－2　上海证券交易所综合股价指数波动率统计表

（2005. 07. 21 ~ 2012. 12. 31）

Panel A

样本	均值	中位数	最大值（时间）	最小值（时间）	绝对值最小值（时间）	标准差	峰度	偏度	J－B	P 值
1814	0. 000279	0. 001031	0. 090181（2008. 09. 19）	－0. 09272（2007. 02. 27）	1. 14E－06（2006. 08. 02）	0. 018004	3. 122835	－0. 40271	780. 4373	0. 0000

Panel B　上证综指十大最大、最小波幅排行榜（2005. 07. 21 ~2012. 12. 31）

序号	最大波幅（涨）	日期	最大波幅（跌）	日期	最小波幅	日期
1	9. 45%	2008. 09. 19	－8. 84%	2007. 02. 27	0. 00%	2006. 08. 25
2	9. 29%	2008. 04. 24	－8. 26%	2007. 06. 04	0. 00%	2011. 02. 25
3	8. 13%	2008. 02. 04	－7. 73%	2008. 06. 10	0. 00%	2010. 07. 16
4	7. 77%	2008. 09. 22	－7. 22%	2008. 01. 22	0. 00%	2005. 09. 15
5	7. 63%	2008. 08. 20	－7. 19%	2008. 01. 28	0. 00%	2012. 05. 07
6	7. 27%	2008. 11. 10	－6. 74%	2009. 08. 31	0. 00%	2011. 06. 01
7	6. 12%	2009. 03. 04	－6. 54%	2008. 06. 19	0. 00%	2011. 02. 15
8	6. 05%	2008. 11. 19	－6. 50%	2007. 05. 30	0. 00%	2008. 07. 02
9	5. 33%	2007. 08. 20	－6. 32%	2008. 10. 27	0. 01%	2012. 02. 13
10	5. 24%	2008. 06. 18	－6. 31%	2008. 11. 18	0. 01%	2012. 10. 16
平均	7. 23%	—	－7. 17%	—	—	—

资料来源：作者收集整理。

（1）波动率基本符合正态分布，有尖峰特征。波动率 J－B 检验对应的 P 值为 0，通过了 J－B 检验，说明其基本符合正态分布。但其峰度值为 3.122835，略大于标准正态分布的值 3，序列的偏度值为－0.40271，小于 0，说明上证综指的波动率指标存在一定的尖峰特征，存在略微左偏的现象。上证综指波动率与金融市场中波动率的尖峰特征是吻合的，但需要在描述统计的基础上用更精准的方法去进一步检验，在 SV 实证中就需要分别从正态分布、t 分布假设出发来展开。

（2）波动率有显著的集群性。从波动率时序图可以直观看出，在高波动或低波动阶段的堆集现象明显，波动率较小堆集的时间区间集中在 2010～2012 年间，波动率较大堆集的区间主要集中 2008 年前后，即在牛市的形成和退出期间。从样本期间上证综指涨幅排名前 10 名看，有 8 次发生在 2008 年，1 次在 2007 年，1 次在 2009 年，同期的上证综指跌幅前 10 名中有 6 次发生在 2008 年，3 次发生在 2007 年，1 次在 2009 年，充分说明这种较大波动后紧随较大波动的集群性特征。而最小波动统计次数则分散在 2006～2012 年的各年之间，这与理论假设是相符的。

（3）涨幅极值点由政策推动，而跌幅极值点则没有明显的直接原因。样本期间，上证综指涨幅最大的是 2008 年 9 月 19 日，达到了 9.45%，其原因是在美国次贷危机导致全球股票市场普遍下跌的影响下，中国股票市场同样一直跌跌不休，为此，中国证监会出台单边征收印花税；中央汇金公司购入三大行股票；国资委支持央企增持、回购股票的三大措施促使了这一最大涨幅。同样，涨幅排名第二的 2008 年 4 月 24 日，是因为当日国家把证券交易的印花税税率从千分之三下调至千分之一所致，排名第三的 2008 年 2 月 4 日，是因为证监会明确提出要于 2008 年适时推出融资融券业务。对应地，统计出跌幅最大的 2007 年 2 月 27 日，达到了－8.84%，次之的 2007 年 6 月 4 日则没有确定的原因，更多的是市场的莫名恐慌，投资者情绪导致的。

6.2.2 深圳股票市场——深证成指

深圳成分指数的描述统计处理方法与上证综指是一样的，就不再赘述，结果见表 6－3 和图 6－2。深证成分指数波动率的特征如下。

（1）波动率呈正态分布，有厚尾特征。深证成指时间序列 J－B 检验对应的 P 值为 0，通过 J－B 正态检验，初步判断其符合正态分布。偏度值是

表6-3　　深证成指波动率统计表

（2005年7月21日~2012年12月31日）

Panel A

样本	均值	中位数	最大值（时间）	最小值（时间）	绝对值最小值（时间）	标准差	峰度	偏度	J-B	P值
1814	0.000351	0.000888	0.091299（2008.04.24）	-0.09782（2007.02.27）	1.3E-05（2012.02.09）	0.020226	2.190866	-0.37046	401.1282	0.0000

注：括号中是最大值、最小值对应的时间。

Panel B　　深证成指十大最大、最小波幅排行榜（2005.07.21~2012.12.31）

序号	最大波幅（涨）	日期	最大波幅（跌）	日期	最小波幅	日期
1	9.59%	2008.04.24	-9.29%	2007.02.27	0.00%	2009.01.12
2	9.00%	2008.09.19	-8.25%	2008.06.10	0.00%	2006.10.19
3	7.95%	2008.02.04	-7.76%	2007.06.04	0.00%	2010.08.18
4	7.13%	2008.08.20	-7.62%	2007.01.31	0.00%	2005.08.10
5	6.91%	2009.03.04	-7.55%	2009.08.31	0.00%	2012.06.15
6	6.50%	2008.11.10	-7.49%	2008.06.19	0.00%	2010.03.22
7	6.25%	2007.01.15	-7.39%	2008.04.14	0.01%	2006.06.30
8	6.19%	2009.09.03	-7.22%	2008.11.18	0.01%	2011.07.05
9	6.14%	2008.11.19	-7.06%	2008.01.22	0.01%	2007.04.25
10	5.88%	2008.04.07	-7.00%	2010.11.12	0.01%	2010.01.21
平均	7.15%	—	-7.66%	—	—	—

资料来源：作者收集整理。

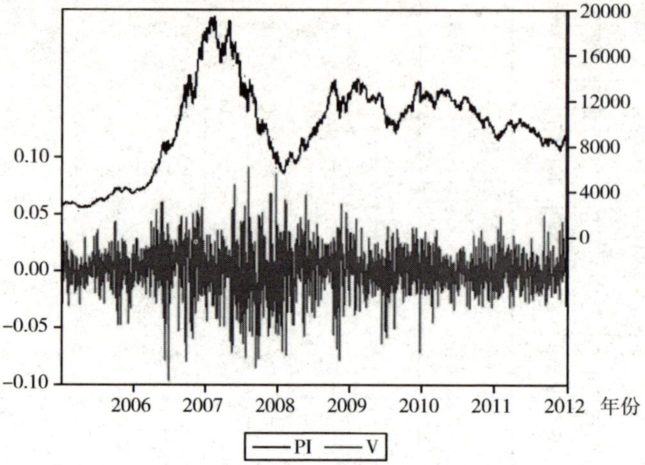

图 6－2　深圳成分指数（PI）走势及波动率（V）趋势图

－0. 37046，存在略微左偏的现象，深证成指波动率的峰度值为 2. 190866，小于标准正态分布的 3，表现出一定的厚尾特征，这与上证综指存在尖峰特征不同。同时，深证成指波动率的均值明显大于上证综指波动率均值（0. 000888 >0. 000279），而对应的标准差略大于（0. 020 >0. 018），说明深证成指的波动性略强于上证综指。因此，深圳成指波动率与金融市场中波动率的厚尾特征是吻合的，但需要在描述统计的基础上用更精准的方法去进一步检验，在 SV 实证中就需要分别从正态分布、t 分布假设出发来展开。

（2）波动率存在集群性。从反映深证成指波动率的图 6－2 与反映上证综指波动率的图 6－1 对比可以看出，二者走势基本一致，均存在波动的集群性，波动率较大和较小堆集的区间是高度一致，分别是 2008 年前后与 2010～2012 年间。从深证成指波动率最大、最小排行榜看，涨幅前 10 名有 7 次发生在 2008 年，2 次在 2009 年，1 次在 2007 年，同期跌幅前 10 名中有 5 次发生在 2008 年，3 次发生在 2007 年，1 次在 2009 年，1 次在 2010 年，这与上证综指的情况基本相同，而且涨跌的时间都一致，只是排名的先后顺序略有差异。

（3）推动上证综指出现涨跌极值点的政策同样推动了深证成指出现了涨跌极值点。深证与上海股票市场处于完全相同的宏观经济背景下，国家出台单边征收证券交易印花税、印花税税率调整；证监会推出融资融券业务；中央汇金公司购入三大行股票、国资委支持央企增持、回购股票等政策推动深证成指的大幅上涨，处于样本期间的涨幅前三名，分别是 2008 年 4 月 24 日、2008 年 9 月 19 日和 2008 年 2 月 4 日。下跌的极值点与上海基本一致，只是具体排序有细微差异，一种可能的原因是深证成指与上证综指的具体构成上有差异。沪深同步涨跌，一方面说明我国股票市场的波动率存在信息流现象，与经典的波动率特征相符；另一方面说明波动率之间有共生特征，有必要进一步研究波动性的联动性。

（4）深证成指的波动率存在杠杆效应。为了观察杠杆效应，负收益率（即跌）波动性比正收益率（即涨）的波动性要大，本书把上证综指和深证成指按照涨跌排序进行了分段统计，并分别计算了上涨、下跌区间的波动率的均值，不论上证综指或是深证成指，负收益率的波动率要大于正收益率的波动率，具体值是：上证综指 0.01355 >0.012049，深证成指 0.01504 >0.01427。但从波动率排名前十的统计数据看，只有深证成指的跌幅前十名平均水平大于涨幅的平均（7.66% > 7.15%），而上证综指则差不多。这初步可以判定深证成指波动率存在杠杆效应，可能的原因是与中国股票市场没有做空机制有关，当然这需要进一步验证。

6.2.3　美国股票市场——道琼斯、标普、纳斯达克指数

美国股票市场相对完善，股票价格指数有多种，选择的反映美国股票市场的样本指数是道琼斯股价指数、标准普尔 500 股价指数、纳斯达克综合指数。对这三个股价指数分析采用和上证综指和深证成指描述统计相同的方法，结果见表 6 – 4、表 6 – 5、表 6 – 6 和图 6 – 3、图 6 – 4、图 6 – 5。从统计图表可以初步分析美国股票市场价格指数波动率的总体特征主要如下。

（1）波动率基本符合正态分布。三大指数波动率时间序列的正态 J – B 检验值对应的 P 值均等于 0，说明其统计上符合正态分布。其偏度值均小于 0，处于［ –0.35　–0.05］区间，呈现左偏的分布，其与上证综指和深证成指相比，虽然同为左偏，但美股的偏离幅度要小得多。其统计的峰度值介于 6 ~ 10 之间，远远大于 3，与我国上证综指相比，说明美股存在更为陡峭的尖峰特征。从均值标准差分析看，道琼斯指数波动率的均值为正向波动，而纳斯达克指数和标准普尔指数为负向波动，标普指数的波动最小，纳斯达克次之，道琼斯最大，而标准差是道琼斯指数最小，标普指数次之，纳斯达克最大。与上证综指、深证成指相比，美国三大股价指数波动率的均值要小几个数量级，标准差也明显要小得多，这说明美股波动率总体上比中国股票市场要小。当然，这有待后续的 SV 检验。

表 6－4 道琼斯工业指数波动率统计表

（2005 年 7 月 21 日～2012 年 12 月 31 日）

样本	均值	中位数	最大值（时间）	最小值（时间）	绝对值最小值（时间）	标准差	峰度	偏度	J－B	J－B 对应 P 值
1875	4.68E－10	0.000345	0.104975（2008.10.13）	－0.08211（2008.10.15）	7.82E－06（2009.12.07）	0.013085	9.394765	－0.05691	6855.067	0.0000

注：括号中是最大值、最小值对应的时间。

表 6－5 纳斯达克综合指数波动率统计表

（2005 年 7 月 21 日～2012 年 12 月 31 日）

样本	均值	中位数	最大值（时间）	最小值（时间）	绝对值最小值（时间）	标准差	峰度	偏度	J－B	J－B 对应 P 值
1875	3.09E－10	0.000666	0.111423（2008.10.13）	－0.09605（2008.09.29）	3.19E－06（2010.10.11）	0.01515	6.427079	－0.20561	3219.948	0.0000

注：括号中是最大值、最小值对应的时间。

表 6－6 标普 500 指数波动率统计表

（2005 年 7 月 21 日～2012 年 12 月 31 日）

样本	均值	中位数	最大值（时间）	最小值（时间）	绝对值最小值（时间）	标准差	峰度	偏度	J－B	J－B 对应 P 值
1875	－1.9E－11	0.000663	0.109495（2008.10.13）	－0.09477（2008.10.15）	2.35E－06（2011.12.27）	0.014354	9.153472	－0.29095	6532.797	0.0000

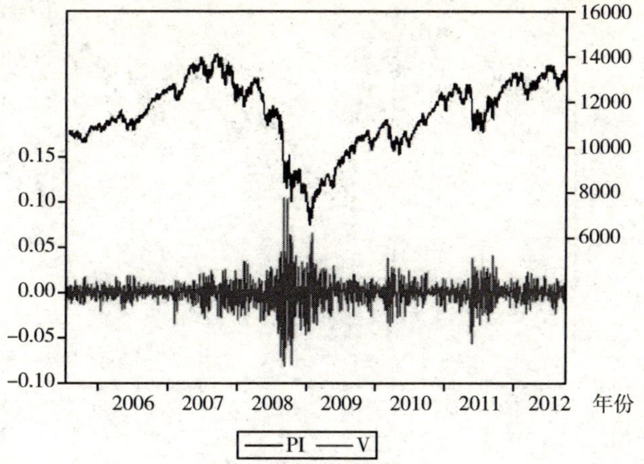

图 6－3　道琼斯工业指数（PI）走势及波动率（V）趋势图

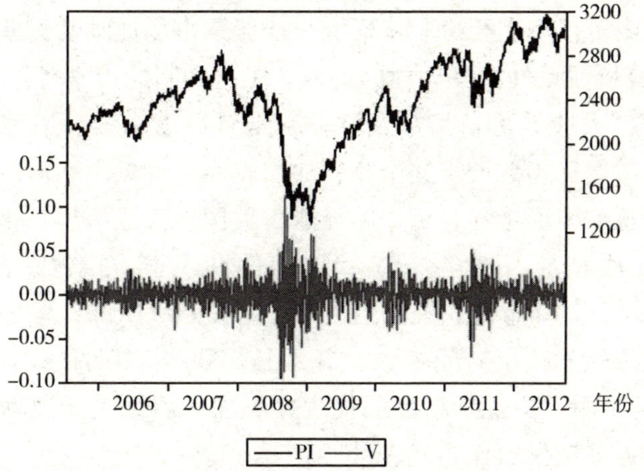

图 6－4　纳斯达克综合指数（PI）走势及波动率（V）趋势图

（2）美国三大股票价格指数波动性存在两个明显的集群区间。一个区间是 2008 年前后的美国次贷金融危机期间，这是全球股票市场的共同特征；另一个区间是 2011 年前后主权债务引发全球金融市场震动期间。两者直观比较，2008 年集群区间比 2011 年集群区间的波动要明显，这是次贷金融危机比主权债务危机对全球经济、金融的影响要广泛和深远在股票市场中的体现。与中国比较，我国沪深股票市场 2008 年前后的集群波动特征明显，而在 2011 年前后主权债务危机期间的集群波动不明显。美国股票市场与中国股票市场部分区间是同步涨跌，表明不同国家间的股票市场波动率之间有共生特征，部分区间涨

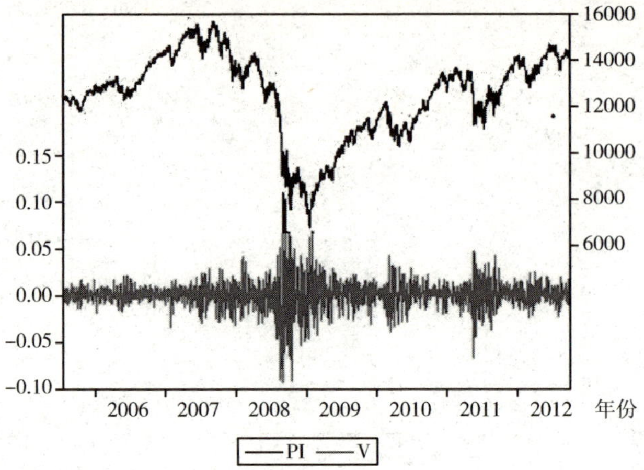

图 6－5　标普 500 指数（PI）走势及波动率（V）趋势图

跌不同步，说明不仅有必要进一步研究全球股票市场波动性的联动性，而且要借助 SV 方法分析波动性的联动性的特征、影响和制约因素等。

（3）美国三大股票价格指数及波动率走势高度一致。道琼斯指数、标准普尔指数、纳斯达克指数处于完全相同的宏观经济背景下，可以推断其走势基本相同。直观观察图形走势，可以明显看出美国三大股票价格指数及波动率走势高度一致。从相关系数看，三者之间的两两相关系数分别为 0.8928、0.9702、0.8094，是非常高相关，也说明了这一点。从涨跌幅的极值点看，三大股指的最大涨幅和跌幅时间一致，分别是 2008 年 10 月 13 日和 2008 年 10 月 15 日。综合来看，道琼斯指数的代表性更强。后续关于波动性的联动性分析中可以选择道琼斯指数作为代表。

6.2.4　中国香港股票市场——恒生指数

对恒生股票价格指数分析采用与上证综指、深证成指及美股三大指数的描述统计相同的方法，结果见表 6－7 和图 6－6。

从统计图表可以初步分析香港地区股票市场价格指数波动率的总体特征主要如下。

（1）波动率基本符合正态分布，有尖峰特征。恒生指数时间序列 J－B 检验对应的 P 值为 0，通过 J－B 正态检验，初步判断其符合正态分布。偏度值是 0.046517，表明中国香港股票市场存在右偏现象，这与中国沪深市场、美

表6-7　香港恒生指数波动率统计表

（2005年7月21日~2012年12月31日）

样本	均值	中位数	最大值（时间）	最小值（时间）	绝对值最小值（时间）	标准差	峰度	偏度	J-B	J-B 对应P值
1840	1.47E-10	0.000526	0.13383（2008.10.28）	-0.13606（2008.10.27）	9.36E-06（2011.10.10）	0.017779	7.879453	0.046517	4730.832	0.0000

注：括号中是最大值、最小值对应的时间。

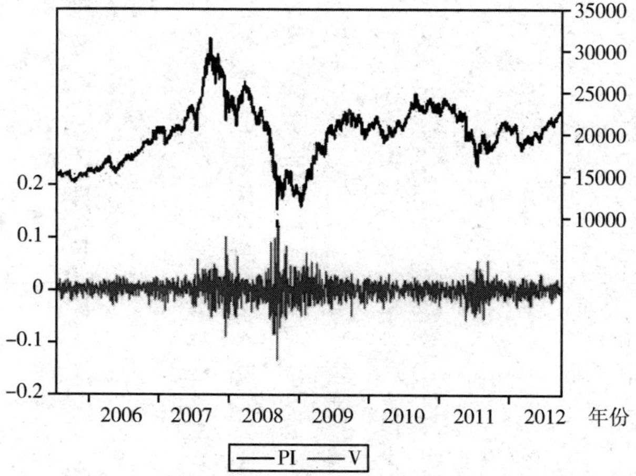

图6-6　香港恒生指数（PI）走势及波动率（V）趋势图

股市场存在略微左偏的现象不同。恒生指数波动率的峰度值为 7.879453，大于标准正态分布的 3，表现出一定的尖峰特征，这与上证综指类似。与上证综指、深证成指相比，恒生指数波动率的均值要小几个数量级，标准差的值大小差不多，这说明港股波动率总体上比内地股票市场要小，比美国股票市场的要大。同样，恒生指数波动率的特征需要进一步在 SV 实证中深入分析。

（2）波动率存在两个明显的集群区间。从图 6 - 6 中可以直观看出，波动率集群的一个区间是 2008 年前后的美国次贷金融危机期间，这是全球股票市场的共同特征；另一个区间是 2011 年前后主权债务引发全球金融市场震动期间，这与美股完全一致。但仔细观察可以看出，2011 年前后的集群区间的波动率在美股市场最为突出，在沪深市场上基本观察不出集群特征，港股则介于二者之间，不至于没有波动集群特征，但又不突出。同样，2008 年的波动率集群特征也存现出按美股、中国港股、中国沪深市场顺序衰减的趋势，这充分说明了不同市场之间的波动性联动性存在的差异。

（3）恒生指数的波动率特征与美股更相似。从恒生指数波动率的均值看，与美股三大股票指数波动率的均值大小处于同一数量级，而比上证综指和深证成指波动率的均值要小得多。此外，恒生指数波动率的最大值（0.1338）与最小值（ - 0.1361）均大于上证综指和深证成指的波动率极值（0.09 左右），而美股三大股指波动率的极值与则介于二者之间，这个可能与中国股票市场存在涨跌停板交易制度有关。

6.3 基于正态分布 MCMC 的股票市场随机波动分析

根据第 5 章讨论的随机波动模型理论，展开随机波动分析要依据分析对象的数据特征，通过对中国上海、深圳股票市场以及美国、中国香港地区等股票市场数据的描述统计，其股价呈现出不完全的正态分布特征，有尖峰厚尾特征、集群效应、共生效应、联动效应等。由于没有现存的与不完全正态分布对应的分布，Yu（2008）等同行普遍的做法就是在 SV 分析中先假定其是正态分布，然后假定其是 t 分布。t 分布就是尖峰厚尾的 SV 模型，即将标准 SV 模型中观测方程的随机误差项设定为具有厚尾特征的概率分布（如 t 分布、GED 分布等），从而可以更好地描述金融时间序列的尖峰厚尾特征，增强模型的解释能力。在此基础上，看从标准的正态分布得出的结论与 t 分布假设下得出的结论是否有明显的差异？为此，本节先假定数据特征为正态分布下展开分析，第6.4节按照t分布假设展开。

6.3.1　正态分布假设下SV实证

6.3.1.1　选择模型及方法

根据正态分布假设的前提，结合前述分析，我们选择模型如下：

$$\begin{cases} y_t = \exp(h_t/2)\varepsilon_t, \varepsilon_t \sim i.i.d. N(0,1) \\ h_t = \mu + \phi(h_{t-1} - \mu) + \eta_t, \eta_t \sim i.i.d. N(0, 1/\tau) \end{cases}$$

在实现模型估计的方法选择上，遵循第5章的分析，考虑到实证过程算法的难度，本书没有选择SV模型估计的广义矩法、有效矩法、准极大似然法、模拟极大似然法、蒙特卡洛似然法等方法，选择马尔科夫链蒙特卡洛方法（MCMC），通过WinBUGS程序来实现计算。后续的波动性的联动性分析，波动性的预警机制分析均采用MCMC方法和WinBUGS程序。

6.3.1.2　确定初始值

选定MCMC方法和WinBUGS程序后，首要的就是确定模型中的各个参数的初始值。在正态分布假设下，涉及反映波动水平参数 μ、反映波动持续性参数 ϕ^*（$\phi^* = (\phi+1)/2$）和反映波动扰动水平参数 τ 的初始值。

需要特别说明的是，由于SV模型各个参数的样本分布已经收敛，因此，在用MCMC方法对模型进行参数估计时，求出参数的后验条件分布，模型参数初始值的选取与估计结果是无关的。因此，在选定的上证综指、深证成指、道琼斯指数、恒生指数的一元SV模型实证中，考虑到各种指数的波动率都基本符合正态分布，同时为了便于实证结论比较，初始值赋值相同。在分析了描述统计存现出基本特征后，三个参数具体赋值见表6－8。

表6－8　正态分布假设下一元SV模型MCMC估计参数的初始值

波动特征	参数	分布（特征值）	初始值
波动水平	μ	$\mu \sim N$（0，0.1）	0.1
波动持续性	ϕ^*	$\phi^* \sim B$（20，1.5）	0.75
波动扰动水平——正态分布	τ	$\tau \sim \Gamma$（2.5，0.025）	2.5

6.3.1.3　确定燃烧和迭代次数

在 MCMC 实现过程中需要 Gibbs 抽样，首先，需要对每个参数进行迭代，进行燃烧退火（simulated annealing），以保证参数的收敛性；其次，舍弃原来的迭代，再进行新的迭代，对模型进行模拟仿真的过程。本书测算了不同的燃烧次数与运行次数的组合，只要燃烧退火与运行次数足够，其模拟结果是一致的。本书选取的是燃烧退火 10000 次、运行 50000 次的模拟结果。

6.3.1.4　选择判别准则

SV 模型与 GARCH、经典的线性计量经济模型一样，对其实证研究需要判断拟合优度。在一般的计量经济模型中比较不同模型拟合结果的判别准则最常用的是 AIC、BIC，但是，AIC 却并不适合比较 SV 模型（Berg 等）。Spiegelhalter 等提出的 DIC（deviance information criterion），即方差信息准则，可以作为 AIC 的扩展，用来比较 SV 模型拟合的优度。

DIC 由两部分构成，即：

$$DIC = \bar{D} + P_D$$

其中，$\bar{D} = E_{\theta|y}[-2\ln(f(y|\theta))]$，用来度量模型的配适度；$P_D$ 是对模型复杂性增加的惩罚项（$P_D = E_{\theta|y}[-2\ln(f(y|\theta))] + 2\ln(f(y|\bar{\theta}))$）。这里 $E_{\theta|y}[x(\theta)]$ 表示 x 在后验分布 $\theta|y$ 下的均值，$\bar{\theta}$ 是 θ 的后验均值。

DIC 准则同时兼容了模型对数据的适配度与模型的复杂程度，$\bar{D}$ 值越大，则模型拟合数据越劣质；P_D值越大则说明模型越复杂，相反则反之。一般地，SV 模型的 DIC 值越小，说明该模型对数据拟合得越合适。相对于 AIC、BIC 准则而言，DIC 准则可以很好地测量有效的参数个数，由于 SV 模型的未知参数较多，DIC 准则可以很好地比较复杂的 SV 模型的有效性。DIC 准则的计算由 WinBUGS 完成。

6.3.1.5　编写 WinBUGS 程序

根据选择的正态 SV 模型，基于 Gibbs 抽样的 MCMC 方法和 WinBUGS 编程原理，笔者编写 WinBUGS 程序见附录 1。

6.3.1.6　运行WinBUGS程序

按照第5.4节介绍的WinBUGS操作流程，读入上证综指、深证成指、道琼斯指数、恒生指数的波动率数据，给定μ、ϕ^*、τ的初始值，遵循确定的燃烧次数为10000次，迭代次数为50000次，就可以得到一元SV模型的MCMC估计结果。估计结果包括各种参数（贝叶斯验算中涉及的过程参数）的动态轨迹（dynamic trace）、后验密度（posterior density）、统计特征（stats）、历史运行（history）、自相关（auto cor）、运行区间（quantiles）及DIC准则。具体的结果后续逐一展示及分析。

6.3.2　上证综指SV实证结果及分析

6.3.2.1　统计特征

对上证综指一元SV模型中各种参数的MCMC估计值的统计特征见表6-9。

从表6-9中可以看出：第一，参数估计值的蒙特卡洛标准差（MC error）远远小于标准差（SD），表明参数的拟合优度较高，估计值可靠性强。第二，正态分布假设下的SV模型模拟上证综合指数的波动水平参数μ的拟合值是-8.363，在95%的置信水平下的后验置信区间是［-8.802 -7.907］。反映波动持续性参数ϕ^*为0.9938，相应的后验置信区间是［0.9883 0.9979］，接近于1，充分说明中国上海股票市场有很强的波动持续性，反映波动扰动性的参数τ的估计值是68.11。

表6-9　上证综指、深证成指正态分布条件下一元SV模型参数估计结果

指标	参数	均值	标准差	MC误差	2.5%分位数	中位数	97.5%分位数
上证综指	τ	68.11	18.05	1.111	36.62	66.74	109.1
	μ	-8.363	0.2244	0.00791	-8.802	-8.364	-7.907
	ϕ^*	0.9938	0.002468	9.787E-5	0.9883	0.994	0.9979
深证成指	τ	76.43	23.12	1.446	36.47	74.78	126.0
	μ	-8.105	0.2142	0.008736	-8.531	-8.105	-7.661
	ϕ^*	0.9928	0.003037	1.419E-4	0.9857	0.9932	0.9977

为了进一步说明波动水平参数 μ、波动持续性参数 ϕ^* 和波动扰动性参数 τ 的估计结果的可靠性，WinBUGS 还提供了三个主要参数的进一步数据运算过程的特征，以保证参数结果的可靠性。

6.3.2.2　后验密度

对 SV 模型各参数进行核密度估计，可以得到如图 6－7 所示的模型参数后验分布密度图。

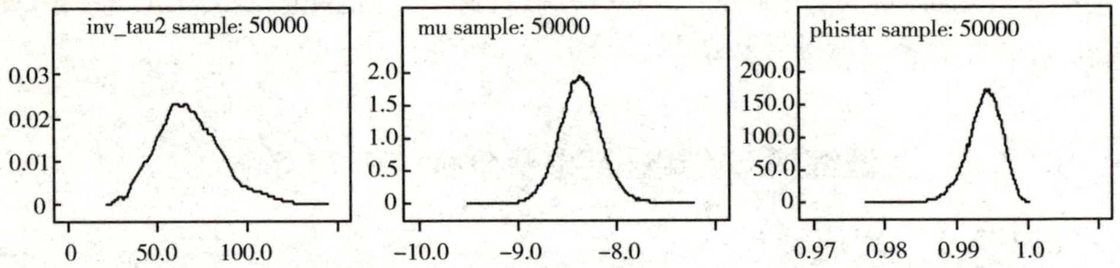

图 6－7　上证综指正态分布假设下一元 SV 模型参数后验分布密度图

注：inv_tau2、mu、phistar 依次指 τ、μ、ϕ^*，下同。

由图 6－7 直观观察可知，从对称性上看，SV 模型参数 ϕ^* 的后验分布密度略有右偏，说明样本中存在一些偏小的异常点，使得 ϕ^* 的贝叶斯估计值比真实值要小，因此，参数可能会被低估。μ、τ 基本上是对称的，同时，τ 有些厚尾特征。总的来说，这些参数的估计值与真实值非常接近，误差很小。

6.3.2.3　动态轨迹

对 SV 模型各参数运算过程进行监测，可以得到 τ、μ、ϕ^* 的历史运行及动态轨迹，如图 6－8 和图 6－9 所示。

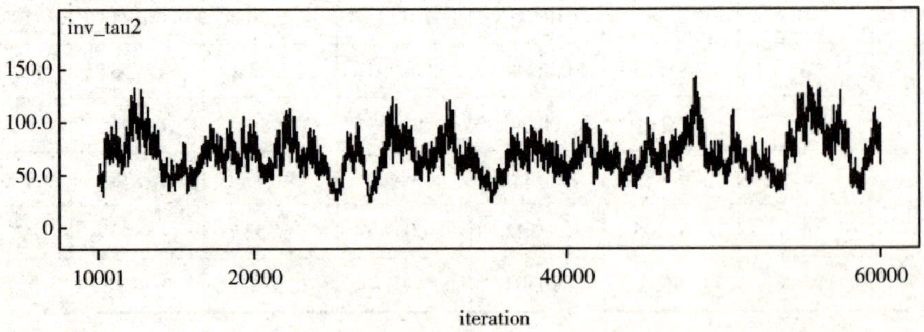

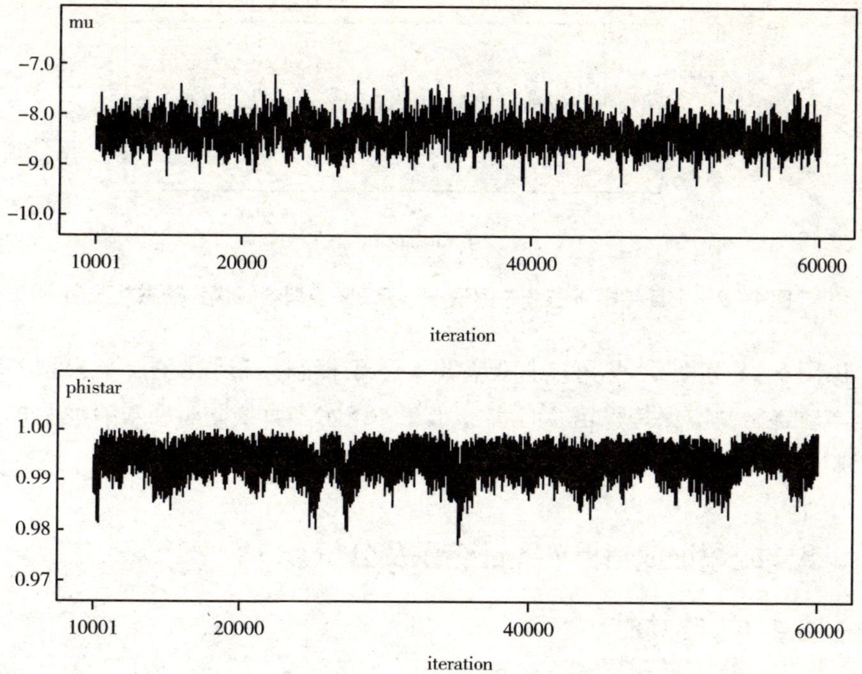

图 6-8　上证综指正态分布假设下一元 SV 模型参数演算过程图

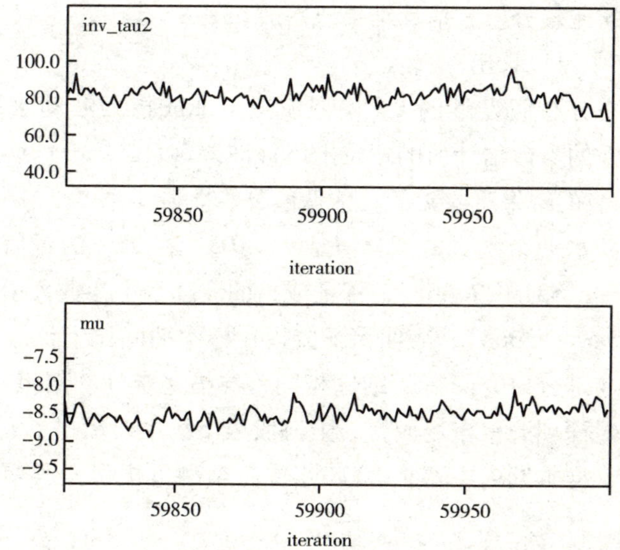

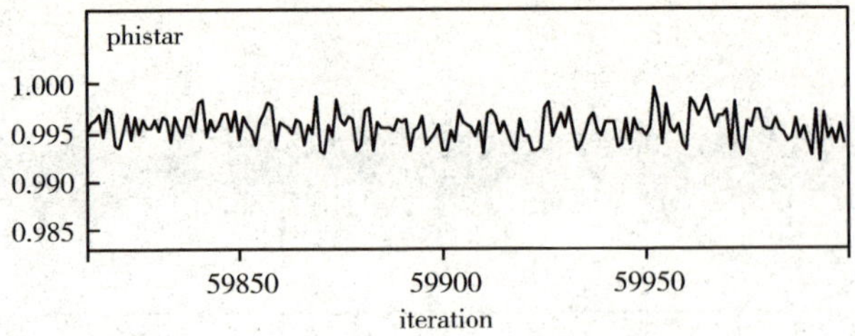

图 6－9　上证综指正态分布假设下一元 SV 模型参数模拟动态轨迹图

由图 6－8 和图 6－9 可以直观看出，基于正态分布假设的 SV 模型各参数的样本轨迹已基本保持稳定，且都分布在一条水平直线附近，没有明显的趋势和周期，说明模型参数的样本分布已达到稳定状态。

6.3.3　深证成指 SV 实证结果及分析

6.3.3.1　统计特征

同样，把深证成指的波动率数据读入正态分布假设下 WinBUGS 程序并运行就得一元 SV 模型中各种参数的 MCMC 估计值及统计特征，为了便于上海、深圳股票市场的比较分析，估计结果统一放在表 6－9 中。

从表 6－9 中可以看出：

第一，正态分布假设下的 SV 模型模拟深证成指的波动水平、波动持续性、波动扰动性的参数估计值的蒙特卡洛标准差（MC error）远远小于标准差（SD），表明参数的结果是收敛的，估计值可靠性强。

第二，波动水平参数 μ 的拟合值是 －8.105，在 95% 的置信水平下的后验置信区间是［－8.531　－7.661］，深证成指的波动水平参数大于上证综指相应的值（－8.105 > －8.363），表明深证成指在样本期间比上证综指的波动率略大。这一结论与部分研究同行的结论相同，与描述统计的结果相近。SV 拟合结果说明，相对深圳股票市场而言，上海股票市场主要承担了宏观经济波动带来的市场波动，样本期内主要是 2008 年次贷金融危机引发股票市场长时间的持续波动。

第三，反映波动持续性参数 ϕ^* 为 0.9928，相应的后验置信区间是［0.9857 0.9977］，接近于 1，说明深证成指有很强的波动持续性。与上证综指对应值比较看，略小但差异不大（0.9928 < 0.9938），表明在波动的持续性

方面沪深市场大概一致，这与随机波动研究的文献中的结论一致，也进一步证实了描述统计的初步结论，即沪深股票市场有走势基本一致的波动的集群性。

第四，反映波动扰动性参数 τ 的估计值，深证成指为 76.43，大于上证综指对应值（76.43 > 68.11）。由于 $1/\tau$ 为扰动的方差，说明深证成指的扰动要略小一些。其他类似的对上海、深圳股市的波动扰动性研究中，没有深证成指扰动小的相似结论。在同样的宏观环境、同样的投资者条件下，深证成指的整体扰动性小的可能原因是深证成指的成分股票的选择与构成上与上证综指有差异，深证成指是 40 家样本上市公司，而上证综指包括全部上市交易的上市公司，因此，任何公司的任何变动导致股价的变动都会体现在上证综指的波动上，而不一定体现在深证成指的波动上。实际中也常常出现上证综指走势与深证成指走势不一致的情形。这可以从参数计算过程来进一步分析。

6.3.3.2　后验密度

对 SV 模型各参数进行核密度估计，可以得到如图 6 - 10 所示的模型参数后验分布密度图。

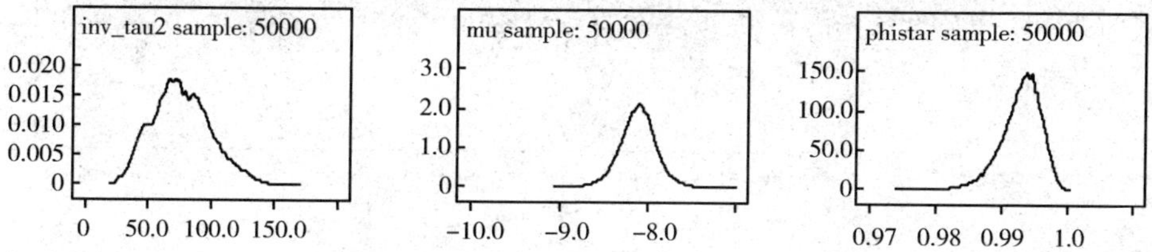

图 6 - 10　深证成指正态分布假设下一元 SV 模型参数后验分布密度图

观察图 6 - 10，并与上证综指对应的后验分布密度图比较，其对称程度和趋势基本相同。SV 模型中只有参数 ϕ^* 的后验密度函数图呈现右偏趋势，μ、τ 则基本上是对称的，说明样本数据中虽然存在一些异常点，但总体上参数的估计值与真实值非常接近，误差很小，各参数的后验均值的估计值及统计特征是可靠的。

6.3.3.3　动态轨迹

对 SV 模型各参数运算过程进行监测，可以得到 τ、μ、ϕ^* 的动态轨迹和演算过程图，如图 6 - 11、图 6 - 12 所示。

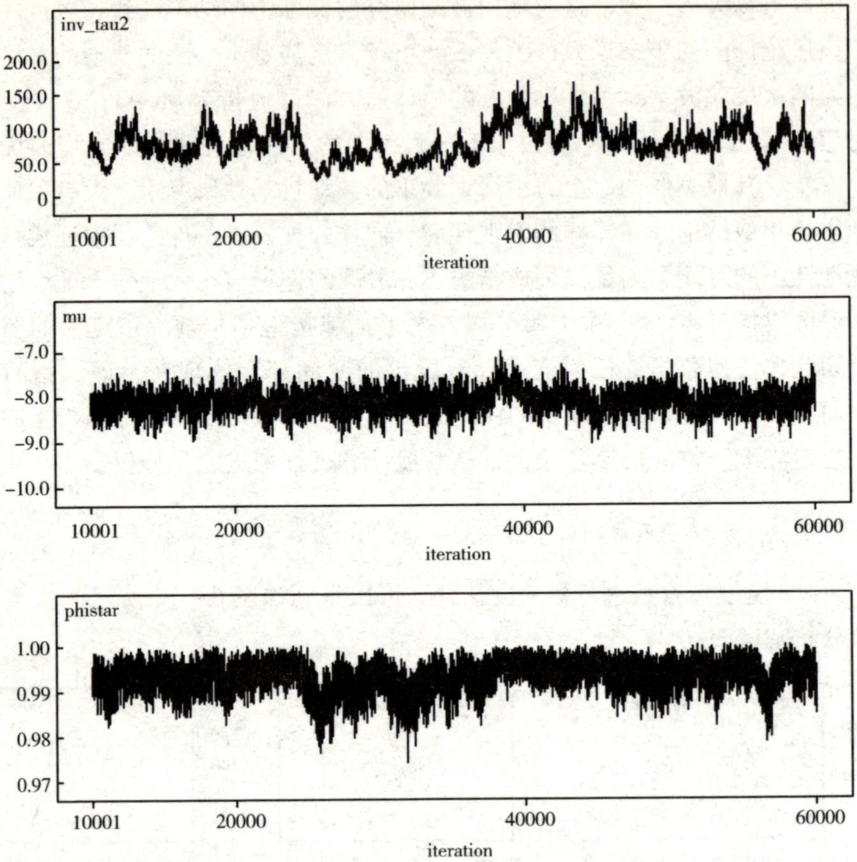

图 6－11　深证成指正态分布假设下一元 SV 模型参数演算过程图

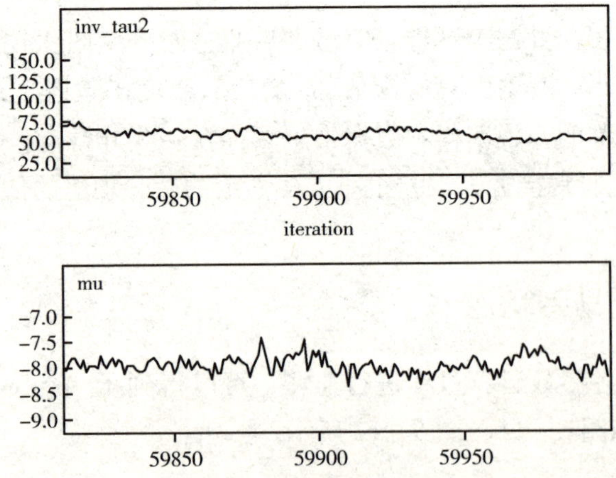

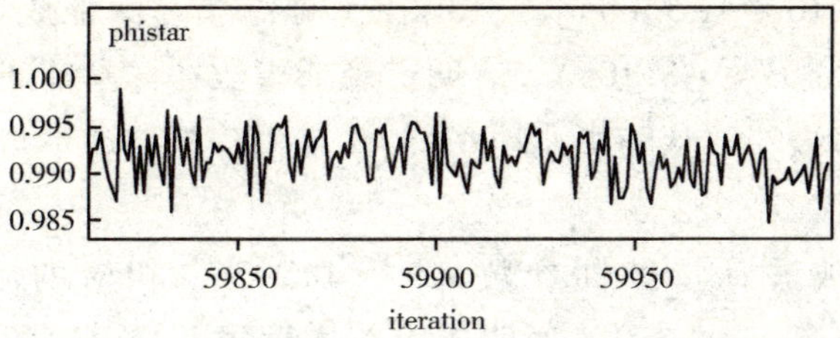

图6－12 深证成指正态分布假设下一元SV模型模拟动态轨迹图

由图6－11和图6－12可以直观看出，基于正态分布假设的SV模型各参数的样本轨迹已基本保持稳定，且都分布在一条水平直线附近，说明模型参数的样本分布已达到稳定状态。

6.3.4 道琼斯指数SV实证结果及分析

6.3.4.1 统计特征

与上证综指、深证成指一样，把道琼斯指数的波动率数据读入正态分布假设下WinBUGS程序并运行就得一元SV模型中的各种参数的MCMC估计值及统计特征，估计结果见表6－10。

表6－10 道琼斯指数不同假设条件下一元SV模型参数估计结果

指标	假设	参数	均值	标准差	MC误差	2.5%分位数	中位数	97.5%分位数
道琼斯指数	正态	μ	-9.586	0.3244	0.01183	-10.3	-9.564	-9.004
		ϕ^*	0.9926	0.002745	1.044E-4	0.9867	0.9928	0.9975
		τ	28.82	7.32	0.4477	17.57	27.83	47.15
	t分布	μ	-8.327	0.7534	0.03364	-9.355	-8.491	-6.518
		ϕ^*	0.995	0.002903	1.038E-4	0.9886	0.9954	0.9993
		τ	26.57	5.834	0.284	17.66	25.78	40.24

从表6－10中可以看出：

第一，道琼斯指数波动率序列的波动水平、波动持续性、波动扰动性的参数估计值的蒙特卡洛标准差（MC error）远远小于标准差（SD），表明参数后验分布是收敛的，拟合优度较高。

第二，波动水平参数μ的拟合值是－9.586，在95%的置信水平下的后验置信区间是[-10.3 -9.004],其值比上证综指、深证成指相应的值要小(-9.586 < -8.363 < -8.105),表明道琼斯指数在样本期间比上证综指、深证成指的波动率要小,从随机波动 SV 的角度去分析波动率与直观观察得到的结论是一致的。

第三,反映波动持续性参数 ϕ^* 为 0.9926,相应的后验置信区间是[0.9867 0.9975],接近于1,说明道琼斯指数同样有很强的波动持续性。与上证综指、深证成指对应值比较看,略小但差异不大(0.9926 < 0.9928 < 0.9938),这一点说明股票市场随机波动集群性特征在成熟市场和新兴市场上没有明显的差异。

第四,反映波动扰动性参数 τ 的估计值是 28.82,远远小于上证综指、深证成指的对应值(28.82 <68.11 <76.43),说明道琼斯指数受到其他因素的扰动比深证成指、上证综指更明显。波动水平、持续性均较小的道琼斯指数,其扰动性却较大背后的原因主要有:一是道琼斯指数是 30 种工业股票平均价格,其选取的样本股票只有 30 种,少于深证成指的 40 种,远远少于上证综指。二是扰动性大恰恰说明道琼斯指数很灵敏,对影响股票价格走势的各种信息能够及时反映出来,既不过度反映也不反映不足。从有效市场假说来看,道琼斯指数反映的美国股票市场的有效性要强于沪深股票市场。三是由于资本项目的管制,我国股票市场相对封闭运行,一些影响市场波动的因素被我国的管制政策隔离,市场扰动更多来自于系统内部,因而其波动性扰动性相对较小。

6.3.4.2 后验密度

对 SV 模型各参数进行核密度估计,可以得到如图 6 - 13 所示的模型参数后验分布密度图。

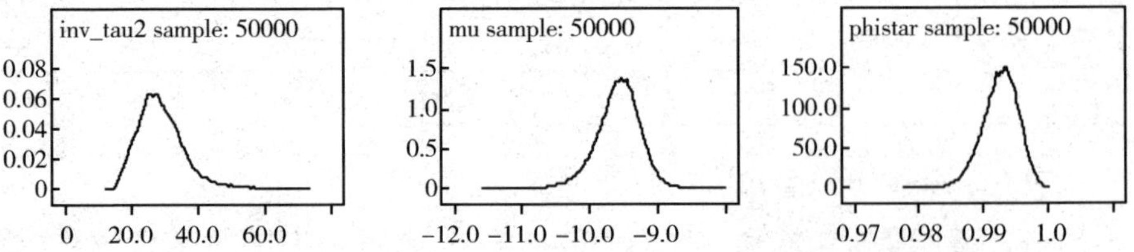

图 6 - 13 道琼斯指数正态分布假设下一元 SV 模型参数后验分布密度图

由图 6 - 13 可知,参数 τ 的后验密度函数呈现左偏趋势,说明 τ 的样本中存在一些偏小的异常点，使得其贝叶斯估计值比真实值要小，因此，参数可能会被低估。与上证综指、深证成指的 τ 分布密度图比较，其没有厚尾特征。

参数 μ、ϕ^* 的后验密度函数基本对称，略有右偏，总的来说，对于 SV 模型的参数 τ、μ、ϕ^*，其后验分布密度图基本上是对称的，说明这些参数的估计值与真实值非常接近，误差很小。

6.3.4.3　动态轨迹

同样，对 SV 模型各参数运算过程进行监测，可以得到 τ^2、μ、ϕ^* 的历史运行及动态轨迹，如图 6－14 和图 6－15 所示。

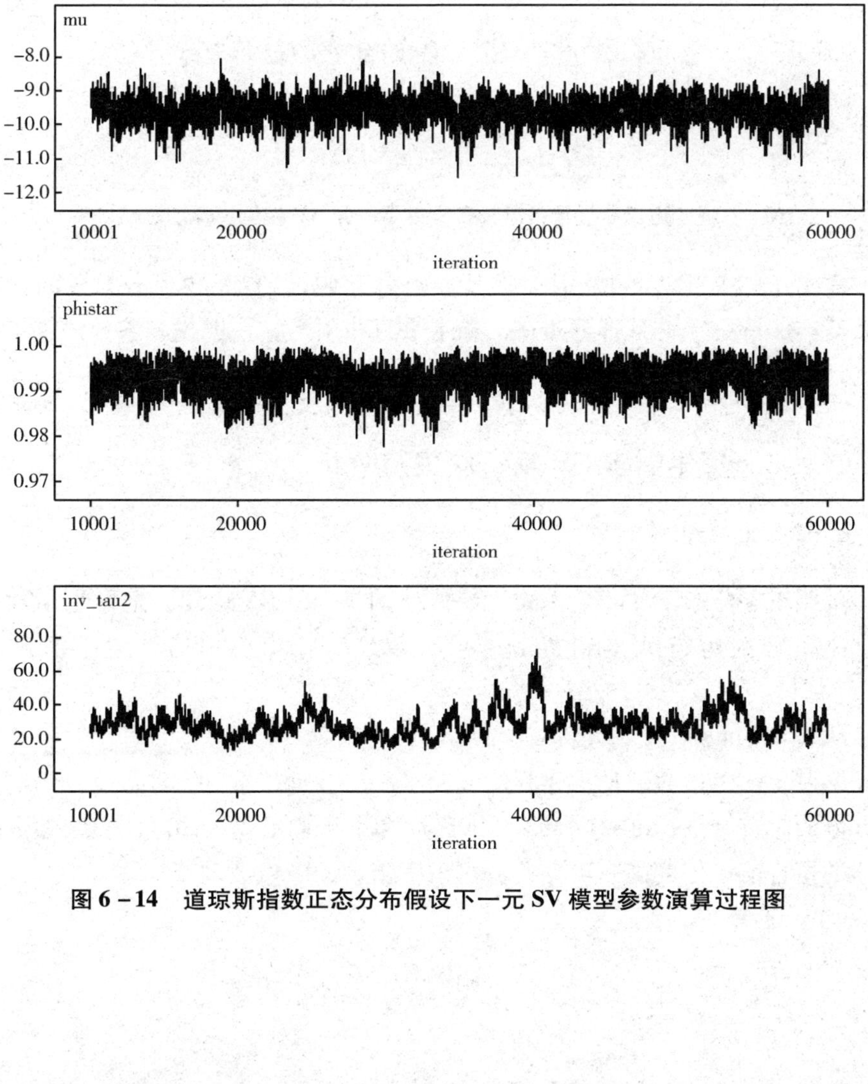

图 6－14　道琼斯指数正态分布假设下一元 SV 模型参数演算过程图

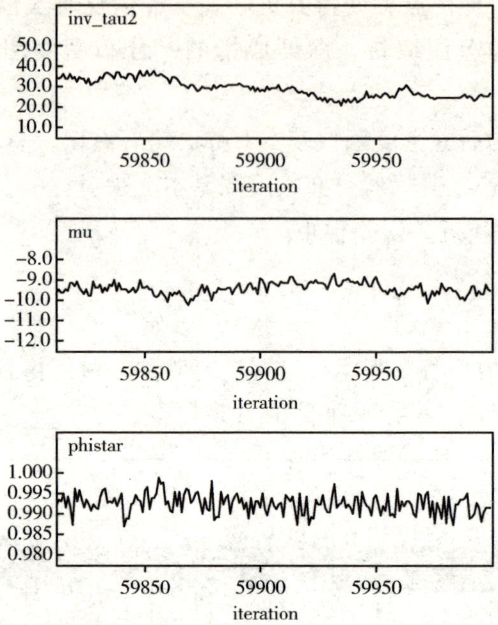

图 6－15　道琼斯指数正态分布假设下一元 SV 模型模拟动态轨迹图

由图 6－14 可以直观看出，基于正态分布假设的 SV 模型各参数的样本轨迹已基本保持稳定，且都分布在一条水平直线附近，说明模型参数的样本分布已达到稳定状态。

6.3.5　恒生指数 SV 实证结果及分析

6.3.5.1　统计特征

按照正态分布下 SV 模型 MCMC 估计的 WinBUGS 程序，把恒生指数波动率数据读入并运行就得到实证结果。参数后验均值的估计值及统计特征见表 6－11。

从表 6－11 中可以看出：

第一，恒生指数波动率序列的波动水平、波动持续性、波动扰动性的参数估计值的蒙特卡洛标准差（MC error）远远小于标准差（SD），表明参数后验均值的拟合值可信度高，可据此分析恒生指数的随机波动特征。

表 6－11　　香港恒生指数正态分布不同假设条件下
一元 SV 模型参数估计结果

指标	假设	参数	均值	标准差	MC 误差	2.5% 分位数	中位数	97.5% 分位数
恒生指数	正态	μ	－9.285	0.4557	0.02498	－10.24	－9.236	－8.53
		ϕ^*	0.9965	0.001901	8.059E－5	0.9922	0.9968	0.9994
		τ	62.12	16.67	1.03	38.02	58.99	104.6
	t 分布	μ	－8.291	0.3847	0.01592	－8.939	－8.331	－7.401
		ϕ^*	0.9959	0.001956	5.963E－5	0.9915	0.9961	0.9991
		τ	58.12	14.26	0.7625	34.81	56.47	90.63

第二，波动水平参数 μ 的拟合值是 －9.285，在 95% 的置信水平下的后验置信区间是[－10.24，－8.53]，四个样本股价指数的 SV 波动水平参数 μ 的大小排序是道琼斯指数、恒生指数、上证综指、深证成指（$-9.586 < -9.285 < -8.363 < -8.105$）。这与描述统计的结果完全吻合，但细微分析，恒生指数波动水平居中，与上证综指、深证成指差异更大，与道琼斯指数更接近，属于一类，说明中国港股与美股在波动水平上更相似。这需后续从波动的联动性的角度进一步实证分析。

第三，反映波动持续性参数 ϕ^* 为 0.9965，相应的后验置信区间是[0.9922 0.9994]，接近于 1，说明恒生指数有很强的波动持续性。与道琼斯指数、上证综指、深证成指对应值比较看，恒生指数的值最大（$0.9926 < 0.9928 < 0.9938 < 0.9965$），波动持续性参数基本相同，没有明显的类别区分，再次说明波动集群性是这四个股票市场的共同特征。

第四，反映波动扰动性的参数 τ 的估计值是 62.12，其大小介于道琼斯指数与上证综指、深证成指之间（$28.82 < 62.12 < 68.11 < 76.43$），从绝对数值看，其更接近深证成指对应值。恒生指数波动扰动性大于深证成指、上证综指的经济解释有：一是香港股票市场的有效性要强于沪深股票市场，其对影响股票价格的所有信息的反映更为充分，表现在波动扰动性上较大。二是香港虽然是国际金融中心，股票交易制度相对完善，但支持香港国际金融中心的实体经济部分与欧美、中国内地等联系广泛，是典型的外向型经济，其上市公司构成上多元特征明显，相应地受到这些因素的影响就更大，表现在波动性上就是波动的干扰较多。

6.3.5.2 后验密度

对 SV 模型各参数进行核密度估计，可以得到如图 6－16 所示的模型参数后验分布密度图。

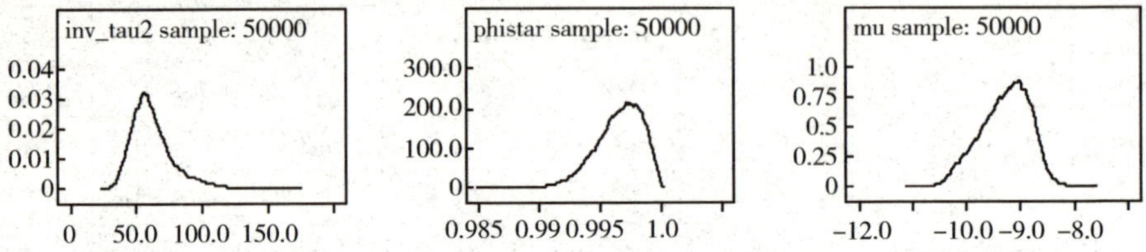

图 6－16 恒生指数正态分布假设下一元 SV 模型参数后验分布密度图

由图 6－16 可知，与上证综指、深证成指、道琼斯指数对应图不同，恒生指数 SV－t 模型参数 μ、ϕ^* 的分布密度函数图右偏趋势更明显，τ 的后验密度函数呈现左偏、尖峰趋势，说明 τ 的样本中存在一些偏小的异常点，使得其贝叶斯估计值比真实值要小，τ 可能会被低估。μ、ϕ^* 中存在一些偏大的异常点，使得 μ、ϕ^* 的贝叶斯估计值比真实值要大，因此，参数 ϕ^* 可能会被高估。总体上，三个参数的估计值与真实值非常接近，可信度高。

6.3.5.3 动态轨迹

对 SV 模型各参数运算过程进行监测，可以得到 inv_ tau2、mu、phistar 的动态轨迹，如图 6－17 和图 6－18 所示。

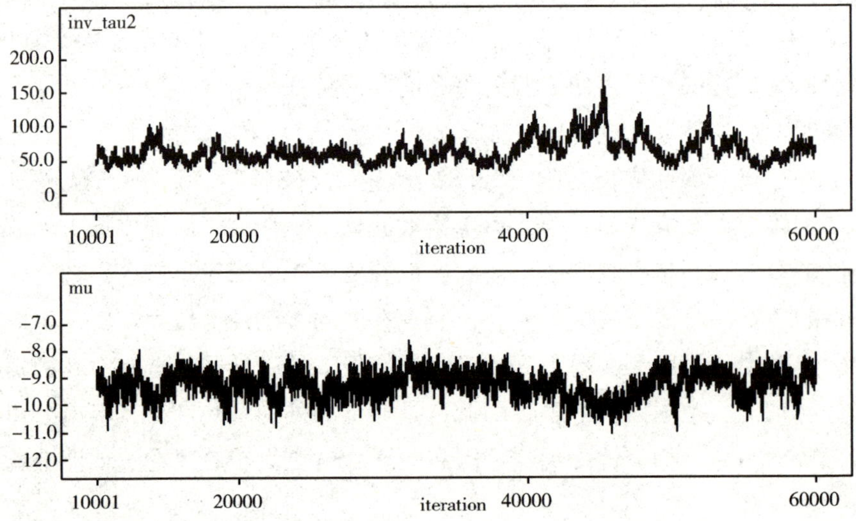

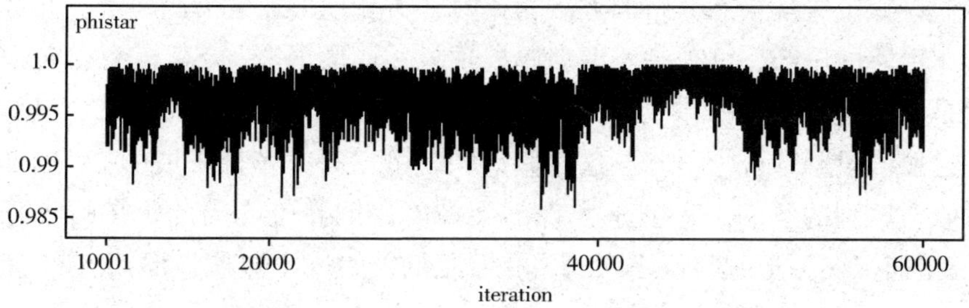

图 6-17　恒生指数正态分布假设下一元 SV 模型参数演算过程图

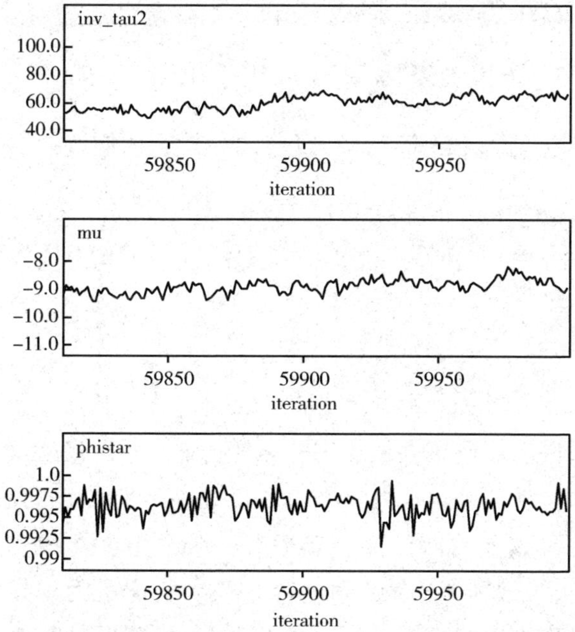

图 6-18　恒生指数正态分布假设下一元 SV 模型参数模拟动态轨迹图

由图 6-17 和图 6-18 可以直观看出，基于正态分布假设的 SV 模型各参数的样本轨迹已基本保持稳定，且都分布在一条水平直线附近，没有明显的趋势和周期，说明模型参数的样本分布已达到稳定状态。

6.4　基于 t 分布 MCMC 的股票市场随机变动分析

在许多金融时间序列中，当变量的无条件密度分布与使用简单的异方差模型并假设变量服从正态分布的方法相比时，会呈现出非常大的峰度，并有比正态分布更厚的尾部。这就是所谓的厚尾现象。而大部分的 SV 模型在实际应用中都是假定服从正态分布，因此，产生的日收益率也服从正态分布。但是，实践中这些假设不尽合理，修改这些假设，就可以得到各种扩展的 SV 模型。而金融收益序列的条件之一就是表现出尖峰厚尾的特性，因此，在此研究厚尾 SV 模型捕捉实际金融收益序列的尖峰厚尾的能力。本节假设厚尾 SV 模型为 t 分布。

6.4.1 t 分布假设下的 SV 实证

6.4.1.1 选择模型及方法

根据 t 正态分布假设的前提，结合前述分析，我们选择模型如下：

$$\begin{cases} y_t = \exp(h_t/2)\varepsilon_t, \varepsilon_t \sim i.i.d.\ t(0,1,v) \\ h_t = \mu + \phi(h_{t-1} - \mu) + \eta_t, \eta_t \sim i.i.d.\ N(0,1/\tau) \end{cases}$$

其中，υ 为自由度。

6.4.1.2 确定初始值

虽然样本数据的假设条件从正态分布变为 t 分布，反映波动性的参数与正态分布相同，即反映波动水平的参数 μ、反映波动持续性的参数 ϕ^*，和反映波动扰动水平的参数 τ。此外，t 分布中有一个自由度参数 υ^*（$\upsilon^* = \upsilon/2$），这里按 Yu（2004）设定为 8。考虑到进行 SV－t 实证是为了找出股票市场价格指数波动存在的尖峰厚尾特征，有必要与 SV－N 实证结果进行比较，并且两个模型下是同样的样本数据，因此，SV－t 与 SV－N 模型中的参数 μ、ϕ^* 和 τ 的初始值赋值相同。三个参数具体赋值如表 6－8 所示。

6.4.1.3 编写 SV－t 的 WinBUGS 程序

根据选择的 t 分布假设 SV－t 模型，基于 Gibbs 抽样的 MCMC 方法和 WinBUGS 编程原理，笔者编写 WinBUGS 程序见附录 2。

在选择 t 分布的模型后，SV－t 的实证过程与正态分布假设下的实证过程一样，实证方法是 MCMC，实现程序是 WinBUGS，燃烧次数是 10000 次，迭代次数是 50000 次，判别准则是 DIC 准则，WinBUGS 程序运行流程一致。

6.4.2　上证综指 SV－t 实证结果及分析

6.4.2.1　统计特征

同 SV－N 模型实证一样，读入上证综指的数据并运行 WinBUGS 程序就得到 SV－t 实证结果，如表 6－12 所示。

表 6－12　上证综指、深证成指 t 分布条件下一元 SV 模型参数估计结果

指标	参数	均值	标准差	MC 误差	2.5% 分位数	中位数	97.5% 分位数	退火次数	模拟次数
上证综指	τ	72.05	20.66	1.162	40.87	68.39	123.4	10001	50000
	μ	－7.661	0.4786	0.02289	－8.377	－7.741	－6.536	10001	50000
	ϕ^*	0.9962	0.002303	8.898E－5	0.9908	0.9965	0.9994	10001	50000
	υ^*								
深证成指	τ	79.66	25.29	1.427	41.59	75.34	140.9	10001	50000
	μ	－7.764	0.2972	0.01163	－8.209	－7.811	－7.033	10001	50000
	ϕ^*	0.9941	0.002823	1.087E－4	0.9877	0.9944	0.9987	10001	50000
	υ^*								

根据估计结果及模型，可以得出：第一，参数估计值的蒙特卡洛标准差（MC error）远远小于标准差（SD），表明参数的拟合优度较高，估计值的可靠性强。第二，t 分布假设下的 SV 模型模拟上证综合指数的波动水平参数 μ 的拟合值是 －7.661，在 95% 的置信水平下的后验置信区间是［－8.377 －6.536］。反映波动持续性参数 ϕ^* 为 0.9962，相应的后验置信区间是［0.9908 0.9994］，接近于 1，充分说明中国上海股票市场有很强的波动持续性。反映波动扰动性的参数 τ 的估计值是 72.05。

为了进一步说明波动水平参数 μ、波动持续性参数 ϕ^* 和波动扰动性参数 τ 的估计结果的可靠性，WinBUGS 还提供了三个主要参数的进一步数据运算过程的特征，以保证参数结果的可靠性。

6.4.2.2　后验密度

WinBUGS 对 SV 模型各参数监测了其分布密度，图 6－19 是模型参数后验分布密度图。

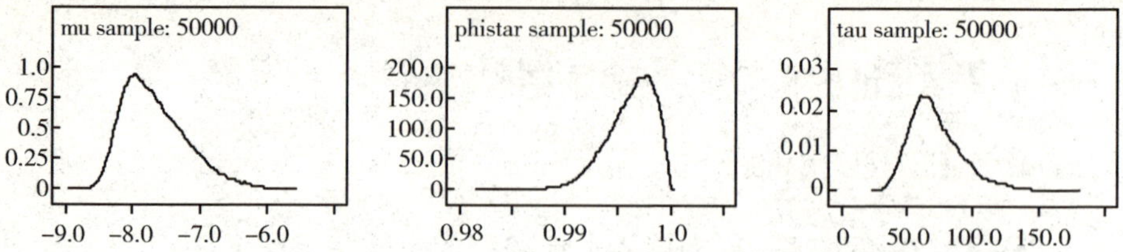

图 6-19 上证综指 t 分布假设下一元 SV 模型参数后验分布密度图

由图 6-19 可知，参数 τ、μ 的后验密度函数呈现左偏趋势，说明样本数据中存在一些偏小的异常点，使得其贝叶斯估计值比真实值要小，因此，参数可能会被低估。而基于正态分布假设下的 μ 后验密度函数基本是对称的。

参数 ϕ^* 的后验密度函数呈现右偏趋势，说明样本数据中存在一些偏大的异常点，使得 ϕ^* 的贝叶斯估计值比真实值要大，因此，参数 ϕ^* 可能会被高估。

总的来说，对于 SV 模型的参数 μ、τ、ϕ^* 的后验分布密度图基本上是对称的，说明这些参数的估计值与真实值非常接近，误差很小。

6.4.2.3 动态轨迹

由图 6-20 和图 6-21 可以直观看出，基于 t 分布假设的 SV 模型各参数的样本轨迹已基本保持稳定，且都分布在一条水平直线附近，没有明显的趋势和周期，说明模型参数的样本分布已达到稳定状态。

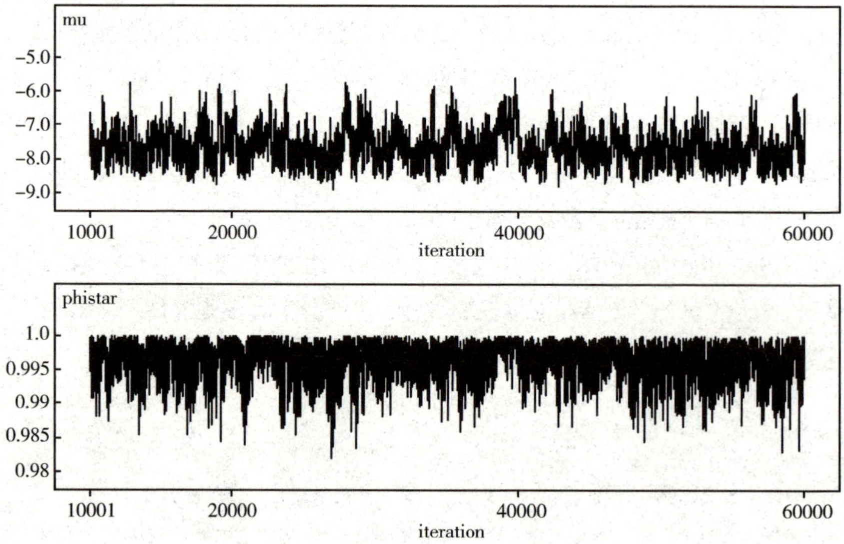

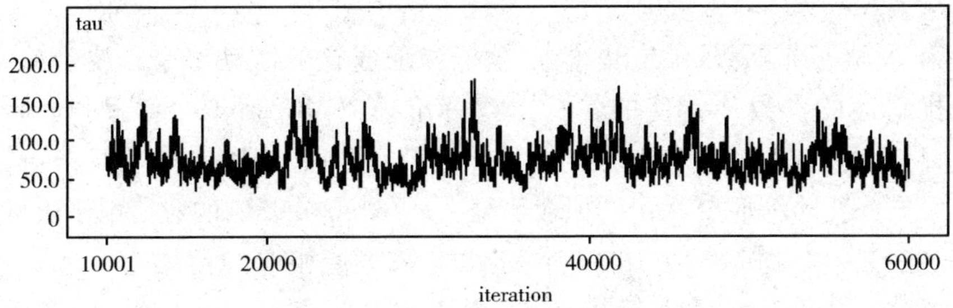

图 6－20　上证综指 t 分布假设下一元 SV 模型参数演算过程图

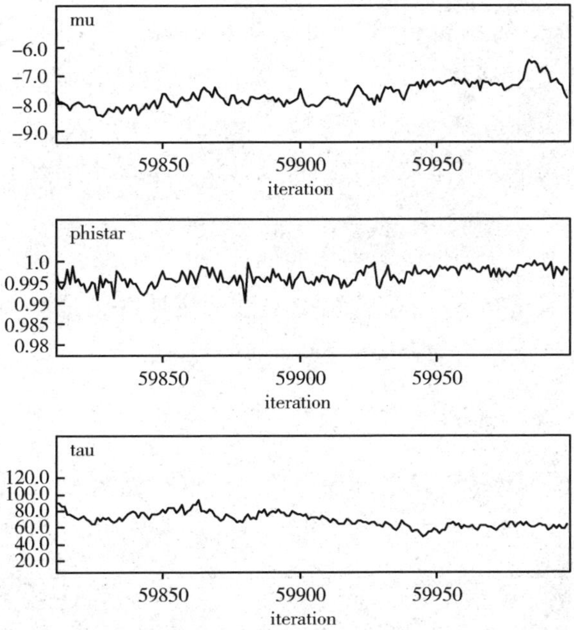

图 6－21　上证综指 t 分布假设下一元 SV 模型参数模拟动态轨迹图

6.4.3　深证成指 SV－t 实证结果及分析

6.4.3.1　统计特征

同样，把深证成指的波动率数据读入 t 分布假设下 WinBUGS 程序，运行程序就得到一元 SV 模型中各种参数的 MCMC 估计值及统计特征，为了便于上海、深圳股票市场的比较分析，估计结果统一放在表 6－12 中。

从表6－12中可以看出：

第一，t分布假设下的SV模型模拟深证成指的波动水平、波动持续性、波动扰动性的参数估计值的蒙特卡洛标准差（MC error）远远小于标准差（SD），表明参数的结果是收敛的，估计值可靠性强，据此进行实证分析。

第二，波动水平参数 μ 的拟合值是 -7.764，在95%的置信水平下的后验置信区间是 $[-8.209\ \ -7.033]$，其比上证综指相应的值略小（$-7.764<-7.661$），其与正态SV－N得出的结果不同（见表6－9）。这进一步说明描述统计表明的上证综指波动呈现尖峰特征，而深证成指波动呈现厚尾特征在SV－t、SV－N实证的比较中得到验证。

第三，反映波动持续性参数 ϕ^* 为0.9941，相应的后验置信区间是 $[0.9877\ 0.9987]$，接近于1，说明反映深圳股票市场的深证成指有很强的波动持续性。与上证综指对应值比较看，略小但差异不大（$0.9941<0.9962$），说明不论是正态或是尖峰厚尾的波动特征，沪深股票市场有走势类似的波动集群性。

第四，反映波动扰动性的参数 τ 的估计值是79.66，大于上证综指对应值（$79.66>72.05$），这与SV－N的结论一致，说明深证成指更容易受到干扰，上证综指波动中抗干扰能力要强一些。

6.4.3.2 后验密度

对SV模型各参数进行核密度估计，可以得到如图6－22所示的模型参数后验分布密度图。

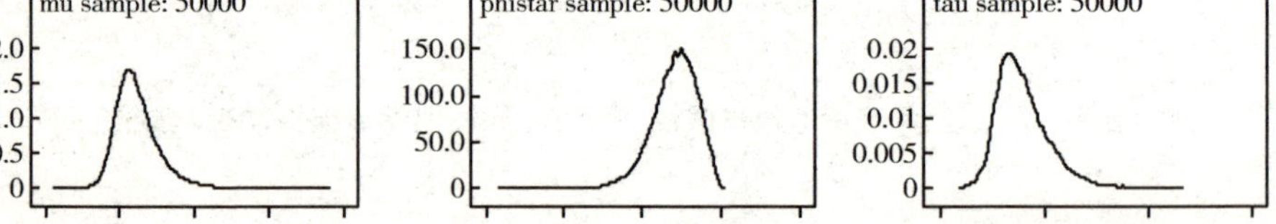

图6－22 深证成指t分布假设下一元SV模型参数后验分布密度图

由图6－22可知，虽然参数 τ、μ 的后验密度函数趋势略微有点左偏，ϕ^* 则略微有点右偏，但对称态势更明显，尤其是与上证综指SV－t的对应图形趋势比较，其分布密度更均匀。这充分说明用SV－t来刻画深证成指的随机波动趋势，尤其是尖峰厚尾趋势与实际更贴近，当然这需要用DIC准则进一步判断。

6.4.3.3　动态轨迹

由图 6－23 和图 6－24 可以直观看出，基于正态分布假设的 SV 模型各参数的样本轨迹已基本保持稳定，且都分布在一条水平直线附近，说明模型参数的样本分布已达到稳定状态。

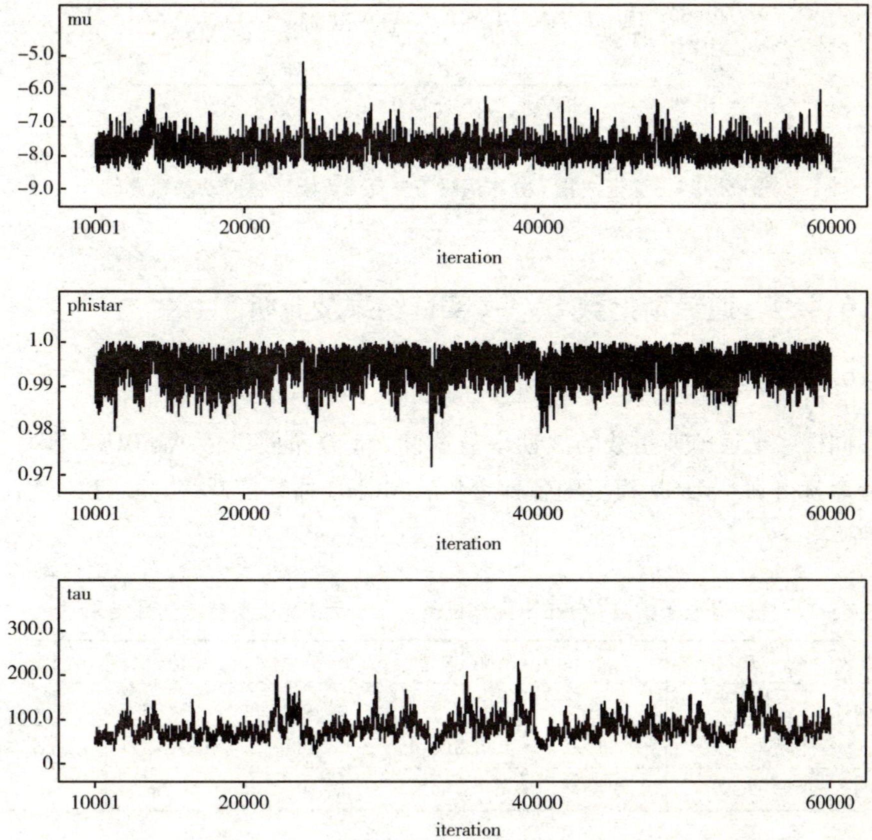

图 6－23　深证成指 t 分布假设下一元 SV 模型参数演算过程图

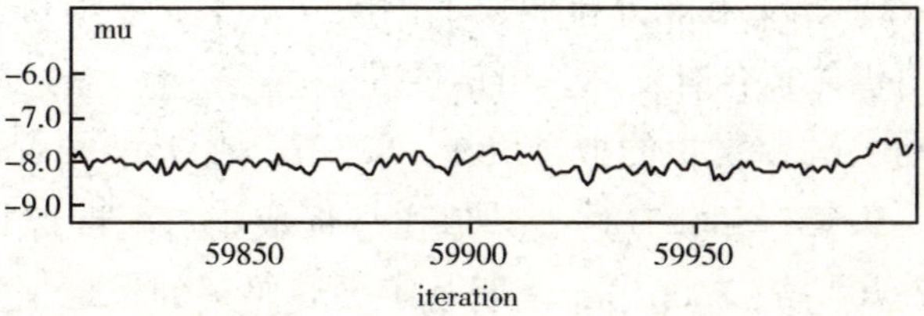

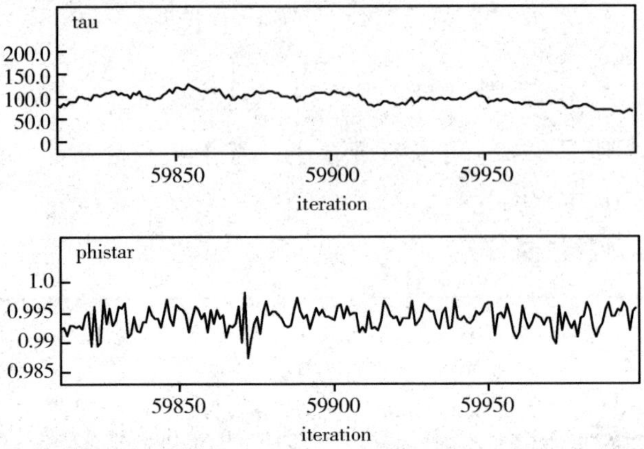

图 6－24　深证成指 t 分布假设下一元 SV 模型模拟动态轨迹图

6.4.4　道琼斯指数 SV－t 实证结果及分析

6.4.4.1　统计特征

同样，把道琼斯指数的波动率数据读入 t 分布假设下 WinBUGS 程序，运行程序就得到一元 SV 模型中各种参数的 MCMC 估计值及统计特征，如表 6－13 所示。

表 6－13　美国道琼斯指数 t 分布不同假设条件下一元 SV 模型参数估计结果

参数	均值	标准差	MC 误差	2.5%分位数	中位数	97.5%分位数
μ	－8.327	0.7534	0.03364	－9.355	－8.491	－6.518
ϕ^*	0.995	0.002903	1.038E－4	0.9886	0.9954	0.9993
τ	26.57	5.834	0.284	17.66	25.78	40.24

从表 6－13 中可以看出：

第一，参数估计值的蒙特卡洛标准差（MC error）远远小于标准差（SD），表明道琼斯指数在 t 分布假设下的波动水平、波动持续性、波动扰动性参数的估计值仍然拟合有度高，可信度高。

第二，波动水平参数 μ 的拟合值是－8.327，在 95%的置信水平下的后验置信区间是［－9.355　－6.518］，其值比深证成指、上证综指相应的值要小（$-8.327<-7.764<-7.661$），表明基于尖峰厚尾的道琼斯指数在样本期间

比上证综指、深证成指的波动水平要小，仔细比较会发现 SV－t 模型中参数 μ 在道琼斯指数、上证综指、深证成指间的差异比 SV－N 的差异要小，说明描述统计表明的道琼斯指数存在更为陡峭的尖峰特征得到了实证结果的支撑。

第三，反映波动持续性参数 ϕ^* 为 0.995，相应的后验置信区间是 [0.9886 0.9993]，接近于 1，说明反映美股的道琼斯指数有很强的波动持续性。其大小介于深证成指（0.9941）、上证综指（0.9962）之间，与 SV－N 得出波动持续性排序（道琼斯指数、上证综指、深证成指）有区别。这种差异在一定程度上说明，描述统计中得到的道琼斯指数有 2008 年左右、2011 年前后两个明显波动集群能够通过刻画波动集群特征的参数 ϕ^* 来说明。

第四，反映波动扰动性的参数 τ 的估计值是 26.57，远远小于上证综指、深证成指对应值（$26.57<72.05<79.66$），说明道琼斯指数的波动在抗干扰能力比上证综指、深证成指强得多，这与 SV－N 的结论一致。这说明，不论从正态分布或是 t 分布 SV 模型得出的实证结论都表明道琼斯指数是全球股市风向标，其更多影响沪深股票市场，而不是相反，这为后续的波动性联动性分析奠定了基础。

6.4.4.2　后验密度

对 SV 模型各参数进行核密度估计，可以得到如图 6－25 所示的模型参数后验分布密度图。

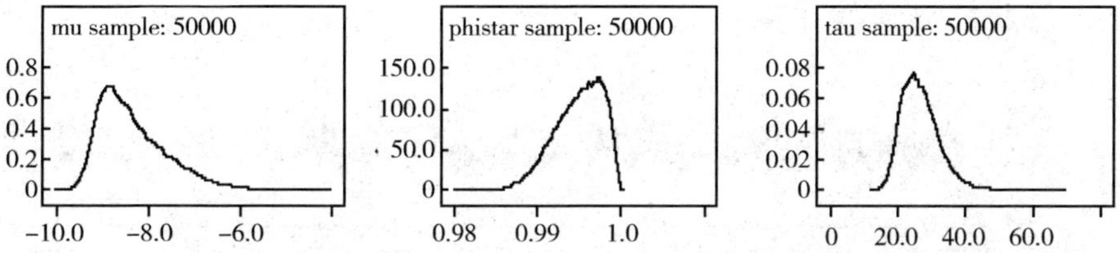

图 6－25　深证成指 t 分布假设下一元 SV 模型参数后验分布密度图

由图 6－25 可知，参数 τ、μ 的后验密度函数呈现左偏趋势，说明样本数据中存在一些偏小的异常点，使得其贝叶斯估计值比真实值要小，因此，参数可能会被低估。而基于正态分布假设下的 μ 后验密度函数基本是对称的。

参数 ϕ^* 的后验密度函数呈现右偏趋势，说明样本数据中存在一些偏大的异常点，使得 ϕ^* 的贝叶斯估计值比真实值要大，因此，参数 ϕ^* 可能会被高估。

总的来说，对于 SV 模型的参数 μ、τ、ϕ^* 的后验分布密度图基本上是对称的，说明这些参数的估计值与真实值非常接近，误差很小。

6.4.4.3 动态轨迹

由图 6-26 和图 6-27 可以直观看出，基于正态分布假设的 SV 模型各参数的样本轨迹已基本保持稳定，且都分布在一条水平直线附近，说明模型参数的样本分布已达到稳定状态。

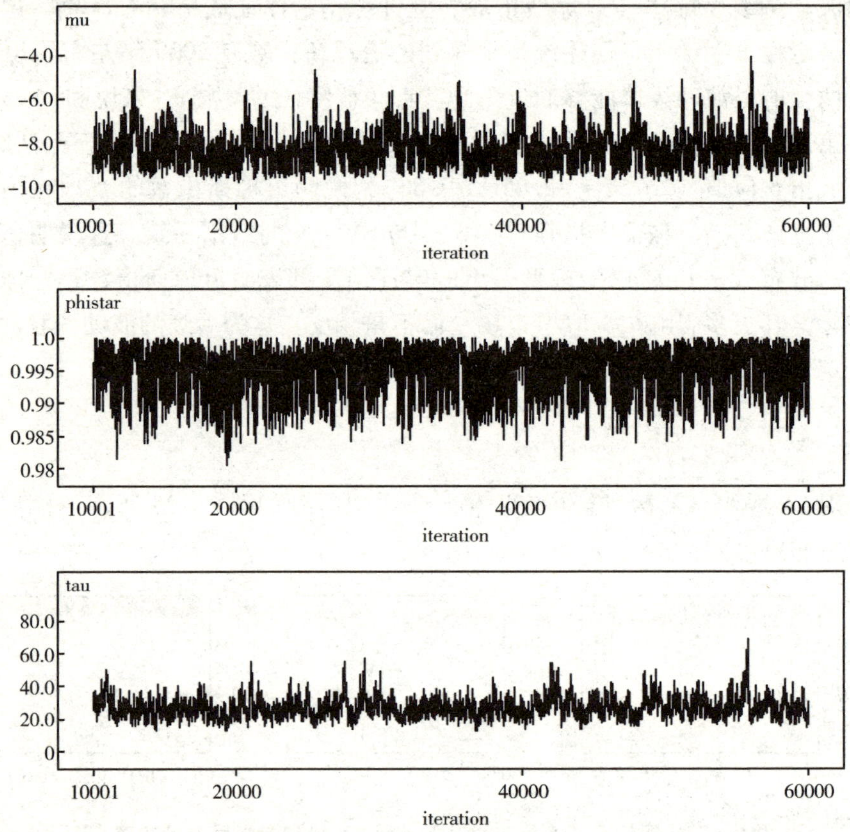

图 6-26 道琼斯指数 t 分布假设下一元 SV 模型参数演算过程图

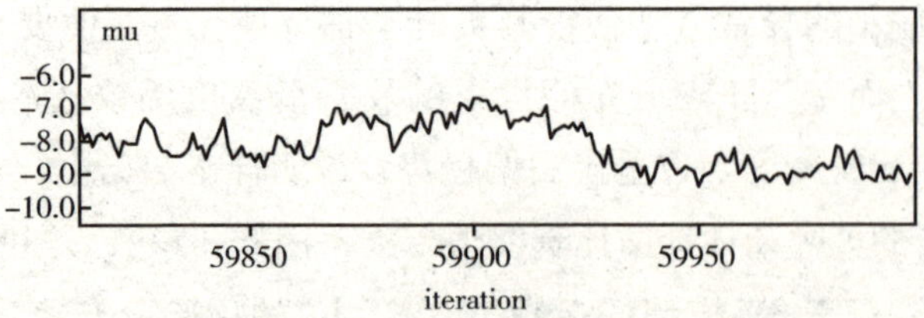

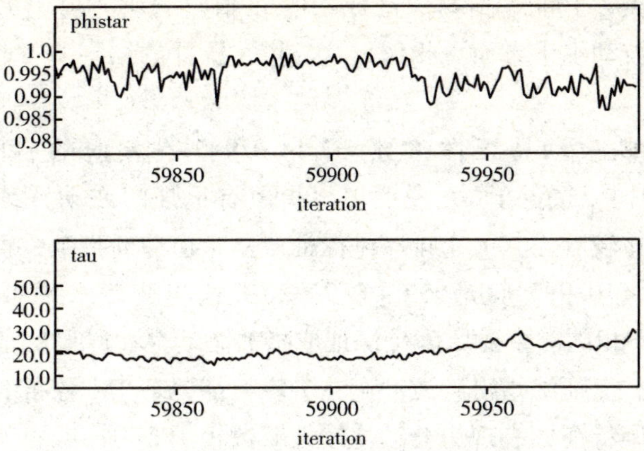

图 6-27 道琼斯指数 t 分布假设下一元 SV 模型模拟动态轨迹图

6.4.5 恒生指数 SV-t 实证结果及分析

6.4.5.1 统计特征

恒生指数的 SV-t 模型中各种参数的 MCMC 估计值及统计特征如表 6-14 所示。

表 6-14 恒生指数 t 分布假设条件下一元 SV 模型参数估计结果

参数	均值	标准差	MC 误差	2.5% 分位数	中位数	97.5% 分位数
μ	-8.291	0.3847	0.01592	-8.939	-8.331	-7.401
ϕ^*	0.9959	0.001956	5.963E-5	0.9915	0.9961	0.9991
τ	58.12	14.26	0.7625	34.81	56.47	90.63

从表 6-14 中可以看出：

第一，恒生指数波动率序列的波动水平、波动持续性、波动扰动性的参数估计值的蒙特卡洛标准差（MC error）远远小于标准差（SD），表明参数的后验均值的拟合值可信度高，可据此分析恒生指数的随机波动特征。

第二，波动水平参数 μ 的拟合值是 -8.291，在 95% 的置信水平下的后验置信区间是 [-8.939 -7.401]，四个样本股票指数的 SV-t 波动水平参数 μ 的大小排序是道琼斯指数、恒生指数、深证成指、上证综指（$-8.327 < -8.291 < -7.764 < -7.661$）。具体分析，道琼斯指数与恒生指数的 μ 值差

异小，属于一类，上证综指与深证成指的 μ 值差异小，属于另外一类，说明港股与美股在波动水平方面更相似，这与描述统计的结果基本吻合，与SV－N的结论相同。

第三，反映波动持续性参数 ϕ^* 为 0.9959，相应的后验置信区间是[0.9915 0.9991]，接近于1，说明恒生指数有很强的波动持续性。与其他三个指数对应值比较看，其大小排序是深证成指、道琼斯指数、恒生指数、上证综指（0.9941 < 0.995 < 0.9959 < 0.9962），这与波动水平参数不一致，与SV－N的结果不相同。主要原因是深证成指的波动存在厚尾特征，而道琼斯指数、恒生指数、上证综指得到波动存在尖峰特征，基于t分布的假设能够很好刻画波动的厚尾特征，表现为波动持续性参数较小。

第四，反映波动扰动性的参数 τ 的估计值是58.12，其大小介于道琼斯指数与上证综指、深证成指之间（26.57 < 58.12 < 72.05 < 79.66），更接近沪深市场，这与SV－N的结论一致。四个样本指数的SV－t与SV－N模型的波动扰动性参数排序一致，说明基于t分布假设不能进一步优化波动扰动性的刻画。

6.4.5.2 后验密度

对SV模型各参数进行核密度估计，可以得到如图6－16所示的模型参数后验分布密度图。

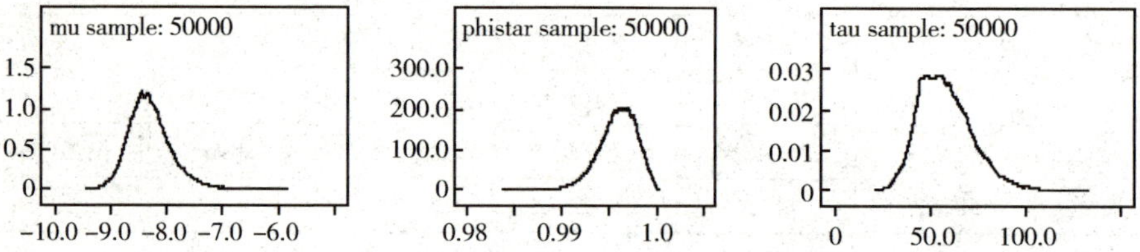

图6－28 恒生指数t分布假设下一元SV模型参数后验分布密度图

由图6－28可知，虽然参数tau、μ 的后验密度函数趋势略微有点左偏，ϕ^* 则略微有点右偏，但对称态势更明显，尤其是与上证综指SV－t的对应图形趋势比较，其分布密度更均匀。这充分说明用SV－t来刻画深证成指的随机波动趋势，尤其是尖峰厚尾趋势与实际更贴近，当然这需要用DIC准则进一步判断。

6.4.5.3　动态轨迹

由图 6－29 和图 6－30 可以直观看出，基于正态分布假设的 SV 模型各参数的样本轨迹已基本保持稳定，且都分布在一条水平直线附近，说明模型参数的样本分布已达到稳定状态。

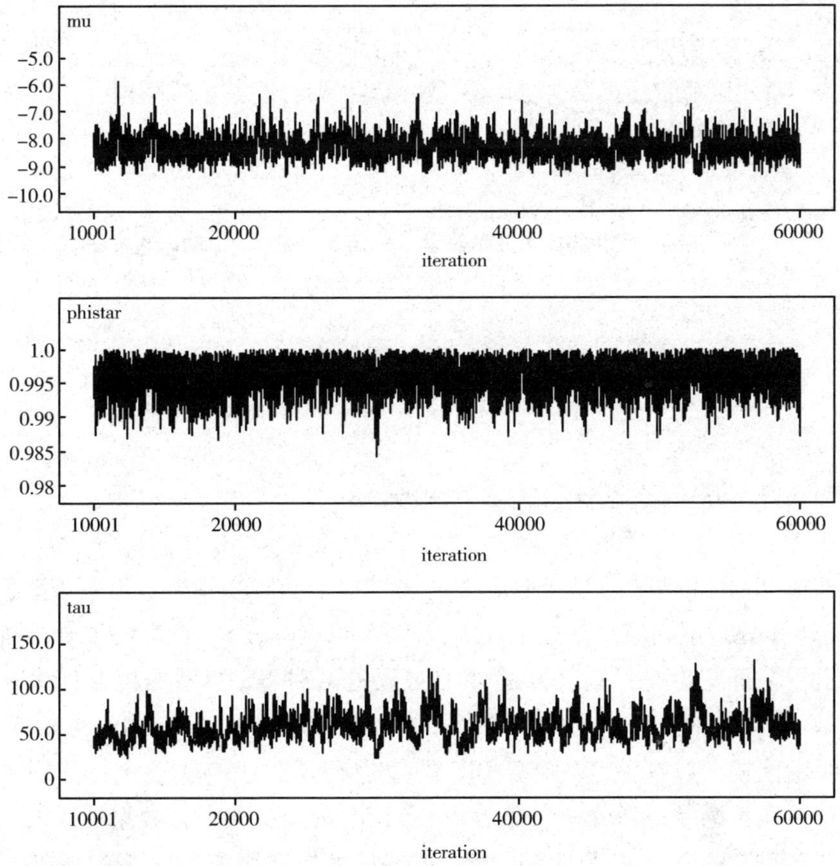

图 6－29　恒生指数 t 分布假设下一元 SV 模型参数演算过程图

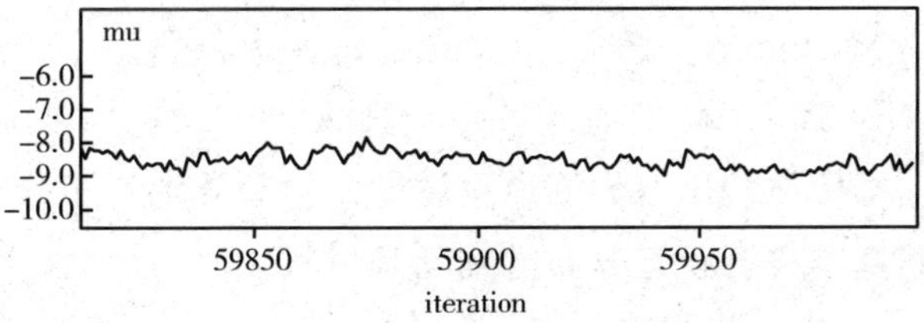

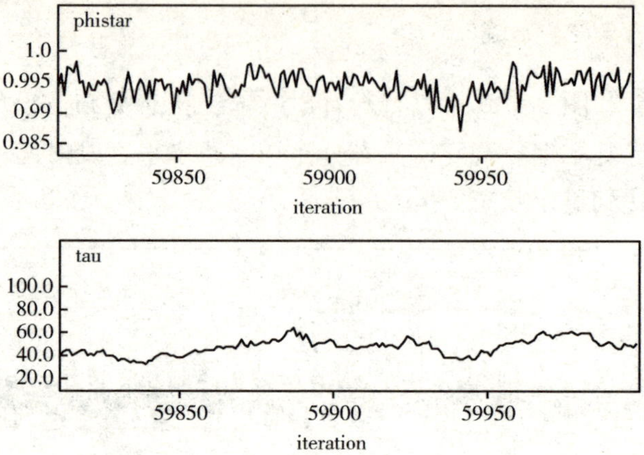

图 6-30 恒生指数 t 分布假设下一元 SV 模型模拟动态轨迹图

6.5 SV 模型实证比较分析

6.5.1 SV 模型拟合优度比较分析

前述分别详细分析了上证综指、深证成指、道琼斯指数、恒生指数波动率在正态与 t 分布不同假设前提条件下，应用 MCMC 对 SV 模型的拟合结果及其呈现出的特征。为此，有必要总体上对比这八种 SV 模型的拟合优度，一般地，SV 模型总体拟合优度可以通过 DIC 准则来判断，DIC 的值见表 6-15，为了便于比较，对八种 SV 模型 DIC 的值进行了排序。从表 6-15 中可以得出：第一，不论是正态分布或者是 t 分布，不论是反映拟合数据质量的，反映模型复杂程度的 P_D，或者是 DIC 值，其相应的排序均表明，道琼斯指数 SV 模型拟合优度最好，恒生指数次之，上证综指较差，深证成指最差。第二，从道琼斯指数、恒生指数、上证指数、深证成指的 SV-N 和 SV-t 拟合优度的 DIC 值比较看，SV-N 的值略小于 SV-t 的值，但两者差异微小，甚至可以忽略不计，显示 SV-N、SV-t 模型均能较好刻画 2007~2012 年的随机波动，虽然样本数据的峰度指标体现出有尖峰厚尾特征，但总体上正态分布的刻画能力还强一些，说明其基本符合正态分布的判断是可靠的。

表 6 - 15　道琼斯、恒生、上证综指、深证成指一元 SV 模型拟合优度 DIC 值

指数	假设	$\bar{D}$	$\hat{D}$	P_D	DIC	排序
上证综指	正态	-9476.680	-9546.620	69.937	-9406.750	5
	t 分布	-9471.490	-9540.840	69.351	-9402.140	6
深证成指	正态	-8952.480	-9020.230	67.749	-8884.730	7
	t 分布	-8949.670	-9016.480	66.811	-8882.860	8
道琼斯指数	正态	-11226.800	-11333.300	106.491	-11120.300	1
	t 分布	-11227.300	-11337.700	110.449	-11116.800	2
恒生指数	正态	-9944.240	-10017.600	73.348	-9870.890	3
	t 分布	-9938.920	-10015.100	76.183	-9862.740	4

注：Dbar = post. mean of -2logL; Dhat = -2LogL at post. mean of stochastic nodes.

6.5.2　SV 模型拟合参数比较分析

为了深入比较不同市场 SV 模型的差异，找出股票市场随机波动的特征，要在单独分析每个模型的基础上进一步对 SV 模型拟合的三个主要参数进行比较，具体如表 6 - 16 所示。

表 6 - 16　道琼斯、恒生、上证综指、深证成指一元 SV 模型的参数拟合值

假设	股价指数	μ		ϕ^*		τ		τ	
		数值	升序	数值	排序	数值	排序	数值	排序
正态分布	上证综指	-8.363	3	0.9938	3	68.11	3	—	—
	深证成指	-8.105	4	0.9928	2	76.43	4	—	—
	道琼斯指数	-9.586	1	0.9926	1	28.82	1	—	—
	恒生指数	-9.285	2	0.9965	4	62.12	2	—	—
t 分布	上证综指	-7.661	4	0.9962	4	—	—	72.05	3
	深证成指	-7.764	3	0.9941	1	—	—	79.66	4
	道琼斯指数	-8.327	1	0.995	2	—	—	26.57	1
	恒生指数	-8.291	2	0.9959	3	—	—	58.12	2

表 6 - 16 显示，从波动水平参数 μ 的排序上看，道琼斯指数波动率水平最低，恒生指数次之，上证综指和深证成指居后。从 μ 数值上看，道琼斯指数与恒生指数更接近，属于一类，而上证综指与深证成指更接近，属于一类，

并且 SV－N 的值要明显小于 SV－t 的值。

从波动持续性看，ϕ^* 的值均大于 0.99，这比大部分研究同行得出的持续参数要大，说明 2007～2012 年全球股票市场都客观存在显著的波动集群特征。ϕ^* 差异是微不足道的，但从大小排序看出，恒生指数的波动持续性明显与波动水平的排序不同。

从波动扰动性看，SV－N 与 SV－t 的排序完全一致，也与波动水平排序一样，即道琼斯、恒生指数、上证指数、深证成指。进一步反映出道琼斯指数波动性特征与沪深市场的差异。同时，恒生指数的扰动性虽然排名第二，但从数值分析，其与上证综指、深证成指更接近属于一类，这与波动率水平的类别略有不同。

6.5.3 SV 实证分析结论

从描述统计得到的初步结论，SV－N、SV－t 模型得到实证结论，以及模型的综合比较进一步印证，可以得出以下结论：

第一，中国内地股票市场的两个主要指数——上海证券交易所综合指数、深圳证券交易所成分股指数以及美国股票市场的主要指数道琼斯工业股票价格指数、中国香港地区的恒生股票价格指数在 2007～2012 年间的波动率呈正态分布。道琼斯指数与恒生指数的波动率属于一类，上证综指与深证成指的波动率属于另外一类，中国港股与美股在波动水平方面更相似。实证分析支持深证成指的厚尾特征，而上证综指、道琼斯指数和恒生指数的尖峰特征没有明显的支持。总体的拟合优度，各个主要的估计参数值都表明 SV－N 与 SV－t 模型之间的模拟能力没有显著差异。

第二，上证综指、深证成指、道琼斯指数、恒生指数 SV 模型的波动持续性参数基本相同，均大于 0.99，只在小数点后三位有可以忽略不计的微弱差异，完全支持四个样本股价指数存在非常显著波动集群特征。其背后是众所周知的原因，即 2008 年美国次贷危机引发的全球性金融危机在股票市场的扩散及影响。同时，深证成指波动率呈现的厚尾特征使得道琼斯指数、恒生指数与上证综指、深证成指之间在波动的集群上没有明显的差异。此外，恒生指数在波动中的集群特征更突出，其整体波动水平与道琼斯指数不相符，一个可能的经济解释是：分析的样本期间有 2011 年前后主权债务引发全球金融市场震动，与美国、中国内地相比，中国香港作为国际金融中心其股票市场受到的冲击要更明显，波动的集群特征就更显著。

道琼斯指数的波动水平与波动持续性参数与上证综指、深证成指相比较均要小，但差异不大，其背后的经济意义是：美股与中国沪深股市的波动集群性有共性的一面，尤其是在样本期间的次贷金融危机引发的全球股市持续性波动强化了这一共性。同时又各自有特点，美股市场由于有规范严格的信息发布规则、灵活的做空机制、成熟的投资者、众多以股指为标的资产的衍生品，尤其是在实体经济发生利好或利空事件时，得其波动性可能被削弱。而中国股市就像描述统计得出的结论一样，沪深股市涨幅极值点是由政策推动的，波动不但没有削弱，反而被扩大。再者，美股市场实施的 T+0 交易制度、我国沪深市场实施的 T+1 交易制度，以及美股市场总体上比中国股票市场更有效，利好利空事件带来的波动可能在一天内消除，或者是在更短的时间内被市场反应，因此，道琼斯指数波动率的持续性会小于上证综指和深证成指。

第三，上证综指、深证成指、道琼斯指数、恒生指数的波动性虽然相互影响，有溢出效应和共生特征，但相对而言，道琼斯指数的波动受干扰程度最小，上证综指、深证成指、恒生指数属于受干扰程度差不多的另外一类。这进一步说明，道琼斯指数的波动更多的是来自系统内生，是全球股市风向标，其更多影响中国内地沪深股市和香港市场，而不是相反。恒生指数的变动扰动性与沪深属于一类，与中国香港成熟股票市场的情况有一定的出入，其背后的原因是：中国香港虽然是国际金融中心，股票交易制度相对完善，但支持中国香港国际金融中心的实体经济部分与欧美、中国内地等联系广泛，是典型的外向型经济，其上市公司构成上多元特征明显，相应地受到这些因素的影响就更大，表现在波动性就是受到的干扰较多。

因此，有必要进一步分析上证综指、深证成指、道琼斯、恒生指数之间的波动的联动性。

第7章

基于 MCMC 的股票市场随机波动联动性实证分析

通过一元 SV－N、SV－t 模型的实证检验，中国上海、深圳股票市场以及美国股票市场、中国香港地区股票市场的上证综指、深证成指、道琼斯指数、恒生指数都呈现出波动的特征，其波动的持续性强，有明显的波动集群特征；波动水平基本相当，上证综指与深证成指、道琼斯指数与恒生指数各属于一类，中国港股与美股在波动水平方面更相似；四种指数波动的受干扰程度有差异，均相互影响，有溢出效应和共生特征。按照先单一随机波动分析、后分析随机波动联动性的逻辑脉络，有必要从联立随机波动模型的角度来分析不同市场之间的波动联动性，本章就此展开分析。

7.1 随机波动联动性描述统计

7.1.1 样本与数据

为保持一元 SV 模型与联立 SV 模型的内在一致性，在联立 SV 模型的实证分析中，选取了同样的样本与数据，样本对象是美国股票市场、中国香港地区股票市场和中国上海、深圳股票市场，样本指标仍然是上证综指、深证成指、道琼斯指数、恒生指数，同理，样本数据的频率是日交易数据，原始数据的来源、波动率 y_t 数据的计算与一元 SV 相同（见第6章）。

需要特别说明的是样本量的问题。在敲定了样本对象、样本指标、数据频率和来源后，样本量似乎应该是确定的。但由于研究对象涉及中国内地、美国和中国香港地区，其放假制度存在差异，样本区间虽然都是 2005 年 7 月 21 日～2012 年 12 月 31 日，但是，在样本期间的实际交易日期不相同，即样本量有差异。在一元 SV 模型实证时为了保证数据的完整性，保留了全部数据，而在联立 SV 模型实证过程中，模型和 MCMC 通过 WinBUGS 实现算法的过程均要求不同样本之间的样本量相等。

在分析上证综指、深证成指之间波动的联动性时，样本量是相等的。在分析道琼斯指数、香港恒生指数与沪深之间波动的联动性时，就存在如何保证样本量相等的问题。

从纯粹修正到样本量相等的方法上看，可以按照统计学中补齐缺失数据的方法，也可剔除不同市场之间没有交易的时间，即选择不同市场同时有交易的时间。考虑到随机波动的联动性研究目的是分析海外股票市场对中国股票市场的影响，而当美股市场在交易、中国股票市场在放假的情形，比如中国的春节、国庆期间，对中国股票市场的主要影响既有放假期间最后一个交易日的涨跌情况，更重要的是放假期间的累积效应形成的整体涨跌情况，不会因为不包含某天交易数据而丢失有效信息。反过来，当中国股票市场在交易，而美国市场在放假的情形，中国股票市场的涨跌波动就是受自身市场内在规律的影响。基于这些因素，本书选择不同市场同时有交易的时间，删除了只有部分交易数据的天数。按这样的方式整理样本后得到波动性的联动性样本量是 1716，比单独的中国股票市场 1814 减少了 98 个数据，比单独的恒生指数 1840 减少了 124 个数据，比单独的道琼斯指数 1875 减少了 159 个数据，具体见第 6 章的表 6－1。这样处理，既是股票交易中客观存在的现实，又能满足不同市场间波动的联动性分析需要，同时符合 MCMC 方法的内在要求。

7.1.2　股价指数之间的相关性分析

随机波动联动性分析的单个样本，即上证综指、深证成指、道琼斯指数、恒生指数的描述统计与一元 SV 的描述统计结果一样，具体见第 6 章。较为直观地描述波动联动性的指标是股价指数间的相关性，为此，笔者计算了四个样本指数以及美股股票市场中另外两个指数——纳斯达克指数、标普 500 指数的皮尔逊相关系数，同时按照股价指数波动率计算对应的相关系数，结果如表 7－1 所示。

表 7-1　　中国内地、美国、中国香港的主要股价指数及波动率相关系数表

Panel A　股价指数之间的相关系数

	上证综指	深证成指	道琼斯	NASDAQ	标普 500	香港恒生
上证综指	1					
深证成指	0.9229	1				
道琼斯	0.3773	0.2902	1			
NASDAQ	0.2239	0.2909	0.8928	1		
标普 500	0.3115	0.1570	0.9702	0.8094	1	
香港恒生	0.7940	0.8181	0.6267	0.6018	0.5390	1

Panel B　股价指数波动率之间的相关系数

	上证综指	深证成指	道琼斯	NASDAQ	标普 500	香港恒生
上证综指	1					
深证成指	0.9332	1				
道琼斯	0.0716	0.0756	1			
NASDAQ	0.0798	0.0797	0.9330	1		
标普 500	0.0734	0.0767	0.9849	0.9595	1	
香港恒生	0.4726	0.4415	0.2409	0.2270	0.2412	1

从表 7-1 中可以看出：

第一，在 15 个相关系数中，最大是道琼斯指数与标普 500 指数之间相关系数（0.9702），然后是上证综指与深证成指之间的相关系数（0.9229），最后是道琼斯与纳斯达克指数之间的相关系数（0.8928），这说明同一个国家或地区的股票市场之间的相互影响最大，初步显示出溢出效应和共生波动特征。而相关系数最小的依次是标普 500 指数与深证成指，纳斯达克指数与深证成指，这说明选择道琼斯指数作为美股的代表来分析其对我国股市的影响是恰当的。

第二，恒生指数与其他五个股价指数的相关系数值均在 0.5 以上，说明中国香港作为国际金融中心，在股票市场上也表现出其受到来自美国和中国内地股票市场的影响。

第三，从相关系数角度看，2005 年 7 月 ~2012 年 12 月，与上证综指相关性最高的是香港恒生股价指数，其次是美国道琼斯股价指数，深证成指也存在同样的相关性情形，而且与香港恒生指数的相关系数在 0.8 左右，属于高相关范畴。由此表明香港地区与沪深股票市场的联系比美股更为紧密，分析其原因：一是由于中国香港地区与内地的特定政治经济联系；二是香港股票市场有大量的中国内地企业上市交易，即H股，部分公司同时又在内地股票市场上市交易，即A+H股，这一特定的联系纽带决定了香港股票市场与内地股票市场的波动性之间联动性强，相关系数更大。三是中国香港地区与沪深证券交易所的交易时间节拍更合拍，与美国股票市场对沪深市场的影响相对滞后一天时间相比，波动性的联动特征更为动态，更为同步。需要特别说明的是，这仅仅是相关性分析，相互影响中哪个市场是因、哪个是果有待进一步分析。

第四，上证综指与恒生指数的相关系数小于深证成指与恒生指数的相关系数（0.7940<0.8181），而上证综指与道琼斯指数的相关系数则大于深证成指与道琼斯指数的相关系数（0.3773>0.2902），从一个层面说明中国香港股票市场对深圳市场的影响要大，美国股票市场对上海股票市场的影响要大，一个可能的原因是上证综指中包括了以美元计价、交易、结算的B股市场对应B股指数，而深证成指也受到深圳证券交易所的以港元计价、交易、结算的B股市场的影响。当然，这有赖后续基于MCMC展开的美国与中国市场之间、中国内地市场与香港地区市场的波动联动性SV分析的结论来进一步证实。

第五，股价指数波动率之间的相关系数也呈现出相同的特征（Panel B），所不同的是，跨国或地区之间的股价指数波动率相关系数小于股价指数间的相关系数，而一国国内股票市场之间的股价指数波动率间相关系数则大于股价指数间的相关系数。比如，上证综指与深证成指之间的相关系数是0.9229，而对应波动率之间的相关系数是0.9332；上证综指与道琼斯指数之间的相关系数是0.3773，而对应波动率之间的相关系数是0.0716。指数之间与指数波动率之间的相关系数差异说明有待通过专门的波动率分析来进一步研究。

7.2　股价指数之间波动性的Granger因果检验

7.2.1　股价指数波动性的单位根检验

上节从相关系数角度论证了上证综指、深证成指与道琼斯指数、纳斯达克指数、标普500指数、香港恒生指数之间的存在显著的相关性。但是，中国内地股票市场受到美国市场、中国香港地区市场的影响或是相反呢？即它们之间是否存在因果关系呢？在进行 MCMC 分析前，有必要应用计量经济学的 Granger 因果检验来看上海、深圳、道琼斯、香港恒生指数间是否存在计量意义上的因果关系。Granger 因果检验的前提条件要求序列是平稳的，为此，首先用单位根 ADF 检验方法来检验其平稳性。按照计算相关性同样的数据，应用专业的 Eviews 分析软件工具，得到的股价指数波动观测值（y_t）的检验结果，具体如表 7－2 所示。

表 7－2　　股价指数波动观测值（y_t）单位根检验结果

变量	水平检验结果			临界标准		结论
	检验形式（C，T，L）	ADF 值	P 值	1% 临界值	5% 临界值	
上证综指	（1，0，1）	－42.01810	0.0000***	－3.4339	－2.8630	平稳
深证成指	（1，0，1）	－40.41950	0.0000***	－3.4339	－2.8630	平稳
道琼斯指数	（1，0，1）	－34.21249	0.0000***	－2.8630	－2.5676	平稳
恒生指数	（1，0，1）	－44.08211	0.0001***	－3.4339	－2.8630	平稳

注：检验形式（C，T，L）中，C、T、L 分别代表常数项、时间趋势和滞后阶数。*** 表示在 1% 显著水平上拒绝零假设。

从表 7－2 中可以得出，以 y_t 为代表的主要股价指数波动观测值的单位根检验结果表明，y_t 是在 1% 的置信水平下通过了单位根检验，表明其是稳定的。这说明上证综指、深证成指、道琼斯指数、香港恒生指数波动观测值组成的序列满足稳定性要求，可以展开相应的统计、计量分析，基于此开展的 Granger 因果检验在统计上是可信的。

7.2.2 Granger 因果检验

在上证综指、深证成指、道琼斯指数、恒生指数波动观测值组成的序列满足稳定性要求后，y_t 之间是不是存在显著的统计上的互为因果关系呢？可以采用计量经济中经典的 Granger 因果检验来实证。为了保持与联立 SV 结果的一致性，检验中的数据是波动性数据 y_t，检验结果如表 7－3 所示。

7.2.3 Granger因果检验结果分析

从表7－3中可知，道琼斯指数与上证综指、深证成指、恒生指数波动观测值的Granger因果检验值通过1%的显著水平检验，说明其存在显著的因果关系，道琼斯指数的波动是影响上证综指、深证成指、恒生指数波动的原因，进一步说明道琼斯指数代表美国股票市场的波动是影响中国上海股票市场、深圳股票市场、香港地区股票市场产生波动的原因，与实际情况吻合，印证了一元SV分析得出的结论——道琼斯指数的波动受干扰程度最小，上证综指、深证成指、恒生指数属于受干扰程度差不多的另外一类。

表7－3 上证综指、深证成指、道琼斯指数、恒生指数波动观测值的Granger因果检验结果（滞后阶数：2）

原假设	F统计量	0系数概率	结论
上证综指不是道琼斯指数的Granger因	0.15858	0.85336	接受
道琼斯指数不是上证综指的Granger因	21.3242	7.1E－10***	拒绝
上证综指不是恒生指数的Granger因	8.63123	0.00019***	拒绝
恒生指数不是上证综指的Granger因	0.02638	0.97396	接受
深证成指不是道琼斯指数的Granger因	0.27177	0.76206	接受
道琼斯指数不是深证成指的Granger因	17.1601	4.2E－08***	拒绝
深证成指不是恒生指数的Granger因	7.82304	0.00041***	拒绝
恒生指数不是深证成指的Granger因	0.46275	0.62963	接受
恒生指数不是道琼斯指数的Granger因	0.45799	0.63263	接受
道琼斯指数不是恒生指数的Granger因	207.629	1.9E－81***	拒绝
深证成指不是上证综指的Granger因	0.19129	0.82591	接受
上证综指不是深证成指的Granger因	2.58926	0.07537*	拒绝

注：*、**、***分别表示在10%、5%、1%的检验水平下通过检验。

恒生指数与上证综指、深证成指、道琼斯指数波动观测值的Granger因果检验值通过1%的显著水平检验，说明其存在显著的因果关系，恒生指数波动的原因是道琼斯指数、上证综指、深证成指波动。这一方面印证了股价指数之间的相关系数分析得出恒生指数与其他三个指数之间高相关；另一方面找出其高相关背后的原因是道琼斯指数、上证综指、深证成指的波动是导致恒生指数波动的原因，其存在波动的联动性。

上证综指与深证成指之间的波动观测值 Granger 因果检验结果表明，有 90% 的把握说明上证综指是深证成指波动的原因。这虽然比与道琼斯、恒生指数之间波动性的 Granger 检验结果的显著水平要低，但仍然能够刻画出我国上海股票市场与深圳股票市场在实际发生涨跌波动的情形，即上海市场处于相对主动，深圳市场处于相对从动的地位，上海市场多数时间是涨跌波动的发起者，深圳市场较少时间引领了涨跌。

7.3 基于 MCMC 的股市随机波动联动性实证设计

7.3.1 MSV 模型选择

根据金融市场中金融产品价格随机波动的理论研究，不论是有效市场假设、随机游走理论、协同市场假说、分型与混沌理论还是最新引入参与者行为方式的行为金融理论都只能对股票市场的波动联动性进行部分合理的解释。本书遵循一元 SV 模型实证分析的逻辑思路，在从一元 SV 拓展到多元 SV 模型中，仍然不对应某一个具体理论来构建模型，完全按照随机波动 SV 是在假定前期和当期扰动项可知但不可测的条件下，应用随机过程的数理分析方法来构建的波动性模型。

实际的金融运行中，金融市场的随机波动联动性呈现出在国家、市场、品种、期限之间的联动。根据项目的研究设计，本书先研究股票市场的四个主要指数在不同国家和地区的市场之间的联动，不涉及不同期限之间的联动。还需要明确的是，研究两两联动或是两个以上的联动，对应的就是二元或是多元 SV 模型的选择问题。由于股票投资的实际操作中，投资者主要考虑的是本市场和其他市场之间的相互影响，并不会也没有必要逐一区分其他具体市场，本着反映实际市场情形，就应该建立二元 SV 模型。此外，从数学模型上看，二元 SV 模型是多元 SV 模型的基本形态，二元 SV 模型实证研究后，多元 SV 模型可以看做是多个二元 SV 模型的组合。当然，多元 SV 模型是后续进一步深入研究的方向。

确定选择二元 SV 模型（简称 MSV）后，MSV 模型具体形式有基本 MSV、因素 MSV、动态 MSV 等。本章主要是对随机波动联动性展开实证研究，需要模型相对成熟，而早在 1994 年 Harvey 就推演出特征残差正态分布 MSV 形式，即正态假设下基本 MSV 模型（简称 MSV－N），并在后续期间有许多国外研究同行有对基本 MSV 模型有类似的实证研究，因而选择 MSV－N。

同样，大量的研究表明金融市场的价格波动有尖峰厚尾特征，就在MSV－N 基础上推导出拟合厚尾特征残差 t 分布的二元随机波动模型（简称 MSV－t）（Harvey，1994；Yu，2006）。样本对象——上证综指、深证成指、道琼斯指数、恒生指数的描述统计表明，其基本符合正态分布特征，但有尖峰厚尾特征，为此，有必要在波动联动性实证中选择 MSV－t 模型。

7.3.2　实证设计

选定二元 MSV－N、MSV－t 模型后，根据 MSV 的理论分析，进一步确定 MSV－N、MSV－t 模型的表达式如下。

MSV－N 模型：

$$\begin{cases} y_t = \Omega_t \varepsilon_t & \varepsilon_t \sim \text{iid N}(0,\ \Sigma_\varepsilon) \\ \theta_t = \mu + \Phi \cdot (\theta_{t-1} - \mu) + \eta_t & \eta_t \sim \text{iid N}(0,\ \text{diag}(1/\tau_1^2, 1/\tau_2^2)) \end{cases}$$

MSV－t 模型：

$$\begin{cases} y_t = \Omega_t \varepsilon_t & \varepsilon_t \sim \text{iid t}(0,\ \Sigma_\varepsilon,\ \upsilon) \\ \theta_t = \mu + \Phi \cdot (\theta_{t-1} - \mu) + \eta_t & \eta_t \sim \text{iid N}(0,\ \text{diag}(1/\tau_1^2, 1/\tau_2^2)) \end{cases}$$

对于二元模型，对应的各符号表示如下：

$$y_t = \begin{pmatrix} y_{1t} \\ y_{2t} \end{pmatrix},\ \varepsilon_t = \begin{pmatrix} \varepsilon_{1t} \\ \varepsilon_{2t} \end{pmatrix}, \eta_t = \begin{pmatrix} \eta_{1t} \\ \eta_{2t} \end{pmatrix}, \theta_t = \begin{pmatrix} \theta_{1t} \\ \theta_{2t} \end{pmatrix}$$

$$\Omega_t = \begin{bmatrix} \exp(\theta_{1t}/2) & 0 \\ 0 & \exp(\theta_{2t}/2) \end{bmatrix}$$

$$\Phi = \begin{bmatrix} \phi_{11} & \phi_{12} \\ \phi_{21} & \phi_{22} \end{bmatrix}, \Sigma_\varepsilon = \begin{bmatrix} 1 & \rho_\varepsilon \\ \rho_\varepsilon & 1 \end{bmatrix}, \mu = \begin{pmatrix} \mu_1 \\ \mu_2 \end{pmatrix}$$

更具体的表述可以参见第4章，模型中，μ_1、μ_2分别表示两种股价指数的波动在长时间下的均值。ϕ_{11}、ϕ_{22}分别为两种股票指数波动持续性系数，也即两者波动自我相关的影响系数，ϕ_{11}、ϕ_{22}的系数值越接近1，当期波动受滞后一期波动的影响越大，表示波动的持续期间越长，具有波动聚类集群的性质。τ_1、τ_2分别表示两种股票指数波动的随机扰动系数。与一元SV模型的系数相比，波动水平、波动持续性、波动扰动性参数是一致的，只不过从一个拓展为两个。而一元SV模型没有的，在MSV中反映波动联动性的参数主要有ϕ_{12}、ϕ_{21}，表示波动的联动性，也称为波动溢出效应系数，其是否显著，可检验两种股价指数波动的溢出效应，ρ_ε为动态相关系数在长期下的均值；υ为t分布的自由度，其值越大，越接近正态分布。

在选定具体的MSV－N、MSV－t模型后，结合上证综指、深证成指、道琼斯指数、恒生指数的两两组合，就得到10种配对MSV模型，其中，我国的沪深之间有2种，其他有8种，正态分布与t分布各为5种，如表7－4所示。实现MSV模型的参数估计方法采用MCMC方法。

表7－4　二元随机波动模型（MSV）实证分析配对清单

股票市场	假设	序号	指数间
国内股票市场	正态分布	1	上证综指—深证成指
	t分布	2	上证综指—深证成指
中外股票市场	正态分布	3	道琼斯—上证综指
		4	道琼斯—深证成指
		5	恒生指数—上证综指
		6	恒生指数—深证成指
	t分布	7	道琼斯—上证综指
		8	道琼斯—深证成指
		9	恒生指数—上证综指
		10	恒生指数—深证成指

7.3.3　实证过程

二元的随机波动模型的实证过程与一元的一样，需要确定模型的初始值、燃烧和迭代的次数、选择判断准则。

（1）确定初始值。根据 MSV 模型的要求，本书运用第 5 章的 MCMC 方法，并通过 WinBUGS 软件编写运行程序。二元 MSV 模型和程序分为标准正态分布和 t 分布假设两大类。在运用 MCMC 计算拟合模型中需要事先确定参数的初始值。与单一的 SV 模型相比，二元 MSV 模型需估计的参数个数增加，反映波动水平参数有 μ_1、μ_2，反映波动持续性及联动性的参数有 ϕ_1^*、ϕ_2^*、ϕ_{12}^*、ϕ_{21}^*，反映波动扰动水平参数有 τ_1、τ_2，以及在 t 分布假设下的 d^*。

在选定的上证综指、深证成指、道琼斯指数、恒生指数的 MSV 模型实证中，考虑到各种指数的波动率都基本符合正态分布，同时，为了便于实证结论比较，初始值赋值相同。在分析了描述统计存现出基本特征后，三个参数具体初始值赋值如表 7－5 所示。

表 7－5　MSV－N、MSV－t 模型 MCMC 估计参数的分布及初始值

模型	反映的波动特征	参数	在 WinBUGS 中的代码	分布（特征值）	初始值
MSV－N MSV－t	波动水平	μ_1	mu1	μ ~ N（0，0.04）	0
		μ_2	mu2	μ ~ N（0，0.04）	0
	波动持续性	ϕ_1^*	Phi1star	ϕ^* ~ B（20，1.5）	0.99
		ϕ_2^*	phi2star	dbeta（20，1.5）;	0.99
		ϕ_{12}^*	Phi12	dnorm（0，0.1）;	0
		ϕ_{21}^*	phi21	dnorm（0，0.1）;	0
	波动扰动水平	τ_1	itaua2	τ ~ Γ（2.5，0.025）	100
		τ_2	itaub2	τ ~ Γ（2.5，0.025）	100
		ρ	rhoep	dunif（－1，1）	0.7
		d^*	dstar	dchisqr（4）	4

需要特别说明的是，与一元 SV 模型一样，MSV 模型估计各个参数的样本

分布已经收敛，因此，在用 MCMC 方法对模型进行参数估计时，模型参数初始值的选取只会影响收敛过程，而与估计结果是无关的。

（2）确定燃烧和迭代次数。同时，在 Gibbs 抽样过程中，首先需要对每个参数进行迭代，进行燃烧退火（imulated annealing），以保证参数的收敛性。然后舍弃原来的迭代，再进行新的迭代，对模型进行模拟仿真的过程。研究的单个样本量是 1716，二元 MSV 模型的二维样本量是 3432。

本书选取的是燃烧退火 5000 次、运行 20000 次的模拟运算。由于样本量大，需要追踪的参数多，Gibbs 抽样和迭代运行速度慢，在 CPU 为 2.89GHz 的计算机中这样的 25000 次要运行近 50 个小时。

（3）选择判别准则。MSV 模型与经典的线性计量经济模型、GARCH、一元 SV 模型一样，对其实证研究需要判断拟合优度。同样，MSV 模型拟合的判别准则选用方差信息准则（Deviance Information Criterion，DIC）。DIC 准则的统计原理和计算过程与一元 SV 相同，可在 MCMC 的 WinBUGS 程序运算得到。

（4）编写 WinBUGS 程序。根据选择的正态 SV 模型，基于 Gibbs 抽样的 MCMC 方法和 WinBUGS 编程原理，编写 WinBUGS 程序见附录 3、附录 4。

（5）运行 WinBUGS 程序。按照第 5.4 节介绍的 WinBUGS 操作流程，读入上证综指、深证成指、道琼斯指数、恒生指数的波动率数据，给定 μ_1、μ_2、ϕ_1^*、ϕ_2^*、ϕ_{12}^*、ϕ_{21}^*、τ_1、τ_2、d^* 的初始值，遵循确定的燃烧次数为 5000 次，迭代次数为 20000 次，就可以得到 MSV 模型的 MCMC 估计结果。估计结果包括各种参数（贝叶斯验算中涉及的过程参数）的动态轨迹、后验密度、统计特征、历史运行、自相关、运行区间及 DIC 准则。具体的结果后续逐一展示及分析。

7.4 沪深股市间随机波动联动性实证结果分析

7.4.1 MSV－N 实证结果及分析

7.4.1.1 实证结果

对沪深股市随机波动联动性采取了 MSV－N 与 MSV－t 两种模型形式，其中上证综指、深证成指之间的 MSV－N 模型中各种参数的 MCMC 估计值的统计特征如表 7－6 所示，具体给出了 MSV－N 模型参数均值、标准差、MC 误差、2.5% 分位数、中位数和 97.5% 分位数的估计结果。

表 7－6　　上证综指、深证成指的 MSV－N 模型参数估计结果

指数	假设	参数	均值	标准差	MC 误差	2.5% 分位数	中位数	97.5% 分位数
上证综指—深证成指	正态分布	μ_1	－5.708	1.812	0.1529	－7.794	－6.247	－1.656
		μ_2	－5.674	1.687	0.1424	－7.554	－6.167	－1.719
		τ_1	102.7	58.82	4.767	33.37	88.28	230.6
		τ_2	46.32	17.67	1.452	21.07	44.15	82.84
		ϕ_1^*	0.732	0.06311	0.005297	0.6508	0.7053	0.8391
		ϕ_2^*	0.8874	0.07843	0.006578	0.7766	0.8851	0.995
		ϕ_{12}^*	0.6147	0.1427	0.01198	0.3733	0.6746	0.8042
		ϕ_{21}^*	0.193	0.1363	0.01143	0.006869	0.1939	0.3875
		ρ	0.9533	0.01891	0.001589	0.9391	0.945	0.9992

注：1 表示上证综指，2 表示深证成指。由 2.5% 百分位数与 97.5% 百分位数所形成的区间如同统计上的置信水平为 95% 的置信区间，可以检验系数的显著性。

为了进一步说明参数估计值的收敛性，我们利用 WinBUGS 计算结果给出主要反映参数收敛对应的后验分布图，如图 7－1 所示。根据模型的估计结果可以计算出上证综指与深证成指波动率序列的相关系数，其演算过程、动态变化时序图如图 7－2 所示。

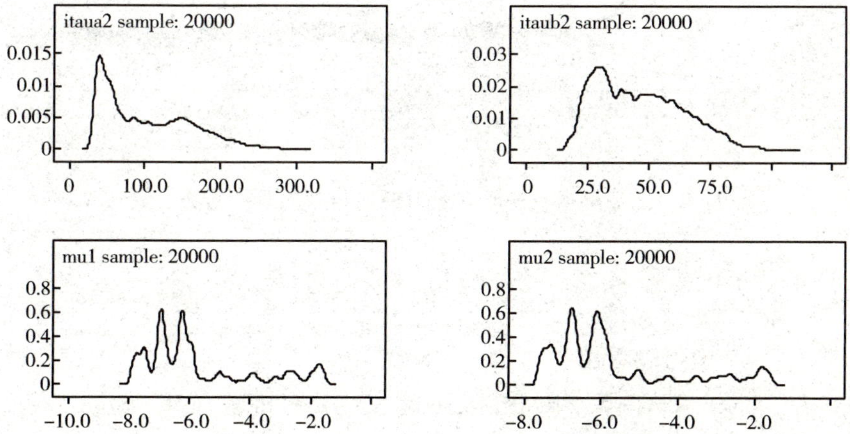

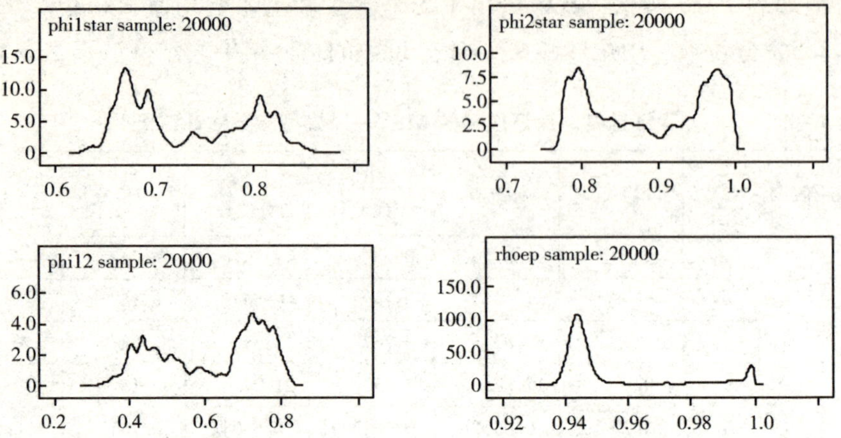

图7-1　上证综指、深证成指 MSV-N 模型参数后验分布密度图

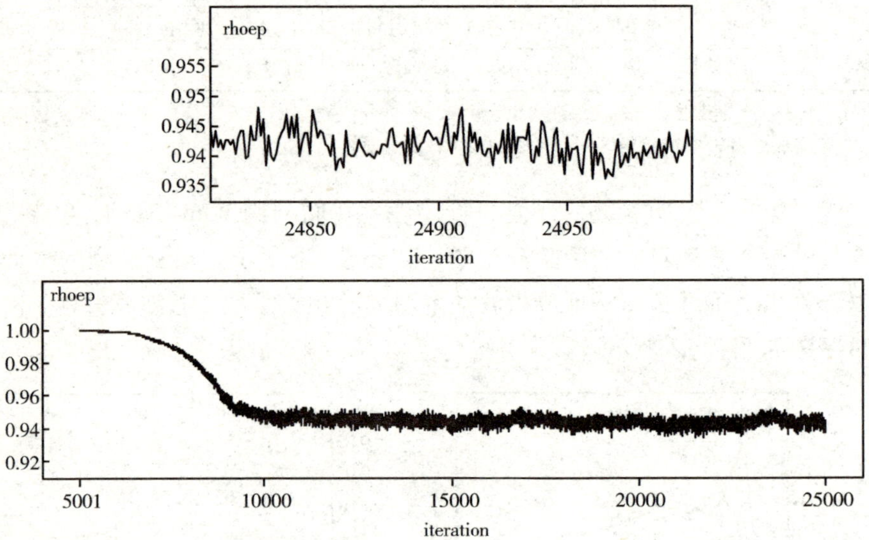

图7-2　上证综指与深证成指 MSV-N 相关系数的动态轨迹图

7.4.1.2　结果分析

从表7-6中可以看出：

第一，沪深 MSV-N 参数估计值的蒙特卡洛标准差（MC error）与对应的标准差（SD）相比远远小于1，表明参数的后验估计值可靠性强。从各个参数后验密度估计曲线的图形看，参数不同曲线也随之改变，μ_1、μ_2、ϕ_1^*、

ϕ_2^*、ϕ_{12}^*、ϕ_{21}^*有双峰分布特征，其余的都是单峰分布。相关系数 ρ 的动态轨迹图、迭代收敛走势图均表明基于吉布斯抽样的蒙特卡罗估计方法很好地模拟了模型中各参数的边缘后验分布，其处于稳定的收敛状态。在确定模型参数达到收敛后，便可以利用模型参数估计结果进行解释。

第二，上证综指与深证成指的波动水平参数 μ_1、μ_2 分别是 -5.708 和 -5.674，上证综指的 μ_1 约小于深证成指的 μ_2，说明二者波动水平基本相当，上证综指的波动水平略弱于深证成指的波动水平。这与描述统计的结论一致，与一元 SV - N 得出的结论相互印证，进一步说明不论是单独看待上证综指或者是深证成指，还是把它们看做中国资本市场中两个相互关联的股票市场，深证成指的波动水平要更高一些。

第三，在二元条件下的反映波动持续性参数 ϕ_1^*、ϕ_2^* 的后验均值分别为 0.732 和 0.8874，上证综指的 ϕ_1^* 值明显小于深证成指的 ϕ_2^* 值，说明从整体看深证成指波动的持续期间更长，比上证综指具有波动聚类的性质更明显。与一元 SV - N 得出的结论相比，单一条件下的 ϕ^* 数值更大，更接近于 1，并且是上证综指波动持续性强于深证成指，表明上证综指、深证成指在样本期间有波动持续性，但整体对待上证综指与深证成指时的波动持续性比单独分析时要差，其相互关系则难以说明，有待于从反映波动联动性的指标 ϕ_{12}^*、ϕ_{21}^* 来进一步分析。

根据 MSV - N 模型设计，其假定是，$\phi_{12}^* \neq 0$，$\phi_{21}^* \neq 1$，实际的结果是，$\phi_{12}^* = 0.6147$，$\phi_{21}^* = 0.193$，表明上证综指与深证成指间存在双向的波动溢出效应，上证综指的波动对深证成指波动的影响较大，而深证成指波动对上证综指波动的影响较小，上证综指波动领先深证成指波动。总体上是深证成指的波动持续性受到上证综指的影响，这与 Granger 因果检验结论一致，与同行研究结论也基本一致。因此，上证综指与深圳成指的波动性是联动的，而且是有主次的波动联动。

第四，ρ 的值是 0.9553，超过了 0.9，其标准差很小，MC 误差更小，说明上证综指与深证成指的波动率存在非常高的正相关关系，动态相关系数变化幅度不大，即上证综指与深证成指具有显著的趋同波动趋势，再次从一个侧面证明沪深股票市场的波动具有联动性。

7.4.2 MSV - t 实证结果及分析

7.4.2.1 实证结果

与上证综指、深证成指 MSV - N 模型估计和分析一样，上证综指、深证成指的MSV－t模型中各种参数的MCMC估计值的统计特征如表7－7所示，具体给出了MSV－t模型参数均值、标准差、MC误差、2.5%分位数、中位数和97.5%分位数的估计结果。只不过由于t分布假设，其参数比MSV－N模型多出一个自由度变量 d^*。

表7－7　上证综指、深证成指MSV－t模型参数估计结果

指数	假设	参数	均值	标准差	MC误差	2.5%分位数	中位数	97.5%分位数
上证综指—深证成指	t分布	μ_1	-3.479	1.432	0.1206	-6.145	-3.478	-1.593
		μ_2	-3.736	1.351	0.1139	-6.169	-3.703	-1.563
		τ_1	137.9	59.22	4.66	47.92	127.6	264.6
		τ_2	42.09	14.14	1.158	23.4	40.54	81.1
		ϕ_1^*	0.7531	0.01155	9.591E－4	0.7364	0.7517	0.7864
		ϕ_2^*	0.9483	0.03231	0.002706	0.892	0.9505	0.9944
		ϕ_{12}^*	0.5659	0.02452	0.002035	0.4922	0.5694	0.5985
		ϕ_{21}^*	0.08985	0.05646	0.004728	0.009645	0.0860	0.1912
		d^*	10.87	8.203	0.674	4.092	5.919	30.01
		ρ	0.9552	0.02091	0.001756	0.9353	0.9439	0.9987

注：1表示上证综指，2表示深证成指。由2.5%百分位数与97.5%百分位数所形成的区间如同统计上的置信水平为95%的置信区间，可以检验系数的显著性。

为了进一步说明估计参数的收敛性，给出主要反映参数收敛对应的后验分布图，如图7－3所示。根据模型的估计结果可以计算出上证综指与深证成指波动率序列的相关系数，其动态变化时序如图7－4所示。

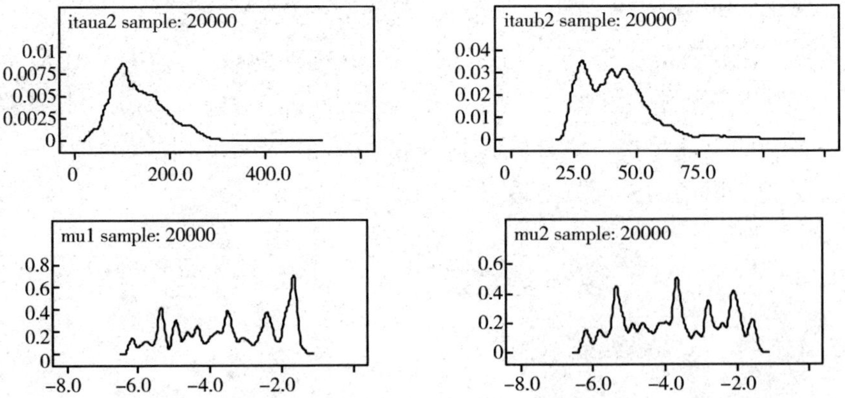

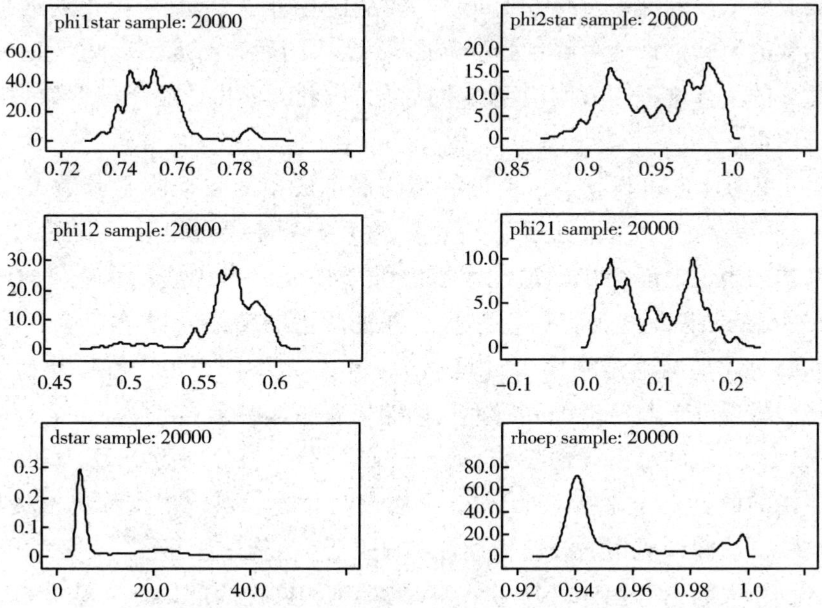

图 7 -3　上证综指、深证成指 MSV - t 模型参数后验分布密度图

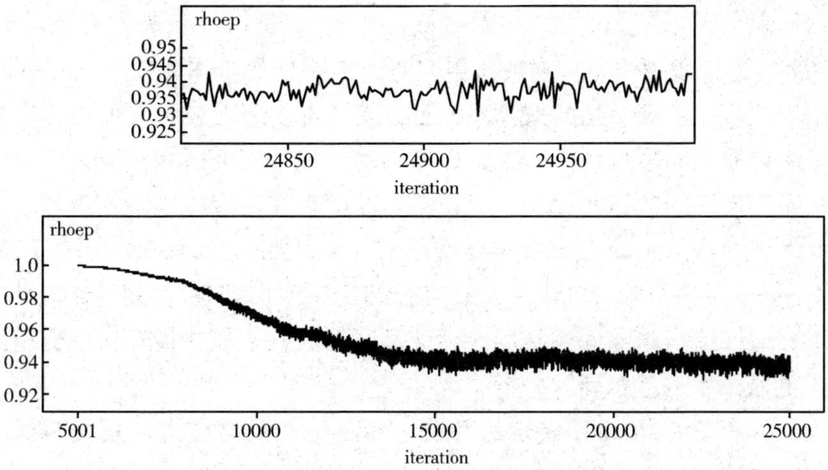

图 7 -4　上证综指与深证成指 MSV - t 相关系数的动态估计图

7.4.2.2　结果分析

从表 7 -7 中可以看出，沪深 MSV - t 的参数估计值与 MSV - N 的结果一样，其蒙特卡洛标准差（MC error）与对应的标准差（SD）相比远远小于1，表明参数的后验估计值可靠性强。从图7－3中的后验密度图、图7－4中的相关系数ρ的演算过程图表明模型参数收敛，因此，便可以利用模型参数估计结果进行解释。

第一，在t分布假设下，上证综指与深证成指的波动水平参数μ_1、μ_2分别是－3.479和－3.736，上证综指的μ_1约大于深证成指的μ_2，说明二者波动水平基本相当，上证综指的波动水平略强于深证成指的波动水平。这与一元SV－t得出的结论是上证综指μ略大于深证成指的结论（见第6.4节）相同，而与MSV－N的结论是略小于（见第7.4.1节）不同，说明在厚尾假设条件与正态假设条件下对波动的联动性估计结果有明显的影响。

第二，反映波动持续性参数ϕ_1^*、ϕ_2^*的后验均值分别为0.7531和0.9478，深证成指的值更大，并更接近于1，显然表明我国股票价格指数仍然是具有波动集群特征，深证成指的波动持续性明显强于上证综指。但这与一元SV－t得出的区别不大结论有差异，与MSV－t的结论相同，因此，孤立地分析上证综指与深证成指的波动集群特征而得出的结论还不够全面，有待于从二者相互影响的角度来展开。

根据MSV－t模型设计，其假定是，$\phi_{12}^* \neq 0$，$\phi_{21}^* \neq 1$，实际的结果是，$\phi_{12}^* = 0.5659$，$\phi_{21}^* = 0.08985$，直观数据表明，上证综指与深证成指间存在双向的波动溢出效应，上证综指的波动对深证成指波动的影响较大，而深证成指波动对上证综指波动的影响较小，上证综指波动领先于深证成指波动。从t分布与正态分布假设下的数据对比分析，在考虑波动存在尖峰厚尾特征条件下，深证成指对上证综指的波动溢出效应要小很多（ϕ_{21}^*分别为0.08985和0.193），结论与Granger因果检验、MSV－N的实证结论一致，即在考虑波动厚尾特征的条件下，上证综指与深圳成指的波动性是联动的，上证综指对深证成指波动溢出效应更强，而不是相反。

第三，MSV－t模型中特定的参数d^*是t分布的自由度，其表明样本数据的尖峰厚尾特征，上证综指与深证成指之间的d指是10.87，数值较小，说明我国股价指数的确存在尖峰厚尾特征，这与描述统计的结论一致。

第四，ρ的值是0.9552，趋于1，说明t分布假设下，上证综指与深证成指的波动率存在非常高的正相关关系。其与MSV－N对应的ρ值相比略大，但都落在高相关的区间，说明不论是从标准的正态分布出发，或是遵循波动性的厚尾特征来展开波动联动性分析，其拟合结果都表明沪深股票市场的波动具有联动性。

7.4.3　结论及经济解释

描述统计、SV－N 和 MSV－N 模型估计结果一致表明，我国上证综指的波动性弱于深证成指，上证综指波动性影响着深证成指的波动。实证结论的经济解释有：一方面，我国上海证券交易所与深圳证券交易所的市场定位有差异，上交所以主板为主，深交所逐渐演变为以中小板和创业板为主。这种结构本身就意味着上海股票市场更能从整体上反映我国宏观经济的走势与实体经济的运行情况，从整体和长期看，股市的波动是国民经济、实体经济周期波动与运行的真实反映，因此，上证综指波动能够率先、全面地反映出中国股票市场波动性。这一点从沪深 300 指数的样本股构成中上交所有 179 只样本股、深交所有 121 只样本股来得到进一步验证。另一方面，虽然从我国股票市场的整体上看，深圳股票市场的波动处于从动地位，但单独分析深证成指的波动性看，沪深市场的波动水平和持续差异不大。

再者，波动联动性分析的对象，上交所是上证综指，深交所是深圳成指，上证综指涵盖沪市全部上市公司，而深证成指则是选择部分上市公司为样本，其数量明显要少，显然，成分指数的波动性要强于综合指数，因而深圳成指的波动率更大。

MSV－N 与 MSV－t 模型估计结果表明，上证综指与深证成指的波动联动性是显著成立的，但也有细微的差别，就是正态分布下上证综指的波动水平略弱，而 t 分布假设下深证成指的波动水平略弱。估计结果的经济解释有：一方面，上证综指的尖峰特征和深证成指的厚尾特征的确存在，投资者不自觉地采取与尖峰厚尾波动特征相适应的投资策略，典型就是投资大盘蓝筹股以沪市为主，投资中小盘成长股以深市为主，当市场投资以成长股为主线时，深市的波动性水平就高，波动持续性就强，而市场的蓝筹投资占上风时，沪市的波动水平就高，波动持续性就强。投资者这样的羊群行为会进一步强化沪深股票市场的波动特征，因此，MSV 分析在正态和 t 分布假设下有差异。另一方面，选取的样本区间是 2005～2012 年，期间经历我国股票市场中最牛的牛市，也经历漫长的熊市，由于在样本期间我国股票市场以做多为主，缺乏真正的做空机制，虽然后来陆续推出了融资融券措施与股票指数期货，但也是有条件的有限参与，对个股仍然没有做空机制，因此，上升牛市与下跌熊市的波动性在我国有明显的差异，而在不同假设下的差异化结论与这样的情况是相符的。

7.5 中外股市间随机波动联动性实证结果及分析

本章主要研究基于 MCMC 的股票市场随机波动联动性，遵循先分析沪深股票市场波动的相互影响，后分析海外股票市场对沪深股市的影响，先从正态分布假设后从 t 分布假设展开，上节分析了国内的情况，本节分析中外股市间随机波动联动性。根据 Granger 因果检验的结论，本书重点分析道琼斯指数—上证综指、道琼斯指数—深证成指、恒生指数—深证成指的 MSV－N 和 MSV－t的情形。

7.5.1 道琼斯指数对上证综指的波动联动性分析

7.5.1.1 道琼斯指数—上证综指 MSV－N

与上证综指—深证成指的 MSV－N 估计结果一样，道琼斯指数—上证综指之间的 MSV－N 模型中各种参数的 MCMC 估计值的统计特征如表 7－8 所示。

表 7－8 美股道琼斯指数与上证综指 MSV－N 模型参数估计结果

指数	假设	参数	均值	标准差	MC 误差	2.5% 分位数	中位数	97.5% 分位数
道琼斯指数—上证综指	正态分布	μ_1	－8.864	1.362	0.1133	－10.27	－9.442	－5.261
		μ_2	－6.873	1.783	0.1499	－8.993	－7.614	－3.463
		τ_1	29.22	6.42	0.4856	17.47	29.09	42.32
		τ_2	124.2	48.1	3.948	53.2	116.4	222.6
		ϕ_1^*	0.9885	0.003553	2.027E－4	0.9809	0.9887	0.9949
		ϕ_2^*	0.9953	0.002469	1.387E－4	0.9898	0.9956	0.9992
		ϕ_{12}^*	0.02557	0.009797	4.825E－4	0.007517	0.02508	0.04644
		ϕ_{21}^*	8.795E－4	0.003494	2.023E－4	－0.005813	7.665E－4	0.007987
		ρ	0.4036	0.3785	0.03185	0.05266	0.155	0.991

注：1 表示道琼斯指数，2 表示上证综指。由 2.5% 百分位数与 97.5% 百分位数所形成的区间如同统计上的置信水平为 95% 的置信区间，可以检验系数的显著性。

为了进一步说明参数估计值的收敛性，利用 WinBUGS 计算结果给出主要反映参数收敛对应的后验分布图，如图 7－5 所示。根据模型的估计结果可以计算出道琼斯指数与上证综指波动率序列的相关系数，其演算过程、动态变化时序如图 7－6 所示。

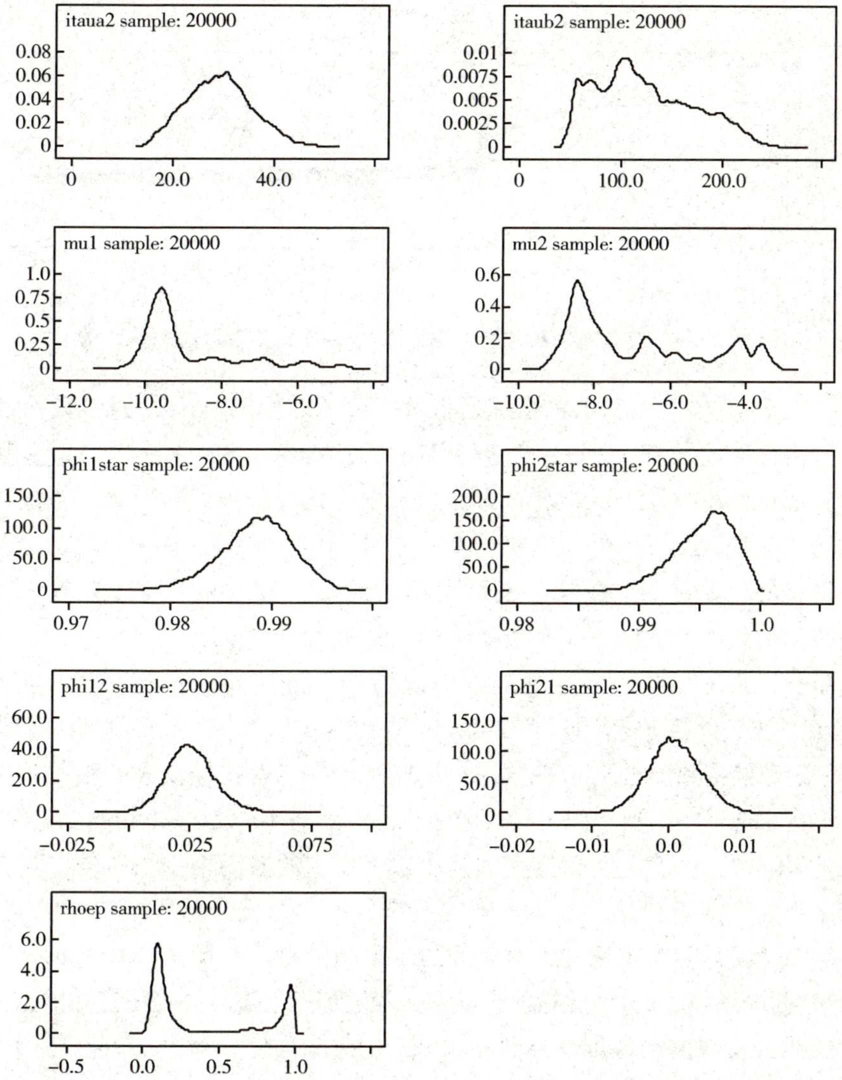

图 7－5　美股道琼斯指数与上证综指 MSV－N 模型参数后验分布密度图

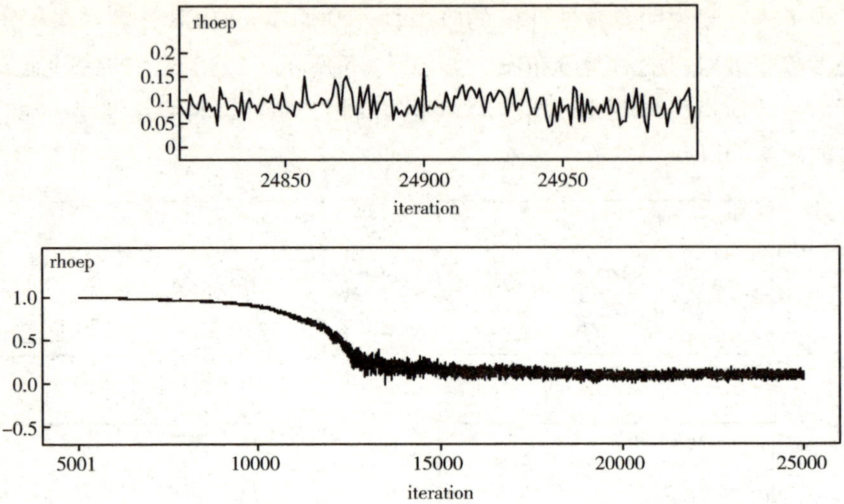

图 7-6 道琼斯指数与上证综指 MSV-N 相关系数动态估计图

从表 7-8 中可以看出，道琼斯指数—上证综指 MSV-N 的参数估计值的蒙特卡洛标准差（MC error）相当于对应的标准差（SD）的 1/10，表明参数的后验估计值可靠性强。从各个参数后验密度估计曲线的图形看，参数不同曲线也随之改变，除 ρ 之外，其余的都是单峰分布。相关系数 ρ 的动态图表明其处于稳定的收敛状态。在确定模型参数达到收敛后，说明模型的估计是有效的，模型估计的参数在一定程度上可以说明其经济含义。

第一，道琼斯指数与上证综指的波动水平参数 μ_1、μ_2 分别是 -8.864 和 -6.873，上证综指的 μ_1 明显大于道琼斯指数的 μ_2，表明上证综指的波动水平显著强于道琼斯指数的波动水平，这与描述统计中二者差异较大的结论相同，与上证综指、道琼斯指数一元 SV-N 模型的波动水平比较结果也相同。MSV-N的实证结果表明，虽然上证综指在国内股票市场中的波动率水平较低，其更多地反映了宏观经济走势的大周期和长期趋势，但是，从全球股票市场的角度看，上证综指是新兴股票市场的代表，而道琼斯指数是成熟股票市场的标杆，新兴股票市场不够成熟，上证综指的波动水平较道琼斯指数较高就是显然的。

第二，反映波动持续性参数 ϕ_1^*、ϕ_2^* 的后验均值分别为 0.9885 和 0.9953，其值大小相当，接近于 1，表明道琼斯指数、上证综指在样本期间有明显的波动持续性，有集群性质，这与一元 SV-N 模型得出上证综指、道琼斯指数的 ϕ^* 值大小差异不大的结论基本相同。可以进一步推断，波动的集群特征在新兴股票市场与成熟股票市场普遍存在，与股票市场的成熟程度没有直接关系。

而反映股票指数间波动溢出效应的参数 $\phi_{12}^{*}=0.02557$，$\phi_{21}^{*}=0.00008795$，其大小差异不在一个数量级上，表明道琼斯指数对上证综指波动的溢出效应远远大于上证综指对道琼斯指数，上证综指对道琼斯指数的波动溢出效应基本可以忽略不计，这与 Granger 因果检验表明道琼斯指数波动是上证综指波动的 Granger 因相符，说明新兴股票市场的波动是从动，而成熟市场的波动是主动。与国内市场沪深之间的 ϕ_{12}^{*} 和 ϕ_{21}^{*} 值比较，其值要小很多，也不在一个数量级上，说明国内市场之间的波动联动性明显强于国外市场。

第三，相关系数 ρ 的值是 0.4754，说明上证综指与道琼斯指数的波动率存在正相关关系，即上证综指与道琼斯指数具有相近的波动趋势。但其与沪深指数间 MSV－N 模型估计出的 ρ 值（0.9533）相比要小得多，不属于高相关的范畴了，说明我国国内市场波动的溢出效应要比中外市场的强得多。而相关系数计算表明道琼斯指数与上证综指的相关性高，而道琼斯指数波动水平与上证综指波动水平之间的相关性较弱的结论在 MSV 分析中得到了解释。

7.5.1.2　道琼斯指数—上证综指 MSV－t

道琼斯指数—上证综指的 MSV－t 估计过程与 MSV－N 模型一样，各种参数的 MCMC 估计值的统计特征如表 7－9 所示。只不过由于 t 分布假设，其参数比 MSV－N 模型多出一个自由度变量 d^{*}。

表 7－9　　美国道琼斯指数与上证综指 MSV－t 模型参数估计结果

指数	假设	参数	均值	标准差	MC 误差	2.5% 分位数	中位数	97.5% 分位数
道琼斯指数—上证综指	t 分布	μ_1	－8.391	1.814	0.152	－10.49	－9.366	－4.526
		μ_2	－6.466	2.284	0.1922	－9.091	－7.345	－2.489
		τ_1	－6.466	2.284	0.1922	－9.091	－7.345	－2.489
		τ_2	128.2	62.0	5.127	55.01	112.3	286.4
		ϕ_1^{*}	0.9906	0.003232	1.971E－4	0.9834	0.9908	0.9961
		ϕ_2^{*}	0.996	0.00254	1.592E－4	0.9899	0.9965	0.9995
		ϕ_{12}^{*}	0.02112	0.008521	4.834E－4	0.005863	0.02066	0.03905
		ϕ_{21}^{*}	5.462E－4	0.003304	1.793E－4	－0.005503	2.859E－4	0.007945
		d^{*}	17.37	8.736	0.6947	4.887	18.59	33.62
		ρ	0.5002	0.4104	0.03454	0.04946	0.3105	0.9973

注：下标 1 表示道琼斯指数；下标 2 表示上证综指。由 2.5% 百分位数与 97.5% 百分位数所形成的区间如同统计上的置信水平为 95% 的置信区间，可以检验系数的显著性。

为了进一步说明参数估计值的收敛性，我们利用 WinBUGS 计算结果给出主要反映参数收敛对应的后验分布图，如图 7－7 所示。根据模型的估计结果可以计算出道琼斯指数与上证综指波动率序列的相关系数，其演算过程、动态变化时序图如图 7－8 所示。

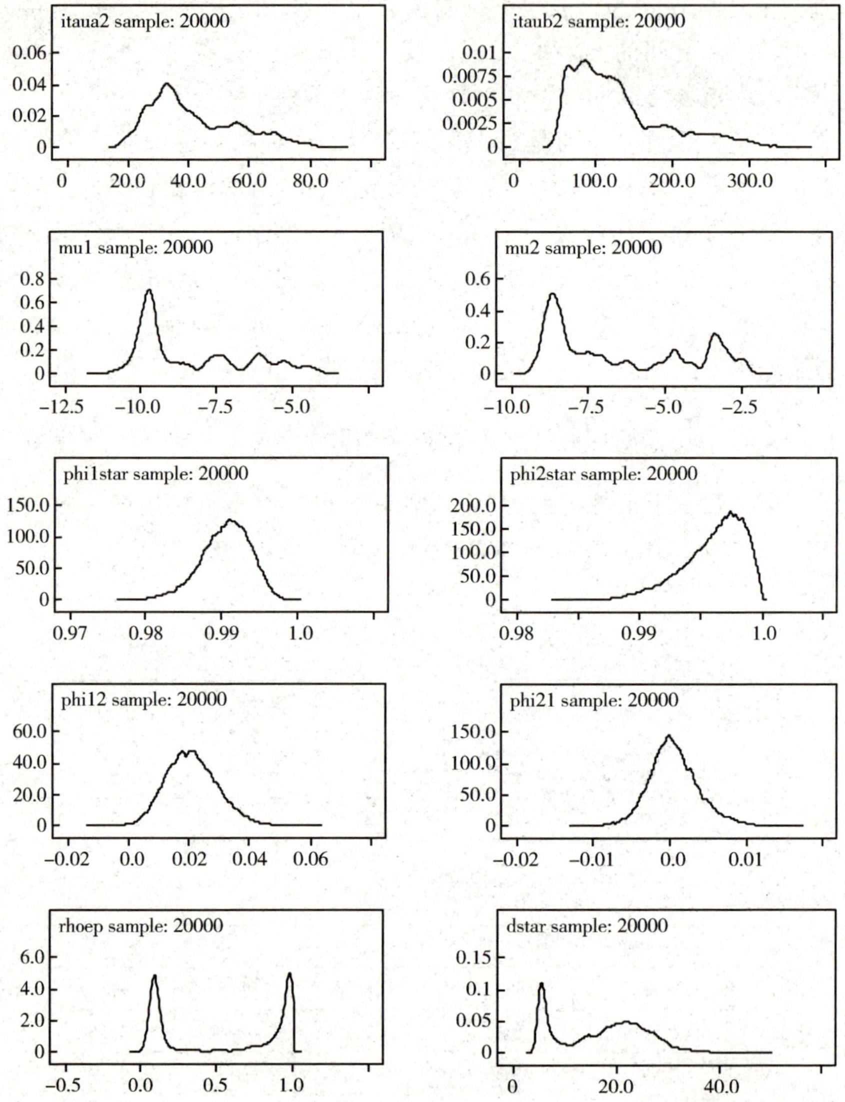

图 7－7 道琼斯指数与上证综指 MSV－t 模型参数后验分布密度图

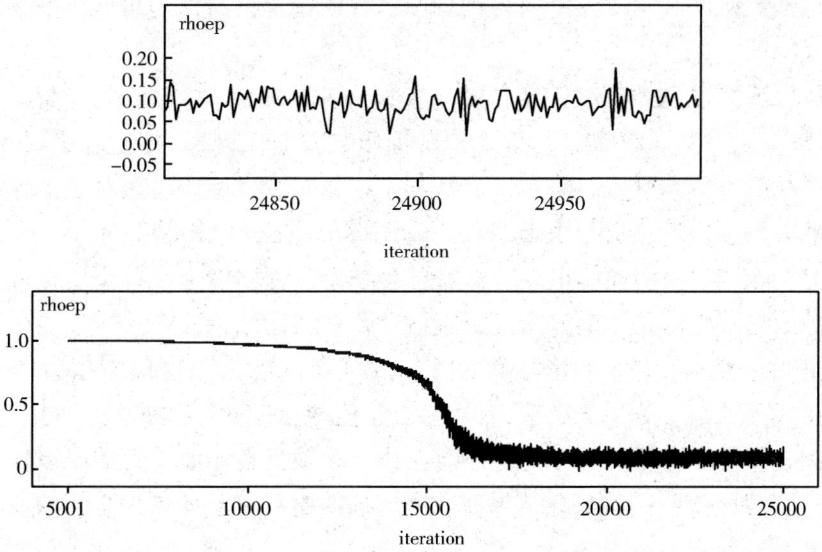

图 7-8　道琼斯指数与上证综指 MSV-t 相关关系的动态轨迹图

从表 7-9 中可以看出，道琼斯指数—上证综指 MSV-t 的参数估计值的蒙特卡洛标准差（MC error）相当于对应的标准差（SD）的 1/10，表明参数的后验估计值可靠性强。从各个参数后验密度估计曲线的图形看，参数不同曲线也随之改变，除 ρ 之外，其余的都是单峰分布。相关系数 ρ 的动态图表明其处于稳定的收敛状态。在确定模型参数达到收敛后，便可以利用模型参数估计结果进行解释。

第一，在 t 分布假设下，道琼斯指数与上证综指的波动水平参数 μ_1、μ_2 分别是 -8.391 和 -6.466，上证综指的 μ_1 大于道琼斯指数的 μ_2，表明上证综指的波动水平略强于道琼斯指数的波动水平，这与描述统计、一元 SV-t、MSV-N 模型得出的道琼斯指数在样本期间比上证综指波动率要小的结论保持一致。虽然不同模型从不同角度运用不同假设来论证波动的联动性，但结论一致，道琼斯指数波动率比上证综指小的结论可信度较高。而上证综指与深证成指之间的 MSV-N 与 MSV-t 之间却结论不同，说明中国国内股票市场价格指数的尖峰厚尾特征更突出。

第二，反映波动持续性参数 ϕ_1^*、ϕ_2^* 的后验均值分别为 0.9906 和 0.996，其值大小相当，接近于 1，表明道琼斯指数、上证综指在样本期间有明显的波动持续性，有集群性质。同时，这与一元 SV-t、MSV-N 得出的结论基本相同，但其数值比对应的 MSV – N 的值略大，说明集群特征通过 t 分布假定更能刻画其特征。

从反映波动溢出效应的参数 ϕ_{12}^* 和 ϕ_{21}^* 的情况看，估计结果是 $\phi_{12}^* = 0.02112$，$\phi_{21}^* = 0.00005462$，表明道琼斯指数与上证综指之间存在微弱单向波动溢出效应，基本可以忽略不计。从相互比较看，道琼斯指数对上证综指的波动影响大得多，不是一个数量级的，这与 Granger 因果检验、MSV – N 得出的结论完全相同，说明尖峰厚尾分布特征在波动的溢出性上没有作用，进一步强化道琼斯指数波动是主动、上证综指波动是从动的结论。

第三，相关系数 ρ 的值是 0.5002，说明上证综指与道琼斯指数的收益率存在正相关关系，其与 MSV – N 对应的 ρ 值相比略大，但都处于同一类相关的区间，说明不论是从标准的正态分布出发，或是遵循波动性的厚尾特征来展开波动联动性分析，其拟合结果都表明道琼斯指数与上证综指之间的波动具有联动性。

第四，刻画样本数据尖峰厚尾特征的参数 d^*，是 MSV – t 比 MSV – N 多出来的特定参数，d^* 是 t 分布的自由度，值为 17.37，比上证综指与深证成指之间的 d^* 值要大，说明我国股价指数之间存在尖峰厚尾特征更突出，这与描述统计的结论一致。

7.5.1.3 结论及原因分析

不论是 MSV – N 或者是 MSV – t 模型的实证结论都表明，道琼斯指数的波动水平更低，上证综指波动水平更大，主要是道琼斯指数波动影响上证综指，而不是相反，道琼斯指数与上证综指之间的波动联动性远远小于沪深之间。其背后的经济、市场方面的原因有：

首先，道琼斯指数与上证综指之间的波动溢出效应的传递路径中有国家与国家之间的壁垒，而沪深之间波动溢出却在一个国家内部市场之间完成。显然，国家之间的股票市场波动溢出涉及资本市场开放程度、货币汇率、资金流动、金融监管等方方面面的内容，而一国内部不同市场之间则能快速流动。

其次，道琼斯指数代表的是全球最发达的经济体、最完善的金融市场体系、最成熟的投资者，其一直是全球经济、金融走势的风向标，而上证综指则是新兴经济体股票市场的代表，但市场体系单一，投资机制单向，投资者不够理性，其涨跌波动只能代表自身市场的趋势。

最后，由于我国目前实施的是人民币经常项下的自由兑换，而资本市场没有对外开放，人民币国际化程度不够高，人民币汇率形成制度正在逐步改革完善中。因此，我国股票市场相对封闭，独立运行，目前唯一的合法正规通道只有合格的境外机构投资者（QFII）可以在额定的范围内投资中国股票市场，国内投资者也只有通过合格的境内机构投资者（QDII）在额定的范围内投资海外市场。这些因素综合起来促使上证综指涨跌波动的溢出没有直接路径，反过来，道琼斯指数的波动对上证综指的溢出效应传递也没有直接的通道，更多是影响投资者情绪和信心。

7.5.2　恒生指数对沪深股指的波动联动性影响分析

7.5.2.1　恒生指数与沪深股指的波动联动性实证结果

恒生指数对沪深股指的波动联动性的实证分析过程与前述完全一样，笔者选取了恒生指数—上证综指、恒生指数—深证成指的 MSV－N 和 MSV－t 的四种情形分别进行，为了表述方便，也不与前述内容重复，四种情形的估计结果统一如表 7－10 所示，具体给出了 MSV－N 模型参数均值、MC 误差两项主要指标，而没有列出参数估计值的标准差、2.5% 分位数、中位数和 97.5% 分位数的结果。

表 7－10　　恒生指数与上证综指、深证成指波动联动性参数估计结果

市场	恒生指数—上证综指				恒生指数—深证成指			
假设	正态分布		t 分布		正态分布		t 分布	
参数	均值	MC 误差	均值	MC 误差	均值	MC 误差	均值	MC 误差
μ_1	－7.514	0.1559	－7.876	0.1376	－8.125	0.1502	－8.849	0.1032
μ_2	－7.086	0.1424	－7.365	0.1277	－7.274	0.1444	－7.988	0.08344
τ_1	101.6	3.278	88.2	1.946	77.95	2.125	88.81	2.303
τ_2	77.71	2.076	88.88	2.41	70.52	1.951	72.27	1.783
ϕ_1^*	0.9931	1.598E－4	0.9935	1.63E－4	0.9939	2.003E－4	0.9934	1.888E－4
ϕ_2^*	0.9917	2.637E－4	0.993	2.331E－4	0.99	2.797E－4	0.9896	2.709E－4
ϕ_{12}^*	0.01402	3.021E－4	0.01229	3.256E－4	0.01376	4.416E－4	0.01646	4.057E－4
ϕ_{21}^*	0.00736	3.189E－4	0.005991	3.649E－4	0.007525	2.863E－4	0.007987	2.984E－4
ρ	0.7528	0.01698	0.7238	0.01789	0.6501	0.01826	0.5825	0.01577
d^*	—	—	18.07	0.7387	—	—	15.16	0.6668

注：下标 1 表示恒生指数；下标 2 表示上证综指或者深证成指。

为了进一步说明参数估计值的收敛性，可以给出利用 WinBUGS 计算结果的主要反映参数收敛对应的后验分布图，图形与前述基本相同，不再展示。只给出了恒生指数与上证综指、深证成指的四种情形的相关系数的动态轨迹图，如图 7 - 9 所示。

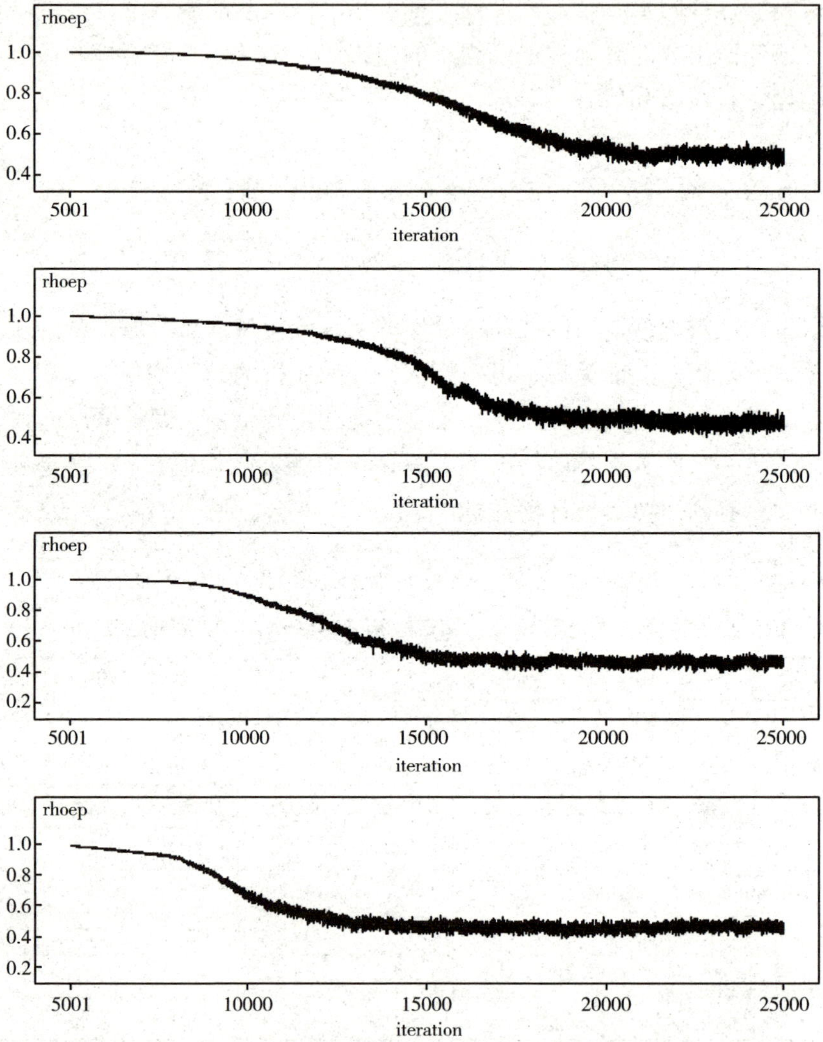

图 7 - 9 恒生指数与上证综指 MSV - N 相关系数的动态轨迹图

从表 7 - 10 中可以看出，恒生指数与上证综指、深证成指的 MSV - N、MSV - t 的参数估计值比与其对应的蒙特卡洛误差（MC error）要大一个数量级，而且表中没有罗列出来的标准差、中位数、2.5% 分位数及 97.5% 分位数也都表明参数的均值估计值可靠，而且图 7 – 9 也表明四种情形下的相关系数 ρ 处于收敛状态，因此，可以用模型参数估计结果进行有效分析。

第一，四种模型下的波动水平参数 μ_1、μ_2 估计值都显示 $\mu_1 < \mu_2$，说明恒生指数整体上的波动性比上证综指、深证成指的要小，这与描述统计的结论、一元 SV – N 和 SV – t 得出的结论相互印证。从具体差值看，虽然要小，但二者的差值不大，同道琼斯指数与上证综指的差值相比要小一些，说明以道琼斯指数为代表的美国股票市场与上证综指之间波动的联动性要弱于恒生指数为代表的香港股票市场。从分布假设看，正态分布与 t 分布下的波动水平参数的差异几乎可以忽略不计，说明尖峰厚尾的波动特征在香港与内地股票市场的联动性体现得不充分。从沪深股市看，恒生指数与深证成指的 μ_1、μ_2 均要小于恒生指数与上证综指的 μ_1、μ_2，说明恒生指数与深证成指之间波动的联动性更一致，直接的表现就是深圳股市更易于受到香港市场波动的影响。

第二，反映波动持续性参数 ϕ_1^*、ϕ_2^* 的后验均值在四种模型的估计值均在 0.99 以上，接近于 1，表明恒生指数、上证综指、深证成指在样本期间有明显的波动持续性。从估计值看，$\phi_1^* \approx \phi_2^*$，说明恒生指数与上证综指、深证成指之间波动的持续期间步调几乎一致，而且不受分布假设的影响。从道琼斯指数与上证综指、上证综指与深证成指对应模型估计值的比较看，ϕ_1^*、ϕ_2^* 的值都具有大小相当且接近于 1 的特征，说明股价指数之间普遍存在波动持续性强、波动的步调一致，这是股票市场间共同的特征。

从反映波动溢出效应的参数 ϕ_{12}^* 和 ϕ_{21}^* 情况看，四种模型的估计结果是 ϕ_{12}^* 明显比 ϕ_{21}^* 要大一个数量级，表明恒生指数对上证综指、深证成指之间的溢出效应要远远强于上证综指、深证成指对恒生指数，即波动溢出不是双向的，而是单向的，这与 Granger 因果检验的结论完全相同。从 ϕ_{12}^* 和 ϕ_{21}^* 的值同上证综指与深证成指之间、道琼斯指数与上证综指之间的值比较看，单向波动溢出效应是共同的，上证综指对深圳成指之间的波动溢出最多，道琼斯指数对上证综指之间的次之，恒生指数对沪深指数的最小。

第三，四种模型估计出的动态相关系数 ρ 的值介于 0.55 ~ 0.75 之间，说明恒生指数与上证综指、深证成指之间波动性存在正相关关系，并且属于中度相关范畴，ρ 指标值再次证实恒生指数与上证综指、深证成指之间波动联动性。从道琼斯指数、恒生指数、上证综指、深证成指四个指数构成的模型估计值 ρ 的比较看，上证综指与深证成指之间属于高相关，恒生指数与沪深指数之间属于中度相关，道琼斯指数与上证综指之间属于接近中度相关，这与四个指数、指数波动率之间的相关系数排序相同（见表 7－1），与反映波动溢出效应的参数 ϕ_{12}^* 和 ϕ_{21}^* 的顺序不一样，说明波动的持续性、溢出效应等特征需要进行专业的深入分析才能得出较为准确的结论，有必要从不同维度去考查波动联动性。

第四，四种模型中关于 t 分布假设的模型中有自由度参数 d^* 的估计值，其值大小适中，表明恒生指数与上证综指、深证成指之间的波动性有一定的尖峰厚尾特征。从相互比较看，d^* 值的大小排序是：恒生指数与上证综指、道琼斯指数与上证综指、恒生指数与深证成指、上证综指与深证成指，显示出我国股票市场的股价指数之间存在尖峰厚尾特征比道琼斯指数更突出，这与描述统计的结论一致。

7.5.2.2 结论与原因分析

四种模型的实证结果都表明，从波动联动性角度分析，恒生指数与上证综指、深证成指之间的波动水平比上证综指与深证成指之间的波动水平要小，比道琼斯指数与上证综指、深证成指之间的波动水平要大，介于二者之间，而且主要是恒生指数影响沪深指数，恒生指数处于主动。同时，恒生指数与沪深指数的相关性也处于中度相关，同样介于上证综指与深证成指、道琼斯指数与上证综指的相关性之间，其背后的经济原因主要有以下三方面。

首先，恒生指数代表的香港地区股票市场属于香港地区国际金融中心的主要构成部分，以金融开放、资本自由流动而著称全球，因此，其波动既受到来自全球各个国家和地区股票市场波动的影响，又受到外汇、期货、期权、债券、黄金等不同类型金融市场波动的影响。因此，其最终的波动性是各种市场力量此消彼长、相互交织影响后达到的均衡，其在实证结果中的波动水平、持续性、相关性等指标值就处于中间状态，介于道琼斯指数与上证综指、上证综指与深证成指对应值之间。

其次，本书从股票市场之间的相互关系角度来研究其波动的联动性，把其他可能的因素均纳入 MCMC 方法中的残差来考虑，比如全球其他股票市场波动带来的影响，伦敦《金融时报》股价指数对恒生指数影响，2005～2012 年样本期间的黄金市场、港元外汇市场的波动性等。因此，直观上香港股票市场与沪深股票市场之间波动联动性应该更强于美国股票市场的结论不成立。这样的规范分析，便于在比较中得出结论，但对一些重要相关因素考虑不够，需要后续进一步研究。

最后，虽然香港地区与上海、深圳都是中国的一个地区，但经济上仍然存在差异，恒生指数与上证综指、深证成指之间波动溢出效应的传递有赖于港元与人民币的自由兑换和流动，以及投资者的自由流动等。一直以来，中国政府陆续出台了一系列支持香港进一步发展以及深化内地与香港经贸金融等方面合作的若干新的政策措施，比如人民币合格境外机构投资者（RQFII）政策，但这些政策与 QFII 的作用一样，规模太小、渠道单一，形成的沪深股市与香港股市之间直接联系不够，更多是通过影响投资者信心和情绪来形成波动溢出效应的。从投资者信心和情绪角度，显然道琼斯指数对包括恒生指数、上证综指在内的全球股价指数走势都有显著的影响，其是波动的原动力所在。

7.6　研究结论

7.6.1　MSV 模型拟合优度比较分析

在上证综指与深证成指、道琼斯指数与上证综指、恒生指数与上证综指、恒生指数与深证成指 MSV－N 及 MSV－t 的波动联动性参数估计结果的基础上，可以采取 MSV 模型拟合优度的判断准则 DIC 来比较模型的优劣。DIC 准则是离差信息准则，DIC 准则与 AIC、BIC 等准则类似，主要考虑模型复杂度与拟合优度之间的折中。这里设模型参数为 θ，$D=-2\log L(\theta)$，L 为模型极大似然估计，$p_D=E(D)-D(E(\theta))$，$\bar{D}=E(D)$，$\hat{D}=D(E(\theta))$，$DIC=\bar{D}+p_D$。据此计算得出的 DIC 值及排序见表 7－11。

表 7－11　美国、中国香港以及沪、深股票市场 MSV 模型拟合优度 DIC 值

市场间	假设	$\bar{D}$	$\hat{D}$	p_D	DIC	排序
上证综指——深证成指	正态	－21541.200	－21973.100	431.899	－21109.300	2
	t 分布	－21732.900	－22309.500	576.635	－21156.300	1
美股道琼斯—上证综指	正态	－18599.500	－18873.400	273.936	－18325.500	3
	t 分布	－17716.800	－17691.200	－25.566	－17742.300	7
香港恒生——上证综指	正态	－17809.000	－17839.500	30.505	－17778.500	6
	t 分布	－18319.800	－18632.200	312.369	－18007.500	5
香港恒生——深证成指	正态	－17789.800	－18067.700	277.937	－17511.800	8
	t 分布	－18776.600	－19259.000	482.388	－18294.200	4

从表 7－11 中可以看出：

第一，运用 MCMC 方法对不同股价指数之间的波动联动性的估计结果中，不论是反映拟合数据质量的，还是反映模型复杂程度的 P_D，或者是 DIC 值，上证综指与深证成指构建模型的拟合优度最好，道琼斯指数与上证综指构建模型的次之，恒生指数与沪深指数构建模型的最差。一元 SV 模型得出拟合优度排序依次是道琼斯指数、恒生指数、上证综指、深证成指，二者差异明显。这种现象的经济意义是，沪、深股票市场是我国股票市场的两个有机组成部分，而美股市场、中国香港市场则是另外一个股票市场，同一个股票市场内不同板块之间的波动更易于传递，产生联动。从建立模型角度看，跨国家或地区后，股票市场波动联动性的传递受到许多市场以外的因素影响，因此，MCMC 的股价指数波动联动性模型适合在一个国家内部不同板块、不同市场之间展开。

第二，从基于正态分布、t 分布假设的不同模型之间 DIC 准则看，四种比较中，三个 MSV－t 模型的拟合优度好于 MSV－N，即上证综指与深证成指、恒生指数与上证综指、恒生指数与深证成指之间构建的模型，另外一个较差，即道琼斯指数与上证综指构建的模型，但 DIC 准则的值差异不大。这说明，虽然样本数据的峰度指标呈现出有尖峰厚尾特征，在二元组合配对形成 MSV 模型中，t 分布与正态分布的拟合结果差异不大，采用正态分布假设来分析、预警股票市场之间的波动联动性是可靠的。

7.6.2 MSV 模型主要参数值比较分析

为了深入比较不同市场之间 MSV 模型估计值的细微差异，找出股票市场随机波动联动性的特征，在单独分析单个模型的基础上对 MSV 模型中反映联动性的三个主要参数即波动溢出参数 ϕ_{12}^*、ϕ_{21}^* 和波动动态相关系数 ρ 进行比较，为了反映 t 分布的差异，对 MSV－t 的自由度参数 d^* 也进行了比较，具体如表 7－12 所示。

表 7－12　美国、中国香港以及沪、深股票市场 MSV 模型主要参数估计值

市场间	假设	波动溢出参数				相关系数		自由度参数	
		ϕ_{12}^*	排序	ϕ_{21}^*	排序	ρ	排序	d^*	排序
上证综指—深证成指	正态	0.6147	1	0.193	1	0.9533	1	—	
	t 分布	0.5659	2	0.08985	2	0.9552	2	10.87	4

续表

市场间	假设	波动溢出参数				相关系数		自由度参数	
		ϕ_{12}^*	排序	ϕ_{21}^*	排序	ρ	排序	d*	排序
美股道琼斯—上证综指	正态	0.02557	3	8.795E-4	7	0.4036	8	—	
	t 分布	0.02112	4	5.462E-4	8	0.5002	7	17.37	2
香港恒生—上证综指	正态	0.01402	6	0.00736	5	0.7528	3	—	
	t 分布	0.01229	8	0.005991	6	0.7238	4	18.07	1
香港恒生—深证成指	正态	0.01376	7	0.007525	4	0.6501	5	—	
	t 分布	0.01646	5	0.007987	3	0.5825	6	15.16	3

表 7-12 显示：

第一，总体上上证综指与深证成指之间属于一类，其他属于另外一类。不论是波动溢出参数 ϕ_{12}^*、ϕ_{21}^*，还是相关系数 ρ，沪深之间构建的模型估计值均与其他结果有显著差异，排序处于前列，t 分布假设模型的自由度参数 d* 也呈现同样的结果。这与模型整体拟合优度的结果相互印证，参数估计值也再次说明沪深股票市场是我国股票市场的两个有机组成部分，而美股市场、中国香港市场则是另外一个股票市场，同一个股票市场内不同板块之间的波动更易于传递，产生联动。

第二，道琼斯指数与沪深指数构建模型的动态相关系数最小，这与直接计算相关系数的结果类似，显示道琼斯指数代表的美国股票市场与我国的相关性不强。但其波动溢出系数 ϕ_{12}^* 却较恒生指数与沪深指数的系数要大，表明我国沪深指数受到道琼斯指数波动的作用要强于恒生指数。相关性不强，波动溢出明显的差异需要专业分析才能发现，在分析我国股票市场随机波动的缘由时，应该遵循这种差异，更加注重以道琼斯指数为代表的美国股票市场波动对我国的影响。

第三，从波动溢出系数 ϕ_{21}^* 看，道琼斯指数与上证综指的值比恒生指数与沪深指数的值要小得多，表明我国上证综指和深证成指的涨跌波动对恒生指数有一点影响，对道琼斯指数的影响几乎没有。市场中出现的我国股票市场的涨跌导致全球主要股价指数的涨跌的论断是没有得到验证的，是不可信的，以道琼斯指数为主的美股市场波动才是导致全球主要股价指数波动的真正原因。基于此，在建立波动联动性的预警机制时，要从 MCMC 估计出发，而不能依靠简单的相关系数分析。

7.6.3 MSV 随机波动联动性研究结论

经过对上证综指、深证成指、道琼斯指数、恒生指数波动观测值之间的相关系数分析、单位根检验、Granger 因果检验、基于 MCMC 方法的模型实证研究，可以得出以下结论：

第一，以上证综指、深证成指为代表的中国内地股票市场与以道琼斯指数为代表的美国股票市场、以恒生指数为代表的中国香港股票市场之间波动存在联动性，表现出不同市场之间波动的溢出效应，不同指数之间波动的相关性。

第二，从波动联动性的类型看，中国沪深股票市场之间的波动联动性属于一类，美股、中国香港股市与沪深股票市场之间的波动联动性属于另外一类，前者检验到的波动联动性较强，后者则较弱。这与一元 SV 得出波动率呈现出的类型特征一致，说明不论是孤立的单一分析还是把股票市场之间联系起来的多元分析，中国沪深股票市场的波动性相对独立，是新兴股票市场的代表，与全球成熟股票市场之间存在波动联动性，但联动性还不强。另一个因素是，上证综指与深证成指之间的波动联动性在一个国家内部市场之间完成，其他与沪深之间的波动联动性是跨国家或者地区之间进行的，其间存在资本市场开放程度、货币汇率、资金流动、金融监管等壁垒，因波动联动性较弱，为此笔者用同样的 MSV 模型检验了道琼斯指数与纳斯达克指数、标准普尔 500 指数之间的情形，同样表明同一国家内部市场之间的波动联动性要更强。

第三，股票市场之间波动联动性的传递路线是：道琼斯指数—上证综指—深证成指，恒生指数对上证综指、深证成指的波动联动性传递不明显。道琼斯指数在波动溢出效应中是主动，恒生指数、上证综指、深证成指都是从动，这进一步解释了一元 SV 得出的结论，道琼斯指数的波动受干扰程度最小，上证综指、深证成指、恒生指数受干扰程度大。笔者检验了道琼斯指数与恒生指数之间的波动联动，同样呈现出道琼斯指数是主动、恒生指数是从动的特征。从波动联动性的传递方向来看，道琼斯指数对恒生指数、上证综指、深证成指是单向的溢出，反向溢出基本没有，恒生指数与上证综指、深证成指之间，以及上证综指与深证成指之间是双向溢出，但后者的强度更明显。

基于 MCMC 方法的几个主要股票市场随机波动联动性普遍存在的经济解

释有，不同股票市场之间既有一些相同的行业也有一些存在内在联系的某些板块。前者如互联网行业，当新技术和新的市场机会出现时，在上海、深圳证券交易所，在美股、中国香港股市的互联网类上市公司会出现共同的机会。后者如某些上市公司同时发行并在不同市场交易的有 A 股、B 股、H 股、N 股等，上市公司生产经营出现的利好、利空情况就会同时在不同的股票市场上反映出来。从股价指数波动联动性角度来探究我国股票市场，增加了分析的维度，后续研究还可从外汇、期货、期权等不同类型的金融市场以及宏观经济运行等方面进一步探究其波动的联动性。

第 8 章

基于 MCMC 的外汇与股票市场随机波动联动性实证分析

前述章节运用 MCMC 方法，通过一元 SV 模型验证了我国上证综指、深证成指呈现出随机波动的特征，通过二元 MSV 模型研究表明，选取的以道琼斯指数为代表的美国股票市场、以恒生指数为代表的中国香港股票市场对上证综指、深证成指的波动性是有显著的联动性特征。但是，众所周知，股票市场的随机波动受到影响的因素众多，在研究了主要海外股票市场对沪、深市场的股价指数随机波动性影响的基础上，需要进一步研究其他金融市场对股价指数随机波动的影响。由于金融市场种类众多，形态各异，按照研究设计，本章选择人民币外汇市场作为其他金融市场的代表来展开研究，而期货市场、货币市场、债券市场、黄金市场、金融衍生品市场等不作为直接研究对象，只是作为利用 MCMC 估计结果、分析中外股市、汇率市场之间波动联动性的经济原因及对策建议时的参考因素。

8.1 样本选择与描述统计

总体上，外汇市场与股票市场波动联动性分析的目的仍然是挖掘以我国上证综指、深证成指为代表的沪深股市波动性的影响因素及影响效果的实证分析，为此，上证综指、深证成指等股票市场样本选择与前述章节完全一样，在本章增加人民币外汇市场的相关样本即可。

8.1.1　样本选择

8.1.1.1　确定样本对象

外汇市场是世界各国货币之间汇兑交易而形成的市场，根据研究目的，本章主要选择与人民币汇率有关并影响我国股票市场的外汇市场。我国股票市场虽然总体上是封闭市场，但仍然有 B 股交易，QDII、QFII 等专门基金，N 股、S 股与 A 股同时上市交易等方式，打开了股票市场与人民币汇率市场波动相互联动的通道，而 B 股交易在沪市是以美元计价，在深市是以港元计价，因此，涉及选择人民币兑美元汇率或是人民币兑港元汇率作为样本对象的问题。考虑到港元采用联系汇率制度，与美元是固定的汇率关系，表现出与美元完全同步的波动特征，因此，选择人民币兑美元汇率市场作为样本对象。

8.1.1.2　样本指标选择

在确定人民币兑美元汇率市场作为样本对象后，人民币兑美元的汇率当然就成为样本指标，但由于人民币兑美元汇率种类繁多，有上海、香港、伦敦等不同交易地区形成的人民币兑美元汇率；有离岸市场也有到岸市场的人民币兑美元汇率；有人民币兑美元的即期汇率、远期汇率、期权汇率；同一种汇率形式也有开盘价、收盘价与中间价的区别，因此，有必要选择具有一定权威性的人民币兑美元汇率的交易数据。显然，中国官方授权的中国外汇交易中心公布的人民币兑美元即期汇率的中间价是市场分析、判断汇率波动的主要指标，为此，本章以此作为实证分析的样本指标。

为了保持与股票市场之间随机波动联动性分析的比较，同时保证全书的逻辑一致性和数据的可比性，在确定人民币兑美元即期汇率中间价为样本指标后，样本期间、数据频率与股票市场的保持完全一样。即：2005 年 7 月 21 日 ~2012 年 12 月 31 日中国外汇交易中心公布的每日人民币兑美元汇率中间价。

8.1.1.3　数据收集

样本数据收集是通过中国外汇交易中心网站下载（中国货币网，http：//www. chinamoney. com. cn），后经作者整理而成。人民币兑美元汇率数据收集后，按照波动观测值计算方法［参见公式（6.1）］进行了处理。

同样，根据股票市场选择样本的原则，对于外汇市场自身的一元 SV 模型的随机波动分析，全部数据纳入研究实证分析，样本量为 1814。而采用二元 MSV 模型对外汇市场与股票市场波动的联动性分析时，选择与股票市场之间的数据口径，样本量为 1716。

8.1.2 描述统计

由于中国沪深股票市场波动性数据在前述章节中已经进行了描述统计分析(见6.2.1 和6.2.2 节相关内容)，因此，本章只对人民币兑美元汇率的波动数据展开。按照描述统计范式，笔者对人民币兑美元汇率波动观测值 y_t 计算其均值、中位数、最大值、最小值、标准差、峰度、偏度、JB 检验等描述指标，如表 8－1 所示。由于汇率波动观测值 y_t 是处理后的数据，不够直观，为此笔者把样本期间人民币兑美元汇率最大、最小波幅前十名统计出来，并找出其对应的时间，如表 8－2 所示。为了后续便于分析比较，笔者也给出了汇率、汇率波动观测值 y_t的走势图，如图 8－1 所示。

表 8－1　　人民币兑美元汇率波动观测值统计表

(2005 年 7 月 21 日 ~2012 年 12 月 31 日)

样本	均值	中位数	最大值	最小值	绝对值最小
1814	2.39E－11	0.000115	0.00370	－0.020171	－1.53E－07
	标准差	峰度	偏度	J-B 检验值	J-B 对应 P 值
	0.000963	109.4905	－5.323209	865698.8	0.0000

表 8－2　　人民币兑美元汇率最大、最小波幅前十名排行榜

(2005 年 7 月 21 日 ~2012 年 12 月 31 日)

序号	最大波幅（涨）	日期	最大波幅（跌）	日期	最小波幅	日期
1	0.3638%	2010.8.12	－2.0322%	2005.7.22	0.000000%	2008.3.3
2	0.3308%	2012.3.12	－0.4330%	2010.6.22	0.000000%	2008.12.4
3	0.3016%	2010.10.20	－0.4045%	2007.6.12	0.000000%	2009.12.29
4	0.3010%	2007.12.6	－0.3732%	2008.9.16	0.000000%	2010.2.2
5	0.3009%	2012.6.25	－0.3499%	2007.12.24	0.000000%	2010.3.8
6	0.2728%	2007.12.17	－0.3449%	2008.2.28	0.000000%	2010.3.18
7	0.2720%	2007.5.15	－0.3435%	2008.9.23	0.000000%	2010.4.6

续表

序号	最大波幅（涨）	日期	最大波幅（跌）	日期	最小波幅	日期
8	0.2550%	2007.7.26	-0.3159%	2007.7.10	0.000000%	2010.4.8
9	0.2543%	2006.8.14	-0.3159%	2008.1.25	0.000000%	2010.6.21
10	0.2500%	2012.7.23	-0.3137%	2008.3.19	0.001237%	2005.11.22
平均	0.29%	—	-0.52%	—	—	—

资料来源：作者收集整理。

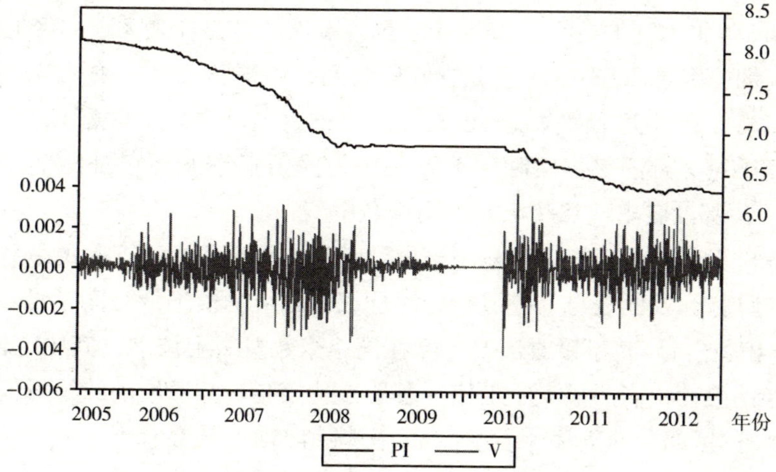

图 8-1　人民币兑美元汇率（PI）及汇率波动观测值（V）趋势图

从图表和描述统计指标可以看出，人民币兑美元汇率波动观测值有以下统计特征。

第一，波动有明显的阶段性特征。不论是人民币兑美元汇率值本身还是汇率波动观测值 y_t，都呈现出阶段性，尤其是在 2008 年美国次贷危机引发的全球性金融危机的背景下，我国汇率主管部门顺应市场的实际和防范金融风险的需要及时调整了汇率的形成机制，从 2008 年 6 月微调为人民币再次钉住美元，直到 2010 年 6 月 19 日国家宣布进一步推进人民币汇率形成机制改革，这期间的汇率波动观测值很微弱，表现在图形上几乎就是一条直线。而 2008 年全球性次贷危机发生之前或之后的相当长一段时间内人民币兑美元汇率波动明显大于其余阶段。另外一个阶段是 2005 年汇改初期，人民币兑美元汇率的波动幅度也明显较小。

第二，人民币汇率形成制度的政策调整是导致汇率波动极值点的主要原因。从样本期间人民币兑美元汇率前十大涨幅、前十大跌幅排名来看，最大跌幅的就是2005年7月21日中国人民银行宣布我国汇率形成制度改为“盯住一篮子货币的有管理的浮动汇率制度”后汇率直接从1美元兑换8.21元人民币升值到8.11元人民币，对应的波动幅度是样本期间最大的，为2.03%。而在前十大涨幅、跌幅中，2007年占据了7席，其背后的政策调整原因是2007年5月18日中国官方宣布银行间即期外汇市场人民币兑美元交易价浮动幅度从0.3%扩大到0.5%，类似的情况也发生在2012年4月14日，汇率交易价波动幅度从0.5%扩大到1%。而2008年占据了4席全部是在最大跌幅区间，导致这种情况的原因是2008年发生次贷危机期间，中国官方没有采取竞争性货币贬值的战略，相对美元而言就出现较大幅度的升值（体现为跌幅）。而当危机期间人民币兑美元汇率再次盯住美元后，人民币汇率波动相对较小，所以在2009年一次都没有出现涨跌幅前十的排名中。

第三，汇率的波动幅度明显小于上证综指、深证成指。把人民币兑美元数据描述统计指标及图表与上证综指、深证成指相应的值进行对比（见6.2.1和6.2.2节相关内容），可以看出二者不在同一个数量级上波动，其中上证综指、深证成指的波动幅度明显大于汇率，其股票价格指数涨跌波动的绝对值常常在1%~10%的区间，而人民币兑美元汇率涨跌波动值却在0.1%~1%的区间。因此，经过计算出来的波动性观测值y_t对应的描述统计值也有一定的差异，比如均值，上证综指的y_t均值是0.000279，而对应的人民币兑美元汇率则是2.39E-11。用道琼斯指数、恒生指数来作同样的对比分析，则可以看出汇率波动与道琼斯指数、恒生指数等更接近一些。需要说明的是，不论是汇率、股价指数的样本数据，经过处理后的波动性观测值本身有待后续通过MCMC专门方法作进一步深入分析。

8.2 人民币兑美元汇率一元SV实证分析

8.2.1 实证过程

实证过程与股票市场一元SV实证完全一样。SV模型仍然分为正态分布、t分布假设两种情形，对应的模型就是SV-N和SV-t。MCMC算法实现过程中的初始值赋值也相同，运行中燃烧退火次数为 10000 次，运行次数为 50000 次，WINBUGS 的运行程序也相同，见附录 1、附录 2。具体过程不再赘述。结果如表 8 - 3 所示。

表 8 - 3　人民币兑美元汇率一元 SV 模型参数估计结果

分布假设	参数	均值	标准差	MC 误差	2.5% 分位数	中位数	97.5% 分位数
正态分布	τ	8.473	1.306	0.04946	6.125	8.384	11.24
	μ	-6.58	0.7661	0.02148	-8.021	-6.6	-5.02
	ϕ^*	0.9994	3.516E-4	2.919E-6	0.9986	0.9994	0.9999
t 分布	τ	340.4	74.89	3.81	221.9	330.8	507.6
	μ	-6.22	0.2715	0.01459	-6.735	-6.229	-5.69
	ϕ^*	0.9998	1.463E-4	2.792E-6	0.9994	0.9998	1.0

8.2.2　一元 SV 模型实证结果分析

8.2.2.1　统计特征

从表 8 - 3 可以看出：

一是在正态分布、t 分布假设下 SV 模型估计的反映汇率波动的扰动性、水平、持续性参数估计值的蒙特卡洛标准差（MC 误差）远远小于标准差，表明三个参数的拟合度较高，估计值可靠性强。这与我国的股价指数——上证综指、深证成指，海外的股价指数——道琼斯指数、恒生指数的实证结果类似，进一步说明采用 SV 模型去分析汇率市场是可行的，股市、汇市之间的波动性有一些共同的特征。

二是正态分布假设下的 SV 模型模拟人民币兑美元汇率波动的三个参数：波动水平参数 μ 的拟合值为 -6.58，波动扰动性参数 τ 是 8.473，波动持续性参数 ϕ^* 是 0.9994，对应的 t 分布假设下的值分别是 -6.22、340.4 和 0.9998。从正态分布和 t 分布的参数估计值比较看，波动水平、波动扰动性的值基本相当，而波动扰动性值差异过大，这说明在 2005 ~ 2012 年的样本期间，人民币兑美元汇率的波动性更符合 t 分布，这与图 8 - 1 中的直观走势相互印证，进一步证实了描述统计的初步判断。背后的实际情况就是美国次贷危机引发的全球金融危机期间，中国人民银行调整了汇率形成机制，改为继续盯住美元，这导致期间的汇率波动观测值几乎没有变化。

三是单一 SV 模型估计出来的汇率波动参数与股市波动参数属于同一类型。波动水平参数 μ 和波动持续性参数 ϕ^* 的拟合值绝对值处于一个数量级。波动扰动性参数 τ 的拟合值有明显的波动，t 分布假设下汇市的 τ 值最大（340.4），正态分布假设下汇市的值最小（8.473），股市对应的值介于其中。最为主要的原因仍然是特定时期的人民币兑美元汇率重回盯住美元带来的几乎没有波动性。这从一个角度说明 SV 模型能够反映出金融市场实际运行中呈现出的某些特征。

为了更全面准确理解 SV 模型估计值的统计特征，MCMC 方法提供了拟合参数的计算过程的指标。

8.2.2.2 后验密度

对 SV 模型各参数进行核密度估计，可以得到模型参数后验分布密度图。图 8－2 和图 8－3 分别对应的是正态分布、t 分布假设下的人民币兑美元 SV 模型参数后验分布密度图。

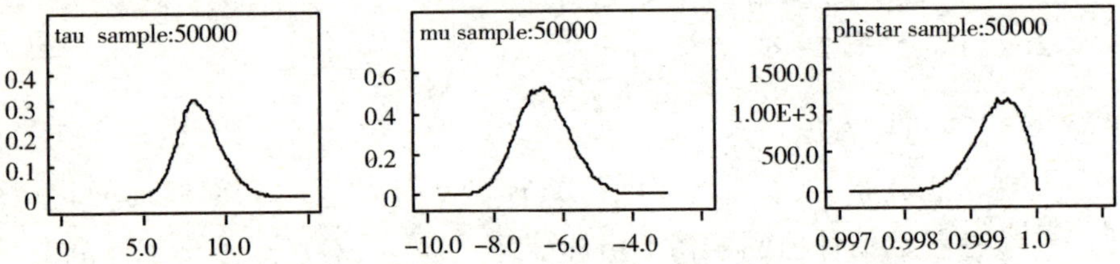

图 8－2 人民币兑美元汇率正态分布假设下一元 SV 模型参数后验分布密度图

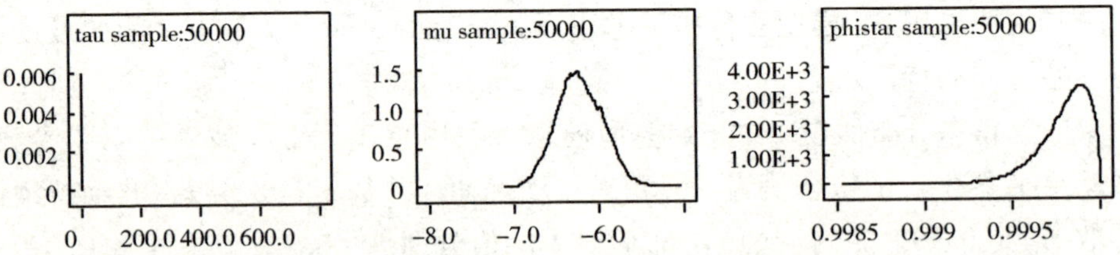

图 8－3 人民币兑美元汇率 t 分布假设下一元 SV 模型参数后验分布密度图

从图 8－2 和图 8－3 中可以看出，不论是正态或是 t 分布假设下，波动水平参数 μ 分布密度数基本是对称的，说明波动水平的估计值与真实值非常接近，误差较小，具有较高的可信度，这与股票市场的情形完全一致。但是，波

动持续性参数 ϕ^* 的后验分布密度图都呈现出比较明显的右偏特征，而且在 t 分布假设下右偏特征更为明显，这与股票市场的情形有区别。波动扰动性参数 τ 的后验分布密度图出现了异常，在 t 分布假设下几乎成为一条直线，这与股票市场的情形有显著的不同。

因此，反映波动性三个主要参数的后验分布密度说明人民币兑美元汇率在样本期间的估计可靠性明显低于股票市场的情形，真实反映了 2007～2012 年的实际运行情况。

8.2.2.3　动态轨迹

通过 WinBUGS 软件可以对 SV 模型运算过程进行监测，可以得到 τ、μ、ϕ^* 的历史运行及动态轨迹，图 8－4 和图 8－5 分别表示的是人民币兑美元汇率在正态分布、t 分布下的 SV 模型参数验算过程图。

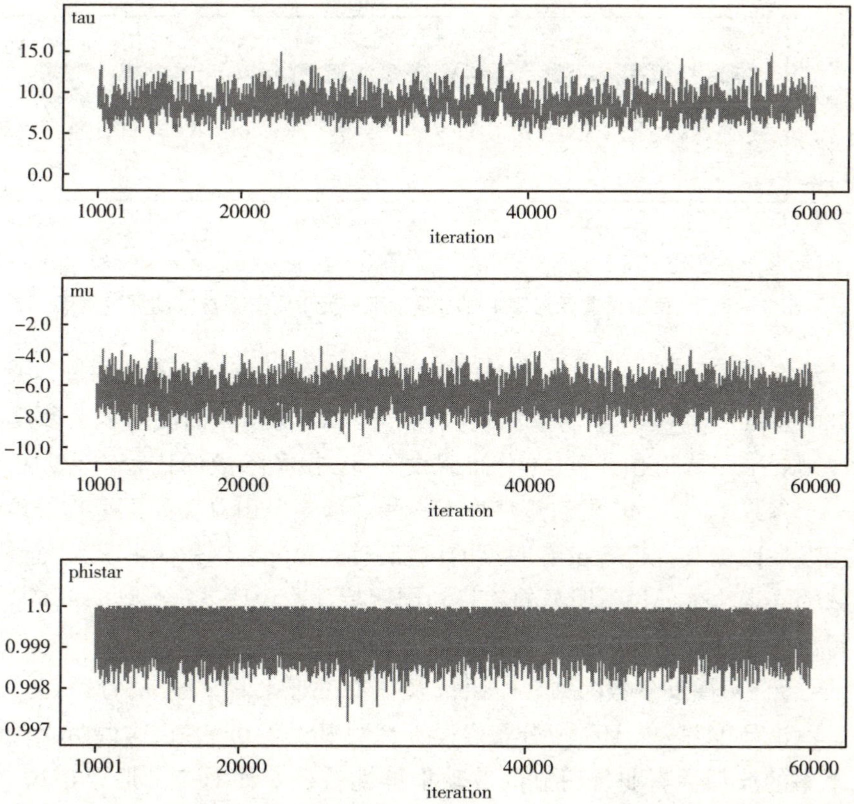

图 8－4　人民币兑美元汇率正态分布假设下一元 SV 模型参数演算过程图

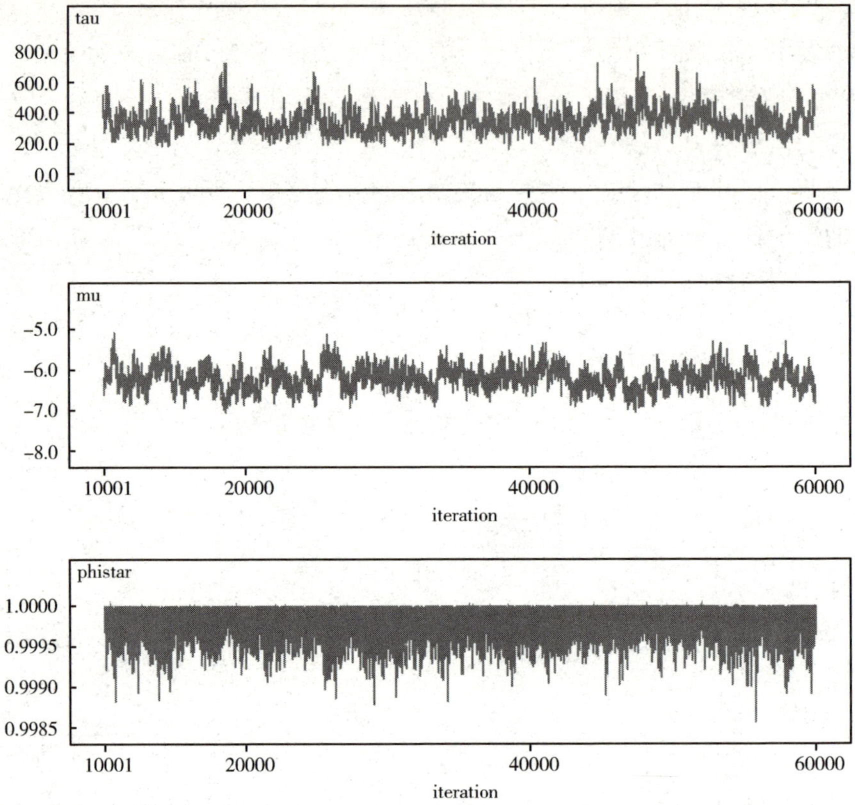

图 8-5 人民币兑美元汇率 t 分布假设下一元 SV 模型参数演算过程图

从动态轨迹图可以看出，波动扰动性参数 τ 的计算轨迹收敛的过程差异更大，波动持续性参数 ϕ^* 的计算轨迹收敛过程最为稳定，而波动水平参数 μ 波的情况则居中。从正态分布、t 分布假设下 SV 模型参数的比较来看，正态分布的三个参数 τ、μ、ϕ^* 的轨迹更稳定一些。从人民币兑美元汇率与股价指数的对应参数比较看，二者没有明显的区别（参见 6.3 节和 6.4 节）。总体看，各参数的样本轨迹都没有明显的趋势和周期特征，说明 SV 模型、MCMC 方法计算得出的样本分布达到稳定状态。

从一元 SV 模型参数的估计结果以及计算过程来看，波动持续性 ϕ^* 的拟合值，不论是正态分布还是 t 分布假设下都明显大于 0.999，这说明人民币兑美元汇率的波动性有非常明显的波动集群性特征。而对应的股票市场 ϕ^* 的拟合值相对较小一点，说明汇率的波动集群特征更为突出。背后的原因是，我国汇率形成制度在 2008 年美国次贷危机后改为重新盯住美元，期间的汇率波动几乎可以忽略不计，表现在波动特征上就是典型的集群性。这样的集群性特征是不是通过特定的渠道传递到我国的股票市场呢？或者说汇率市场、股票市场都呈现出的波动集群性特征之间有没有联动性呢？这有待进一步深入分析。

8.3　人民币兑美元汇率与股市随机波动联动性实证分析

根据整体的研究思路，为了便于分析比较研究的结论，在外汇市场与股票市场之间随机波动联动性分析仍然沿用股票市场之间波动联动性的范式。即先一般性分析二者的相关性、因果检验，再应用二元 MSV 模型进行实证。需要说明的是，考虑到项目研究的目的是探寻中国股票市场波动性并力图预警波动性，因此，本节不再分析汇率波动与道琼斯指数、恒生指数，只是分析汇率波动与上证综指、深证成指的波动联动性关系。

8.3.1　汇率与股市随机波动的描述统计

与不同股票市场之间波动联动性分析一样，笔者先就人民币兑美元汇率与股价指数进行初步统计分析。

8.3.1.1　相关关系分析

为了更为直观，计算了汇率与上证综指、深证成指之间的相关系数，同时计算了三者之间波动观测值之间的相关系数，结果如表 8 - 4 所示。从计算结果看：一是人民币兑美元汇率与股价指数之间的相关系数处于低度相关的范畴，相关性不强，比上证综指与深证成指之间的相关性要弱很多。二是汇市与股市之间经处理后的波动观测值之间的相关系数要大大低于原始数据计算的相关系数，处于不相关的区间。这与上证综指、深证成指波动观测值之间的相关系数变化不大相去甚远。三是汇市与股市的相关系数要远远低于股市之间的相关系数。综合来看，相关系数分析初步说明，以人民币兑美元汇率为代表的汇市波动对股市波动的影响有限，当然这有待进一步的 MSV 波动联动性专门分析。

表 8-4　　人民币兑美元汇率与股价指数及波动性之间相关系数

类型	原始数据			波动观测值 y_t		
	上证综指	深证成指	人民币兑美元汇率	上证综指	深证成指	人民币兑美元汇率
上证综指	1			1		
深证成指	0.9232	1		0.9330	1	
人民币兑美元汇率	-0.1267	-0.4455	1	-0.0730	-0.0692	1

8.3.1.2 因果关系分析

在分析汇率与股市波动性的相关性之后，有必要进一步分析其因果关系。按照 Granger 因果检验的方法，先进行人民币兑美元汇率波动观测值的单位根检验，看是否平稳，再进行计量经济因果关系检验的专门方法——Granger 因果检验，检验结果如表 8-5 所示。

表 8-5　　人民币兑美元汇率波动与股价指数波动因果检验结果

Panel A：人民币兑美元汇率波动观测值的单位根检验结果

变量	水平检验结果			临界标准		结论
	检验形式（C，T，L）	ADF 值	P 值	1%临界值	5%临界值	
人民币兑美元汇率	（1，0，1）	-39.8082	0.0000***	-3.4339	-2.8630	平稳

注：检验形式（C，T，L）中，C、T、L 分别代表常数项、时间趋势和滞后阶数。*** 表示在 1%显著水平上拒绝零假设。

Panel B：人民币兑美元汇率与上证综指、深证成指波动观测值的 Granger 因果检验结果　滞后阶数：2

原假设	F 统计量	0 系数概率	结论
上证综指不是人民币兑美元汇率的 Granger 因	2.65423	0.0706*	拒绝
人民币兑美元汇率不是上证综指的 Granger 因	1.86897	0.1546	接受
深圳成指不是人民币兑美元汇率的 Granger 因	1.06435	0.3452	接受
人民币兑美元汇率不是深圳成指的 Granger 因	1.61935	0.1983	接受

注：*、**、*** 分别表示在 10%、5%、1%的检验水平下通过检验。

从单位根检验结果看，人民币兑美元汇率波动观测值 y_t 是在 1%的置信水平下通过了单位根检验，表明其是稳定的。因此，可以对其开展 Granger 因果检验。

从 Granger 因果检验结果看，上证综指波动是人民币兑美元汇率波动的 Granger 因，但其置信水平是 10%，小于常常要求的 5% 标准。这个检验结果同道琼斯指数与上证综指、深证成指之间的置信水平差距较大。初步说明汇率与股价指数之间的波动性在没有高度相关的前提下，也没有明显的因果关系。需要说明的是，这是应用经典计量经济检验手段得出的结果，有待用 MCMC 的专门方法估计 MSV 模型来进一步阐释。

8.3.2　汇率与上证综指随机波动联动性实证

8.3.2.1　实证过程

遵循研究思路，采用二元 MSV 模型，在正态分布、t 分布两种假设下展开实证（参见第 7.3 节）。在运用 MCMC 实现模型估计时，为了与股价指数之间波动联动性进行参照比较，初始值赋值情况与股票市场一样（见第 7 章表 7 - 3），其中下标为 1 的参数表示人民币兑美元汇率，下标为 2 的参数表示上证综指。确定燃烧次数与迭代次数分别为 5000 次、20000 次。运行 WINBUGS 程序与股票市场二元 MSV 相同，见附录 3、附录 4。

设置好初始值，录入人民币兑美元汇率、上证综指的波动观测值，运行程序后就得到参数的估计结果。

8.3.2.2　实证结果

对汇市、股市随机波动联动性采取了 MSV - N 与 MSV - t 两种模型形式，为了便于对比分析，把实证结果合并予以说明。

各种参数的 MCMC 估计值的统计特征如表 8 - 6 所示，分别具体给出了 MSV - N、MSV - t 模型参数均值、标准差、MC 误差、2.5% 分位数、中位数和 97.5% 分位数的估计结果。

表 8 - 6　　人民币兑美元汇率与上证综指 MSV 模型参数估计结果

假设	参数	均值	标准差	MC 误差	2.5% 分位数	中位数	97.5% 分位数
正态分布	μ_1	-9.678	2.366	0.1975	-11.7	-10.71	-3.162
	μ_2	-6.543	2.483	0.2087	-9.043	-7.534	-0.6486
	τ_1	25.36	6.811	0.5333	16.37	24.09	42.39

续表

假设	参数	均值	标准差	MC误差	2.5%分位数	中位数	97.5%分位数
正态分布	τ_2	82.61	33.82	2.773	34.56	73.4	153.1
	ϕ_1^*	0.9989	7.17E-4	2.509E-5	0.9972	0.999	0.9999
	ϕ_2^*	0.9940	0.002691	1.641E-4	0.9878	0.9944	0.9981
	ϕ_{12}^*	3.428E-4	0.00836	4.057E-4	-0.01586	4.468E-4	0.01669
	ϕ_{21}^*	0.001007	0.001786	1.133E-4	-0.001986	8.06E-4	0.005265
	ρ	0.176	0.4721	0.03968	-0.2523	-0.08351	0.9996
t分布	μ_1	-11.92	2.867	0.2406	-15.15	-12.12	-5.683
	μ_2	-6.804	2.346	0.1973	-8.916	-8.17	-1.538
	τ_1	41.31	18.55	1.527	19.11	34.55	80.48
	τ_2	94.65	34.88	2.847	37.48	92.89	176.2
	ϕ_1^*	0.9981	0.001123	5.501E-5	0.9955	0.9983	0.9997
	ϕ_2^*	0.9946	0.002487	1.475E-4	0.9888	0.995	0.9986
	ϕ_{12}^*	-0.003606	0.006958	3.205E-4	-0.01806	-0.00351	0.01051
	ϕ_{21}^*	0.001174	0.002376	1.424E-4	-0.02378	6.665E-4	0.006581
	d^*	13.36	8.192	0.6643	4.07	13.31	29.96
	ρ	0.2219	0.4876	0.04094	-0.3471	-0.07468	0.9986

注：1表示人民币兑美元汇率，2表示上证综指。由2.5%百分位数与97.5%百分位数所形成的区间如同统计上的置信水平为95%的置信区间，可以检验系数的显著性。

同样，WinBUGS能够提供参数估计计算过程的数据。

图8-6是人民币兑美元汇率与上证综指MSV-N模型参数后验分布密度图。图8-7是人民币兑美元汇率与上证综指MSV-t模型参数后验分布密度图。

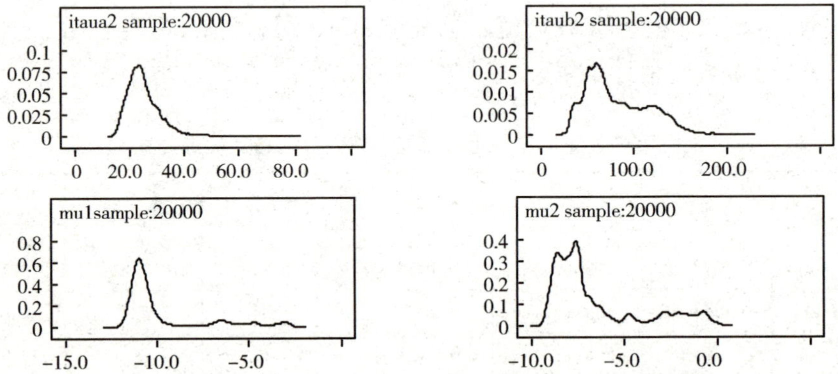

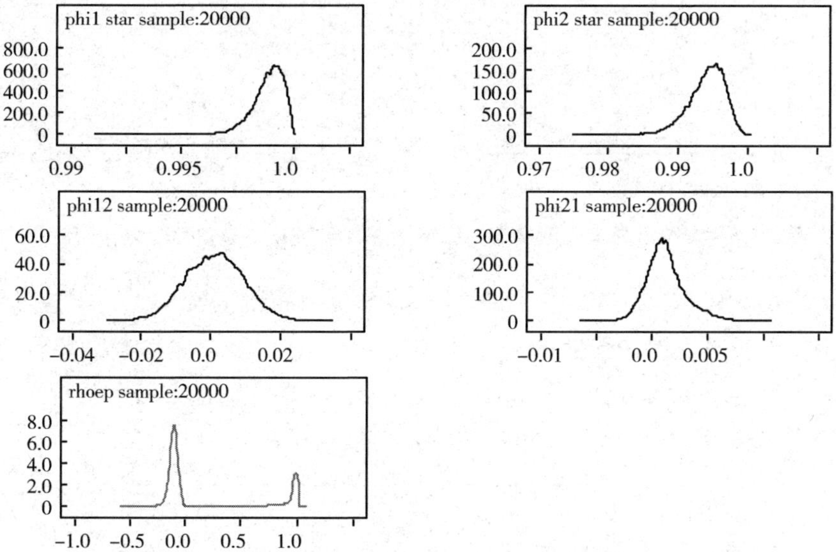

图 8-6　人民币兑美元汇率与上证综指 MSV-N 模型参数后验分布密度图

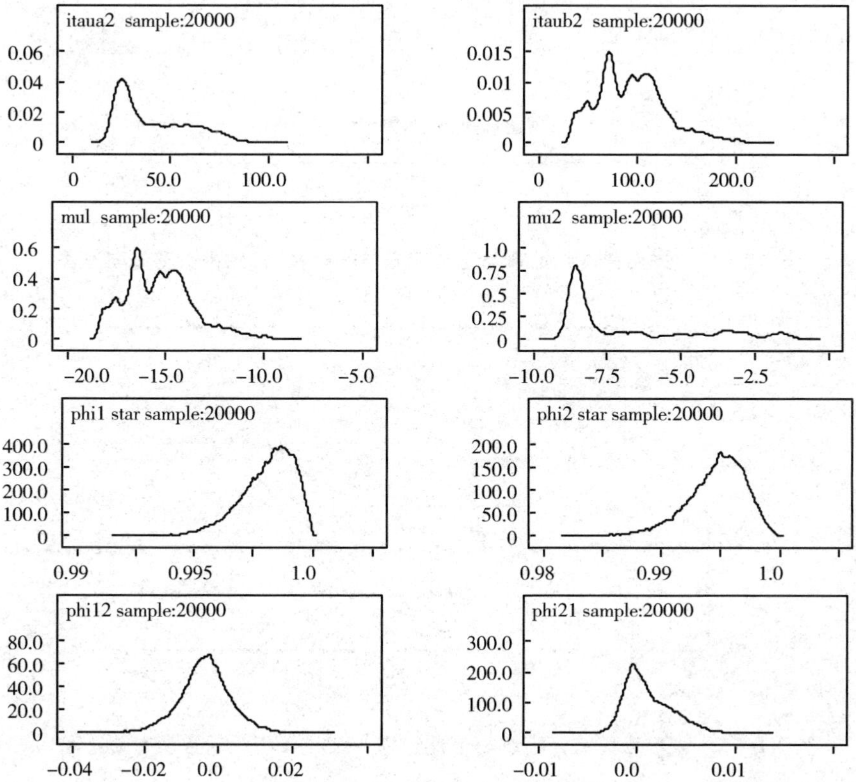

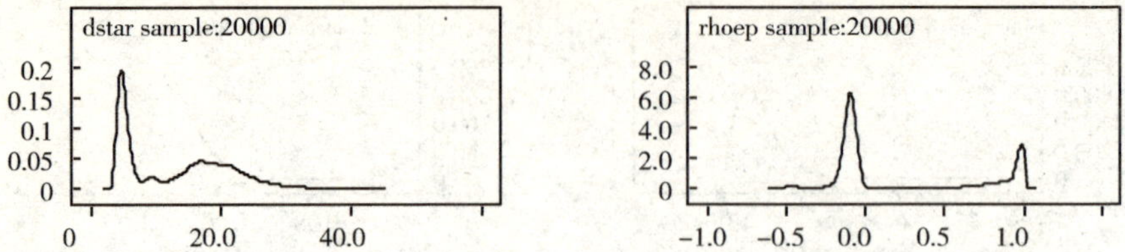

图 8－7　人民币兑美元汇率与上证综指 MSV－t 模型参数后验分布密度图

由于参数较多，MSV－N、MSV－t 的参数分布都为 9 个，为了表述精简，同时也突出重点，对于参数的动态轨迹图只列示二元 MSV 模型中特有的反映波动联动性特征参数 ρ 的部分。图 8－8 和图 8－9 分别是人民币兑美元汇率与上证综指 MSV－N、MSV－t 相关系数动态轨迹图。

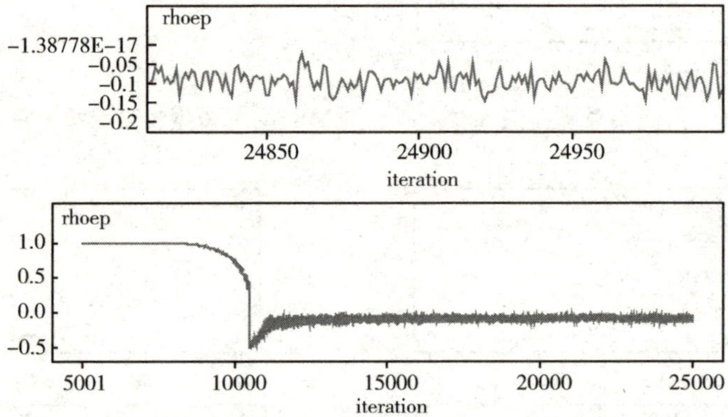

图 8－8　人民币兑美元汇率与上证综指 MSV－N 相关系数动态轨迹图

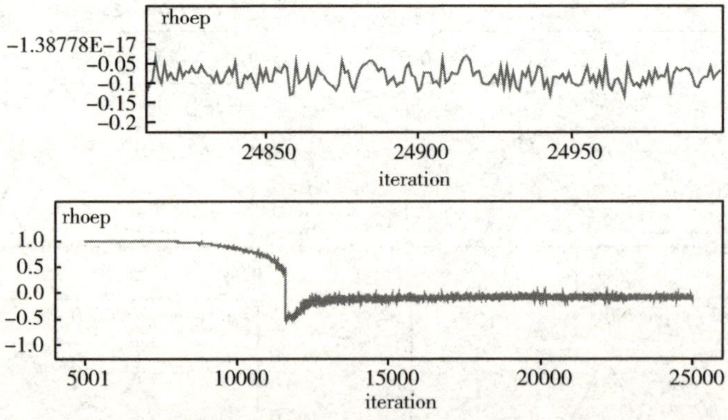

图 8－9　人民币兑美元汇率与上证综指 MSV－t 相关系数动态轨迹图

8.3.2.3　实证结果分析

对系列的图表逐一进行分析如下：

第一，总体上 MSV 模型估计结果可信。因为在 MSV－N 和 MSV－t 的参数估计结果中，19 个参数的蒙特卡洛标准差与对应标准差之间的估计值相差一个数量等级，表明 19 个参数的后验估计值可靠性强。这从各参数后验密度估计曲线图也能再次得到证明，在正态分布假设下，参数 μ_1、μ_2、ϕ_1^*、ϕ_2^*、ϕ_{12}^*、ϕ_{21}^*、τ_1、τ_2 都是分布单峰特征，只有 ρ 有双峰特征；在 t 分布假设下，参数后验密度估计图的双峰特征个数多一些，有 μ_1、μ_2、ρ，其余的均是单峰特征。从相关系数计算过程动态轨迹看，MCMC 方法较好地模拟了 MSV 模型中各参数的边缘后验分布，表明参数估计结果处于稳定的收敛状态。

第二，从联动角度看，不论是正态分布或是 t 分布假设下人民币兑美元汇率波动水平参数都小于上证综指的波动水平参数。正态分布下，μ_1、μ_2 分别是 －9.678 和 －6.543，t 分布下则分别是 －11.92 和 －6.804。这说明汇率波动水平远远小于上证综指，这与描述统计的结论是一致的，也佐证了一元 SV 模型得出的结论。从绝对的参数估计值看，汇市与股市间的值小于沪深之间的值，这说明汇率波动与上证综指之间波动联动性小于股市之间的联动性。其实，从我国股票市场的涨跌 10% 为涨跌停板制度、外汇市场在样本期间最大达到 2% 波动幅度的管制政策就可以合理解释。

第三，在二元条件下，不论是正态分布或是 t 分布假设下人民币兑美元汇率波动持续性参数都与上证综指的基本相当。对应的具体数值是：正态分布下 ϕ_1^*、ϕ_2^* 的值分别是 0.9989 和 0.9940，t 分布下的则是 0.9981 和 0.9946。波动持续性参数在一元、二元 SV 模型中也相差无几（见 8.2.2）。这表明波动集群特征在汇市、股市上没有显著区别。

进一步分析反映波动持续性相互作用的参数 ϕ_{12}^*、ϕ_{21}^*，表明汇率波动与股指波动持续性几乎没有联动性。根据 MSV 模型设计，其假定是 $\phi_{12}^* \neq 0$，$\phi_{21}^* \neq 1$，估计结果是，正态分布下，$\phi_{12}^* = 0.0003428$，$\phi_{21}^* = 0.001007$，t 分布下，$\phi_{12}^* = -0.003606$，$\phi_{21}^* = 0.001174$。估计值表明人民币兑美元汇率与上证综指之间的波动持续性的相互影响非常小，小到几乎可以忽略不计。而且在 t 分布下 ϕ_{12}^* 的值为负，在正态分布下为正，更进一步说明究竟是汇率影响上证综指还是相反都没有统计上的显著性。这与描述统计中的相关系数、Granger 因果检验结果相互印证。此外，这个值远远小于上证综指、深证成指之间的对应值，同道琼斯指数、恒生指数与上证综指、深证成指之间的值比较接近（见第7.4、7.5节），说明中国股票市场相对封闭，不仅中国内地以外的美国股票市场、中国香港地区股票市场，而且人民币对美元汇率市场波动性对其影响有限。因此，也就不存在是汇市影响股市或是股市影响汇市的研判。这样的结论与国内股票市场受到人民币升值、贬值等波动带来冲击的普遍观点有一定的偏差。

第四，从二维视角看，人民币兑美元汇率波动的抗扰动性比上证综指更强一些。从波动扰动性参数 τ_1、τ_2 在 MSV 模型估计值看，其在正态分布下对应的值是25.36和82.61，t分布下的值是24.78和98.95，直接表明从二维角度不论是不是考虑尖峰厚尾特征，人民币兑美元汇率波动的抗干扰性要强，而上证综指要弱。这与一维视角下结论不同，一元 SV 模型中的 τ 在 t 分布下特别异常（见表8-3）。

第五，正态分布、t分布下 MSV 模型中相关系数 ρ 的估计值分别是0.176和0.2219。从估计值看，这比汇率与上证综指直接计算的相关系数要大，比汇率与上证综指波动观测值计算的相关系数要大很多，但是却比上证综指、深证成指、道琼斯指数、恒生指数之间对应的 ρ 值要小很多。这说明人民币兑美元汇率与上证综指之间的波动溢出存在不确定性。比较而言，上证综指的波动性受到道琼斯指数、恒生指数波动性的影响要远远大于汇率市场波动带来的影响。从方向看，MSV 模型估计的相关系数是正，而汇率与上证综指直接或波动观测值计算的相关系数为负，这说明，在仅有一点波动联动性上，是股市波动导致汇市波动或是汇市波动导致股市波动没有明显的主次之分，这有别于股票市场之间得出的道琼斯指数波动性处于绝对主动的研究结论。

第六，t分布假设下的自由度 d^* 的拟合值是13.36，表明按照尖峰厚尾特征假设估计人民币兑美元汇率与上证综指之间波动联动性的 MSV 模型是可行的。从 d^* 值与上证综指、深证成指之间的值对比看，汇率与股市之间的尖峰厚尾特征更为明显一些。主要原因应该是人民币兑美元汇率在一定时间处于没有波动的特殊状况。

8.3.3 汇率与深证成指随机波动联动性实证

8.3.3.1 实证过程

按照人民币兑美元汇率与上证综指的实证过程，只需要把上证综指换成深证成指，其余的步骤，包括 MSV 模型选择，正态分布与 t 分布两种假设，模型的初始赋值，燃烧与迭代次数，WINBUGS 运行程序等都完全一样，不再赘述。

8.3.3.2　实证结果

WinBUGS 运行后有参数的统计特征值、后验分布密度图、参数收敛过程图、拟合判定准则 DIC 等。具体结果分别如下。

参数 MCMC 估计值的统计特征如表 8－7 所示。

表 8－7　　人民币兑美元汇率与深证成指 MSV 模型参数估计结果

假设	参数	均值	标准差	MC 误差	2.5% 分位数	中位数	97.5% 分位数
正态分布	μ_1	－10.46	1.091	0.08709	－11.64	－10.75	－7.143
	μ_2	－7.542	1.502	0.1257	－9.066	－8.046	－3.341
	τ_1	23.31	4.541	0.3425	16.09	22.77	34.37
	τ_2	99.33	26.66	2.126	57.44	95.79	155.5
	ϕ_1^*	0.9988	7.073E－4	2.595E－5	0.9971	0.9989	0.9998
	ϕ_2^*	0.9938	0.002845	1.762E－4	0.9872	0.9942	0.9983
	ϕ_{12}^*	－0.0494	0.009934	4.907E－4	－0.02269	－0.05571	0.01616
	ϕ_{21}^*	－3.487E－4	0.001386	8.598E－5	－0.002876	－4.417E－4	0.002721
	ρ	0.08391	0.3822	0.03208	－0.2241	－0.08109	0.9841
t 分布	μ_1	－12.58	1.8	0.1496	－15.01	－12.78	－8.62
	μ_2	－7.586	1.376	0.1154	－8.882	－8.135	－3.852
	τ_1	36.21	10.68	0.8618	19.54	35.05	61.16
	τ_2	113.4	37.79	3.081	60.39	105.7	200.7
	ϕ_1^*	0.9980	0.001228	6.213E－5	0.995	0.9982	0.9997
	ϕ_2^*	0.9942	0.0027357	1.703E－4	0.9877	0.9947	0.9984
	ϕ_{12}^*	－0.001465	0.009289	5.499E－4	－0.01686	－0.00259	0.0211
	ϕ_{21}^*	9.367E－4	0.002108	1.39E－4	－0.002739	8.03E－4	0.005277
	d^*	12.46	8.776	0.7165	4.634	8.064	33.84
	ρ	0.04164	0.3505	0.02946	－0.2313	－0.08657	0.9701

注：1 表示人民币兑美元汇率；2 表示上证综指。由 2.5% 百分位数与 97.5% 百分位数所形成的区间如同统计上的置信水平为 95% 的置信区间，可以检验系数的显著性。

同样，WinBUGS 能够提供参数估计计算过程的数据。

图 8－10 是人民币兑美元汇率与深证成指 MSV－N 模型参数后验分布密度图。图 8－11 是人民币兑美元汇率与深证成指 MSV－t 模型参数后验分布密度图。

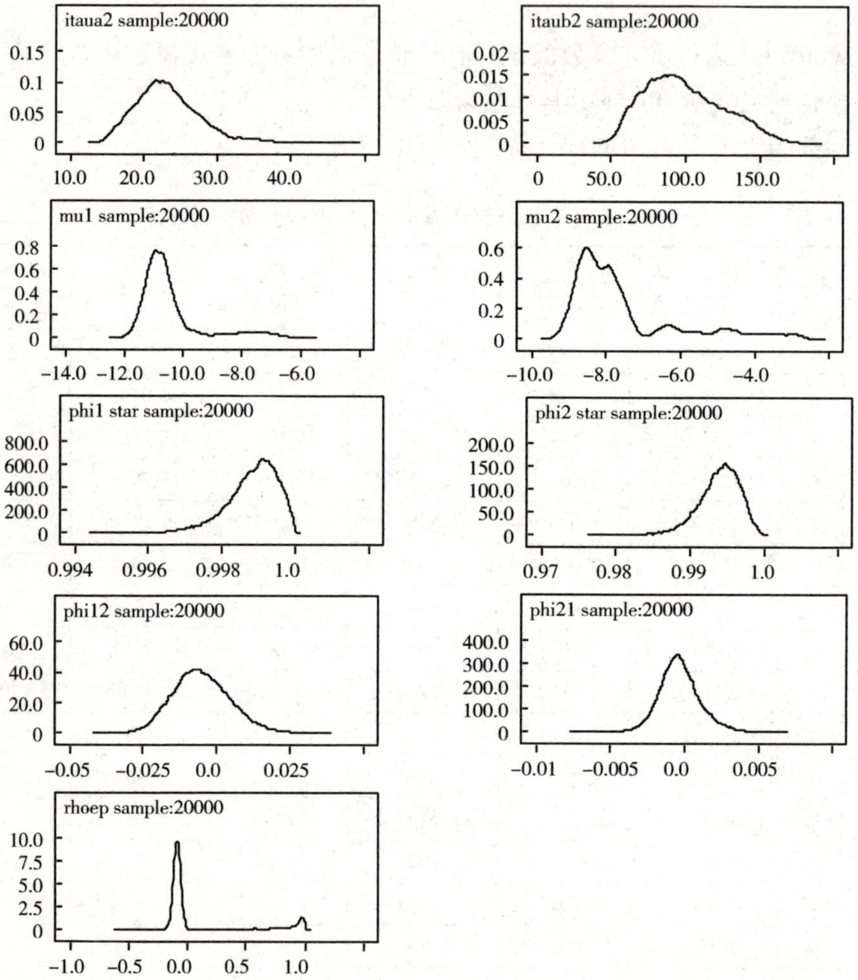

图 8－10　人民币兑美元汇率与深证成指 MSV－N 模型参数后验分布密度图

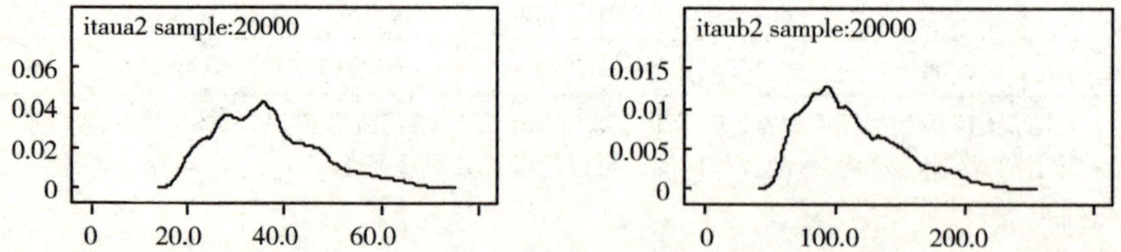

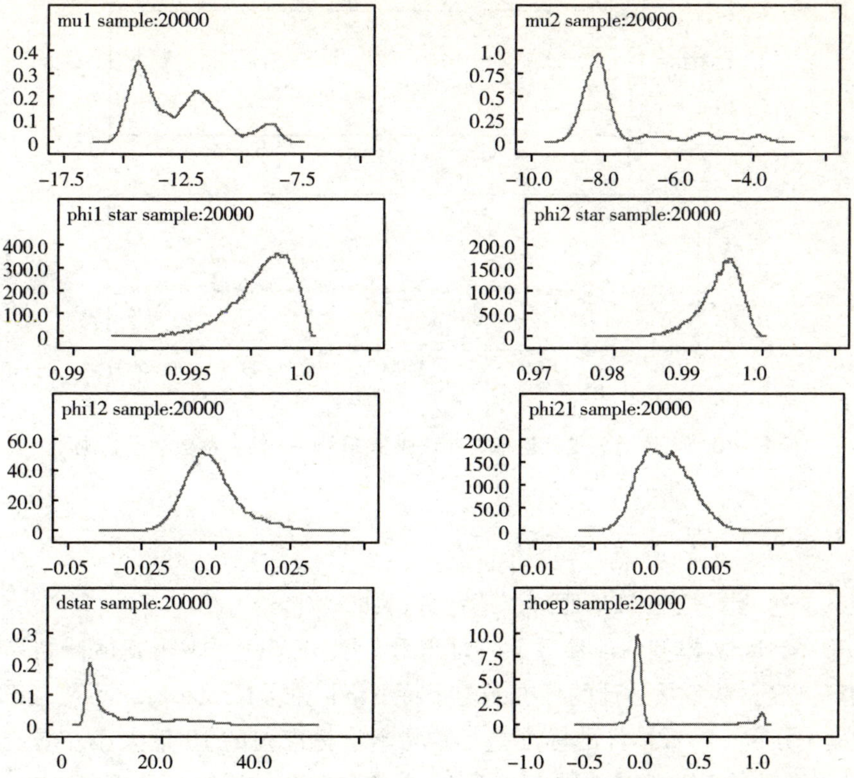

图 8 - 11　人民币兑美元汇率与深证成指 MSV - t 模型参数后验分布密度图

由于参数较多，MSV - N、MSV - t 的参数分布都为 9 个，为了表述精简，同时也突出重点，对于参数的动态轨迹图，只列二元 MSV 模型中特有的反映波动联动性特征的参数 ρ 部分。图 8 - 12 和图 8 - 13 分别是人民币兑美元汇率与深证成指 MSV - N、MSV - t 相关系数动态轨迹图。

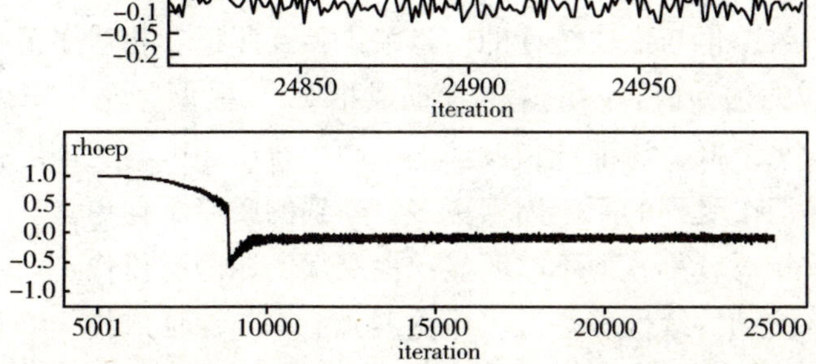

图 8 - 12　人民币兑美元汇率与深证成指 MSV - N 相关系数动态轨迹图

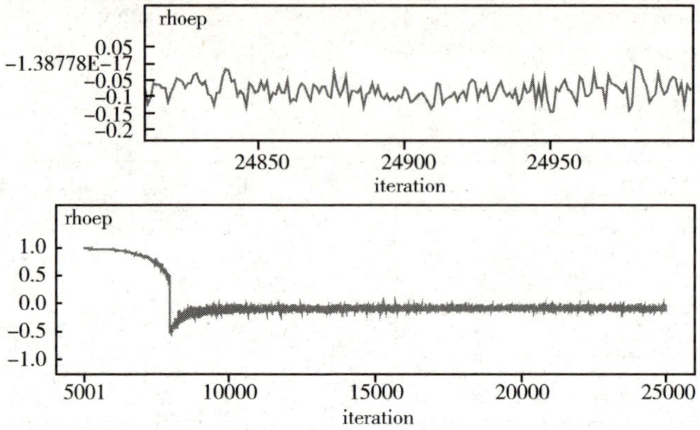

图 8-13 人民币兑美元汇率与深证成指 MSV-t 相关系数动态轨迹图

8.3.3.3 实证结果分析

从上述的图表及 MSV 原理，逐一分析如下。

第一，MSV 模型估计参数的特征值和后验分布密度表明其估计结果有较高的可信度。从参数估计的标准差与蒙特卡洛标准差的大小看，不论是正态分布或是 t 分布，参数估计的标准差是蒙特卡洛标准差的 10 倍大小左右，这表明 19 个参数的后验估计值可信。而 19 个参数对应的后验分布密度图也表明，其分布总体上都是单峰特征，没有明显的多峰分布或者不规则分布，进一步佐证了参数估计结果置信度高。相比汇率与上证综指的参数估计结果看，汇率与深证成指的参数估计结果的后验分布密度总体更稳定，结果可信度更高一点。

第二，从波动水平看，人民币兑美元汇率要小于深证成指。因为不论是正态分布或是 t 分布假设下，人民币兑美元汇率波动水平参数都小于深证成指的波动水平参数。具体的参数值是：正态分布下，μ_1、μ_2 分别是 -10.46 和 -7.542，t 分布下则分别是 -12.58 和 -7.586。这与一元 SV 模型估计参数值的大小关系一致，也与描述统计的初步结论相互印证。相对于汇率与上证综指 MSV 模型对应的估计值看，汇率与深证成指 MSV 模型刻画出来的波动水平更小。汇率波动水平低，深证成指波动水平高，背后原因与上证综指的一样，主要原因仍然是汇市受到的影响因素更多，受到的政府干预更多。而深证成指对应的波动水平相对较小，但不够明显，深层次的原因有待作进一步科学分析。

第三，从波动持续性看，人民币兑美元汇率与深证成指之间基本相当。反映波动持续性参数 ϕ_1^*、ϕ_2^* 在二元 MSV 模型中估计结果都在 0.99 以上，说明从波动联动性角度来分析波动持续性，人民币兑美元汇率、深证成指之间基本相当，而且这在正态分布假设下、t 分布假设下都是同样的特征。具体的估计值是：正态分布下 ϕ_1^*、ϕ_2^* 对应的值分别是 0.9988 和 0.9938，t 分布下则是 0.9980 和 0.9942。相比汇率与上证综指的对应值，其均处于同一个区间，大小相差无几，说明波动持续性特征是普遍存在于人民币兑美元汇率市场、沪深股票市场。

二元 MSV 模型设计了反映波动持续性相互作用的参数 ϕ_{12}^*、ϕ_{21}^*，模型假定是 $\phi_{12}^* \neq 0$，$\phi_{21}^* \neq 1$。估计结果是，正态分布下，$\phi_{12}^* = -0.0494$，$\phi_{21}^* = -0.00003487$；t 分布下，$\phi_{12}^* = -0.001465$，$\phi_{21}^* = 0.00009367$。估计值说明，人民币兑美元汇率波动持续性对深证成指的波动持续性的影响非常小，深证成指对人民币兑美元汇率的波动持续性影响更小，几乎可以忽略不计。进一步深入分析可知，在正态分布、t 分布假设下汇率与深证成指波动持续之间的相互影响是不同的。相比汇率与上证综指的情形，汇率与深证成指波动持续性之间相互影响更不确定。而描述统计相关系数表明，直接计算的相关系数，汇率与上证综指的值小于汇率与深证成指，用波动观测值计算的相关系数汇率与上证综指的值和汇率与深证成指的值差异不大，因此，波动观测值的模型估计结果更能贴近实际情况。

当然，汇率与深证成指同汇率与上证综指之间的波动持续性略有细微的差别，但相对于股票市场相互之间构建二元 MSV 模型估计结果看（见第 7.4、7.5 节），其 ϕ_{12}^*、ϕ_{21}^* 的值要小得多，几乎可以忽略不计。这说明，相对于股市之间的波动持续性相互影响，不存在汇市与股市波动持续性相互影响的状况。汇率与上证综指、汇率与深证成指的拟合结果告诉我们：一段时间以来，国内股票分析人士把人民币兑美元汇率为主要代表的汇率波动看做我国股市波动涨跌背后的动因，这样的市场演绎分析判断与数据模型得出的结论不一样。

第四，从波动的抗扰动性看，人民币兑美元汇率波动的抗扰动性比深证成指更强一些。反映波动扰动性的参数 τ_1、τ_2 在正态分布下对应的值分别是 23.31 和 99.33，t 分布下的值分别是 36.21 和 113.4，直观地表明了人民币兑美元汇率波动的抗干扰性强一些。这和汇率与上证综指的结论是一致的。汇率市场波动的抗扰动性强的主要原因是影响汇率市场的涨跌波动因素更多一些，不仅仅是一个而是多个国家的政治、经济、社会等因素的综合影响，表现在交易量上，汇率市场的交易量远远大于股票市场。另外，以汇率为标的的外汇衍生金融工具更多，化解了外汇市场的波动，表现出汇率波动抗干扰性更强一些。

第五，从反映波动关联性角度看，人民币兑美元汇率波动与深证成指之间的波动联动性很弱。直接反映波动联动性的参数 ρ 的估计值在正态分布、t 分布下 MSV 模型分别是 0.08391 和 0.04164，数值很小，属于可以忽略的相关范畴。比较看，这比人民币兑美元汇率与深证成指直接计算的相关系数值要小很多，与波动观测值计算的二者相关系数差不多，上证综指的情形与此类似，说明直接观察得出波动关联性不能很好挖掘出波动之间的内在规律。与股票市场指数之间的 MSV 模型估计结果比较，汇率与深证成指之间的 ρ 值远远小于上证综指、深证成指、道琼斯指数、恒生指数之间对应的 ρ 值，再次证明汇率与深证成指之间没有显著的相关性。相对而言，汇率波动对上证综指波动的影响要大于对深证成指波动的影响（对应的 ρ 值分别为 0.176 和 0.2219，参见第 8.3 节），主要原因是，样本选择的人民币兑美元汇率，而上证综指中包含有上证 B 股，B 股以美元计价交易，直接受到人民币兑美元汇率的影响，因此，二者波动之间有内在的传递机制，对应参数 ρ 就更大一些，而深证成指则没有直接包含 B 股，虽然深证成指的部分成分指数的公司有 B 股同时在交易，但其相互的影响更为间接。

第六，人民币兑美元汇率与深证成指波动联动性中仍然存在尖峰厚尾特征。反映尖峰厚尾特征的参数自由度 d^* 只在 t 分布假设下 MSV 模型中才存在，其拟合值是 12.46。从 d^* 值对比看（参见第 7.6 节），上证综指、深证成指、道琼斯指数、恒生指数之间的 d^* 大小没有显著的大小关系，说明尖峰厚尾特征普遍存在于汇市与股市之间、股市与股市之间。

8.4 实证结论

经过对人民币兑美元汇率、上证综指、深证成指的波动观测值之间的相关系数分析、单位根检验、Granger 因果检验、基于 MCMC 方法的模型实证研究，可以得出以下结论：

第一，以人民币兑美元汇率为代表的人民币汇率市场与以上证综指、深证成指为代表的中国股票市场之间波动不存在显著联动性。参数估计结果表明，不同市场之间波动的溢出效应不显著，远远低于中外股票市场中的不同股价指数之间的波动联动性。

笔者分析，汇市股市之间波动联动性不强的原因主要有：一是我国没有打通汇市与股市资金直接自由流动的渠道。在现行的政策体系下，我国人民币不是自由兑换货币，在资本项目下是管制的，因此，国内资金与境外资金之间不能自由流动，人民币汇率的涨跌不能导致短期资金流动，对应的股票市场就不可能在短期内随之大幅波动，反之亦然。MCMC 研究又是以天为单位进行的波动性分析，短期特征更为明显，分析结果应该说反映了这样的客观实际。二是汇市受到的影响因素与股市受到的影响因素有一定的差异，差异化的影响因素导致汇率波动与股市波动的联动性不强。最为突出的差异就是，人民币兑美元汇率波动影响因素中只是影响美元汇率走势的因素，比如美元指数走强、美国非农指数的变化、与中国关联性不强的地缘政治形势的变化等都会显著影响美元汇率，进而会导致人民币兑美元汇率的波动，但是，这些因素几乎不会直接对中国股票市场产生影响。与此同时，部分共同影响汇市股市的因素发生后，汇市的波动会通过海外股市波动的形式传递到中国股市。因此，汇市与股市的联动性不显著。三是汇市的交易机制与我国股票市场不同。外汇市场上都是保证金交易、t+0、全球 24 小时不间断交易制度，同时又有较为完整的外汇期货、期权、互换的金融衍生品交易。而我国股票市场交易机制是足额的现金交易、t+1 制度，目前只推出了股票指数期货交易。当然我国外汇交易受到严格管制，而且外汇交易的外方不受约束。因此，汇市股市之间波动联动性弱于股票市场之间也就容易理解了。

第二，正是由于人民币兑美元汇率与上证综指、深证成指之间波动联动性不够显著，人民币兑美元汇率的升值贬值不是导致我国股市涨跌的主要原因，因此，在后续的中国股票市场波动预测预警研究中，可以不考虑外汇市场这一因素。

第 9 章

中国股票市场波动联动性预警分析

第 6 章、第 7 章分别运用单一和联立的 SV 模型对我国上证综指、深证成指、美国的道琼斯股价指数、中国香港的恒生股价指数波动率进行实证研究的结果表明，MCMC 方法拟合优度好，拟合效果满意。然而，实际中每个市场参与者最想知道、最为关心的是金融市场未来价格变动的趋势，即未来波动率预测。因此，本章转向应用 SV 模型实证研究结果来对不同股票市场间的波动联动性进行预测，遵循先单个市场的 SV 模型然后市场之间的联立 MSV 模型，先正态分布然后 t 分布假设模型的预测顺序展开，重点分析美国股票市场的道琼斯指数和中国香港地区股票市场的恒生指数对上证综指、深证成指的波动率预测，并在预测基础上结合我国的实际建立预警机制。

9.1 SV 预测及预警原理

在第 3 章中从有效市场理论、随机游走理论、协同市场假说、分形与混沌市场理论、行为金融理论等多个角度对金融市场波动进行了解析，说明金融市场呈现出波动性及波动联动性，既是随机的，其价格预测有难度，又是可以从某个视角去挖掘其内在隐含的规律，因而可以以一定的概率对波动率进行预测。本章尝试用 SV 的方法去预测股价指数波动率，SV 的假设、建模、估计都是为了使模型最终能为市场价格随机波动联动性提供较准确的预测，这是本书的一个创新点。

9.1.1 预测原理

现有研究SV的文献中，对SV模型的预测和基于预测基础的预警呈现出两种态势：一是由于SV模型中似然函数不可知，对其预测的难度大，而较少研究；二是通过种种试算获得SV模型的预测方法，但都是在样本期内的预测，很少做外推预测。但是，实际的股票市场中未来的波动率才是关键，即样本外的外推预测，尽管未来的数值在没有实现之前很难被精确地预测，仍然有必要对未来波动率预测进行尝试。尽管我国股票市场层次不够丰富，还没有股票指数期权交易市场，也没有隐含期权波动模型，隐含波动率的作用还有待挖掘，但同样需要对未来的波动率进行预测，为后续开展股指期权奠定基础。

根据SV的原理，本书提出基于SV模型拟合的预测思路，并借鉴参考Yu Jun（2002）等提出的SV预测方法，SV预测的基本原理和演算过程见第5.3节。

9.1.2 预测过程

总体上，预测上证综指、深证成指的波动率均是基于第6章、第7章的模拟运算结果，依据第5章的预测方法，仍然采用MCMC方法来实现，分标准正态分布和t分布假设下股价指数的波动性预测。

9.1.2.1 预测方式

基于MCMC方法SV模型预测与其他预测一样，有点预测与区间预测，有样本期内预测与外推预测等多种形式，本书中采取了外推的点预测与区间预测相结合的方式。点预测是未来某个预测时点的参数的均值，拟合区间预测采用与MCMC模拟中WinBUGS给出的同样标准（见第6章），在95%的置信水平下确定预测的后验置信区间，预测的下限是2.5%，上限是97.5%。此外，针对股票市场波动还有符号预测，即涨跌的方向条件概率预测。由于MCMC方法得出的参数值是收敛的，因此，可以参照符号预测的原理，对点预测结果判断其涨跌方向。

9.1.2.2 外推预测期限

外推预测中，一般从 t 时刻到 t+1 时刻。由于计算技术的发展，股价指数在 t 时刻交易后就可知了，t+1 时刻就演变为 t 时刻，对应的 t+2 时刻就演变为 t+1，因此，外推一个周期的 t+1 时刻的预测结果是最重要的判断标准。如果样本是以 5 分钟、小时为周期的高频数据，或者是以周、10 日为周期的长期数据，t+1 时刻就是下一个 5 分钟、小时、1 周、10 日。就本书的样本来说，t+1 就是从样本期的最后一个交易日 2012 年 12 月 31 日预测 2013 年的第一个交易日。

前述理论和实证表明，MCMC 方法下的 SV 模型中参数本身具有收敛性，研究中模拟的次数较高，到达 50000 次之多，因此，适当延长预测期限是可行的。考虑到股票市场中实际的交易情况，部分对 SV 研究的同行在样本选择时采用周波动率数据，本书选择预测的期限从 1 天延长至 5 天，即一个交易周的时间。

9.1.2.3 波动率转化为股票指数

基于 MSV 模型的估计结果，采用前述的预测方法，则可得到反映随机波动率的参数 ϕ^* 的预测值，通过 SV 公式的测度方程：

$$y_t = \exp(h_t/2)\varepsilon_t, \varepsilon_t \sim i.i.N(0,1)$$

则可计算可观测收益率的漂移值 y_t 的期望值。再根据 y_t 的计算公式：

$$y_t = \ln(P_t/P_{t-1}) - \mu$$

则可以把 y_t 转化为对应的指数，其中，y 表示收益率的漂移值，p 表示股价指数。在测算出 t+1 个值以后，就可以用同样的方式测算 t+2 的预测值，依次类推。

基于预测的基本原理，在 MCMC 实现预测过程中，本书遵循在 WinBUGS 中原有的基于标准正态分布、基于 t 分布的单一和 MSV 模型拟合结果的同样的设置，其中赋予的各种参数初始值相同，模拟计算次数相同，一元 SV 是燃烧计算 10000 次、拟合计算 50000 次，MSV 是燃烧计算 5000 次、拟合计算 20000 次。

9.1.3　预测精度判别

大量研究已经从理论和实证上证实了 SV 模型比 GARCH 等其他波动性研究模型的预测精度要好（Andersen，2005），因此，本书重点不放在 SV 模型与其他波动性模型预测方法的预测精度比较上，重点放在不同市场、不同期限、不同维度 SV 模型之间的预测精度比较及结果分析上。

对模型预测能力的比较，通常是根据计算预测值与实际值之间偏差大小的指标进行比较，指标数值越小，表明预测能力越强。常用的指标有：均方根误差 RMSE（root means square error）、平均绝对误差 MAE（mean absolute error）和泰尔不等系数 TIC（theil inequality coefficient），其计算公式见式（9.1）、式（9.2）、式（9.3）。本书中计算各种 SV 模型预测结果的判别指标的统计量，以此进一步分析。

$$RMSE = \sqrt{\frac{1}{N}\sum_{n=1}^{N}(\hat{y}_n^2 - y_n^2)^2} \tag{9.1}$$

$$MAE = \frac{1}{N}\sum_{n=1}^{N}|\hat{y}_n^2 - y_n^2| \tag{9.2}$$

$$Theil - U = \frac{\sum_{n=1}^{N}(\hat{y}_n^2 - y_n^2)^2}{\sum_{n=1}^{N}(y_{n-1}^2 - y_n^2)^2} \tag{9.3}$$

其中，y 表示实际值，$\hat{y}$ 表示预测值，N 表示预测的期间。本书中，y 指上证综指、深证成指、道琼斯指数、恒生指数，表示通过 SV 模型模拟后由 MCMC 方法预测的波动率对应转化而来的股票价格指数。

9.1.4　从预测到预警

在实现了 SV、MSV 模型对股价指数波动率预测后，根据研究目的需要进行预警设计。在一元 SV 模型中，由于只有单一变量，难以实现预警。然而，在联动模型即 MSV 中，可以从一个股价指数波动率来预测与此关联的另外一个股价指数波动率，因此，可以通过人为设定一个市场的股价指数波动率水平，通过 MSV 模型演算、MCMC 方法模拟来测算出另外一个市场的股价指数波动率的值，当预测出来的波动率达到或者超过预警目标值时，则需要预警机制起作用。简言之，就是通过设定一个波动率水平来预警另外一个波动率。

9.2 一元SV模型波动率预测

9.2.1 上证综指波动率预测结果及分析

根据预测原理设定，上证综指的波动性预测期限是一个交易周的时间，即从样本期限的最后交易日2012年12月31日往后推5个交易日。由于2013年元旦放假休市，加上周末休市，因此，预测5个交易日的时间对应就是2013年1月4日、7日、8日、9日、10日。在WinBUGS运行中，预测值对应设置为y［+1］、y［+2］、y［+3］、y［+4］、y［+5］。

根据Wingbugs运行的结果，可以直接得到波动率的预测值，即点预测值，同时也可得到基于5%置信水平的波动率上下限预测值，即预测区间，按照波动率与股票价格指数的转换关系，可计算出波动率对应的指数和指数区间。为了便于对比、判别预测精度，给出了2013年1月4日、7日、8日、9日、10日上证综指的实际值，以及根据实际指数变化的涨跌情况。同样，根据点预测值判断的涨跌，作为符号预测进行分析。

在MCMC方法SV模型的模拟过程中，采取了标准正态分布与t分布假设两种情况，对应的预测过程也分为标准正态分布与t分布假设两种情况，结果见表9－1，为了直观，把股价指数的预测值与实际值进行了图形对比。从表9－1和图9－1中的预测结果可以分析得出：

第一，从点预测看，误差率均在0.5%以内，最好预测效果是外推的第四天即2013年1月9日，预测值与实际值基本相同，而其余的预测值精度不够高，有待改进。同时，第1天到第5天的预测精度差异不大，也没有明显的上升和下降趋势，表明预测的精度与外推时间的远近关系不明显。从点预测对应的涨跌方向上看，2013年年初的5个交易日，实际上涨3天和下跌2天，符号预测也是上涨3天下跌2天，但有2天预测符号相反，预测的可信度不高。

表 9－1　　**SV 模型对上证综指波动率预测结果**

时间	实际		SV－N 模型预测结果						SV－t 模型预测结果					
	股价指数	涨跌方向	股价指数	指数下限	指数上限	预测误差	误差率	涨跌方向	股价指数	指数下限	指数上限	预测误差	误差率	涨跌方向
2013. 1. 4	2276. 99	涨	2269. 57	2208. 53	2331. 77	－7. 42	－0. 33%	涨	2269. 57	2210. 43	2331. 26	－7. 42	－0. 33%	涨
2013. 1. 7	2285. 36	涨	2277. 43	2215. 80	2340. 57	－7. 93	－0. 35%	涨	2277. 49	2217. 69	2339. 42	－7. 87	－0. 34%	涨
2013. 1. 8	2276. 07	跌	2286. 01	2222. 99	2349. 48	9. 94	0. 44%	涨	2285. 93	2224. 53	2348. 68	9. 86	0. 43%	涨
2013. 1. 9	2275. 34	跌	2276. 61	2214. 18	2340. 33	1. 27	0. 06%	跌	2276. 64	2214. 80	2340. 12	1. 30	0. 06%	跌
2013. 1. 10	2283. 66	涨	2275. 82	2213. 69	2340. 46	－7. 84	－0. 34%	跌	2275. 98	2214. 26	2340. 04	－7. 68	－0. 34%	跌

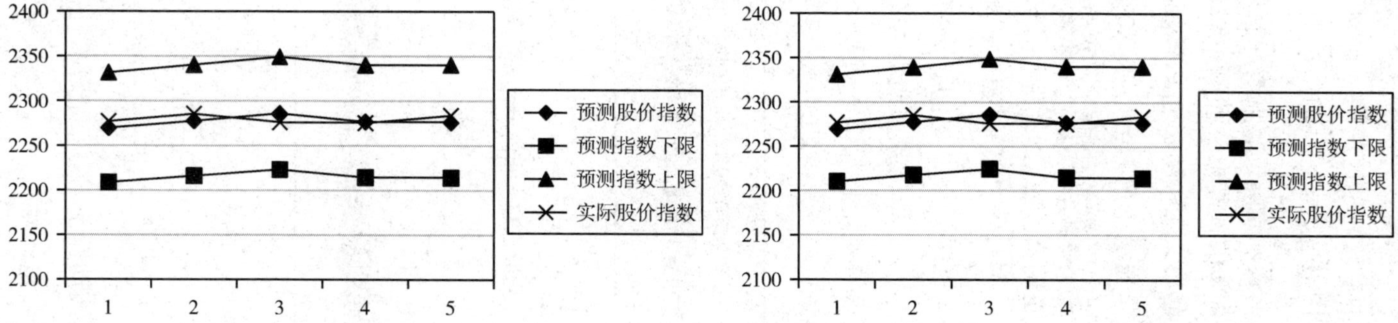

图 9－1　SV 模型对上证综指波动率预测区间图示

第二，从区间预测看，实际的5个交易日的上证综指均落在95%的置信水平下确定预测的后验置信区间内，点预测效果最差的外推第3天即2013年1月8日同样落在预测区间内，说明区间预测的可靠性高。

第三，标准正态分布与t分布两种假设下SV模型预测的上证综指结果差异不大。不论是具体的预测点，预测点对应的涨跌方向，或者95%的置信区间预测，正态分布和t分布的预测结果基本相同，第一天的预测值基本相同（小数点后不同），波动率的差异反映在上证综指上的差异在小数点后，即在一点以内，预测的误差率基本相同。这说明反映集群效应的t分布在我国上海证券交易所还不够显著。

第四，2013年1月4日第一天的预测误差率为-0.33%，涨跌方向判断与实际相同，准确程度一般。为了进一步分析SV波动率预测原理，可以对第一天的预测值即y［+1］的模拟过程和结果展示出来，分别如图9-2和图9-3所示。由于样本期限较长，达到1716个，所以从图中看很难看出模拟运算的具体差异。

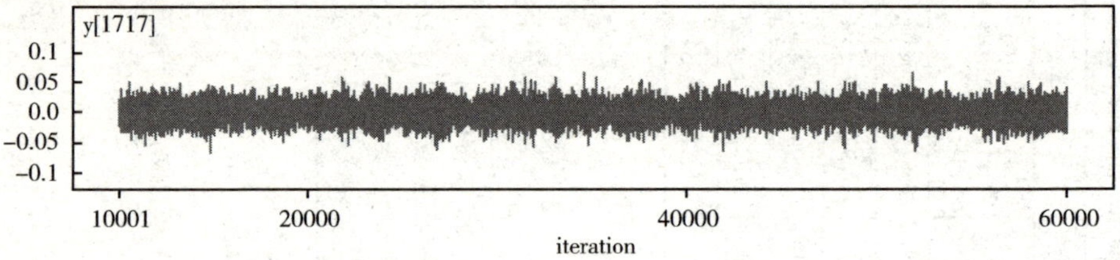

图9-2 标准正态分布的一元SV模型对上证综指波动率预测过程图

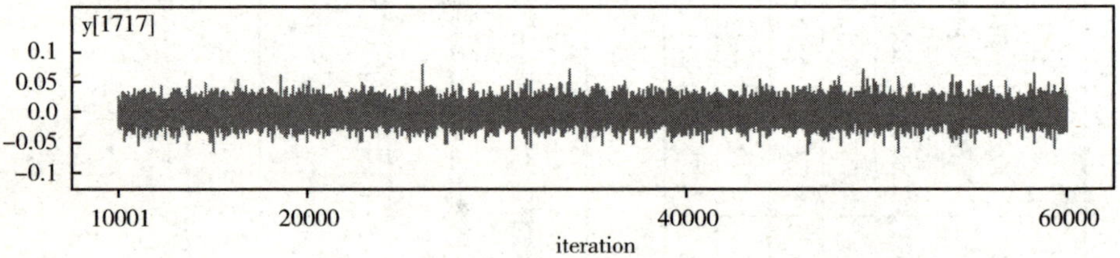

图9-3 t分布的一元SV模型对上证综指波动率预测过程图

总的结论是，MCMC方法下一元SV-N和SV-t模型对中国上海证券交易所上证综指的波动性预测有一定可靠性，但预测的精度有待改进。预测精度不高的原因主要有：一方面，由于影响股价指数涨跌的因素众多，而基于MC-MC方法的随机波动模型预测是基于变量的随机误差项的关系而展开的，换言之，是在假设影响股价指数的其他因素不变的情况下，把上证综指看做一个内生系统，从其随机波动特征的角度来预测的。而实际中，2013 年 1 月 4 日是 2013 年的第一个交易日，中国股票市场开始实施差别化的股息红利税，上海证券交易所实施《上交所风险警示板》等系列政策，有美股因为财政悬崖问题达成一致而出现大涨的外部原因。因此，在影响股价指数的其他因素出现变化时，采用 SV 方法预测结果的精度肯定就受到影响。另一方面，MCMC 方法下 SV 模型的建模、估计、预测均采用的是股价指数的收盘价，在研究股票市场的一个中长期的趋势性时，收盘价蕴藏了足够的信息，但在短期预测股价指数一天的走势时，收盘价存在信息丢失，导致预测准确性不够高。

9.2.2　深证成指波动率预测结果及分析

本书对中国深圳证券交易所的成分股价指数进行了 MCMC 方法下的 SV－N 和 SV－t 模型预测的实证，预测过程与上证综指完全一样，在此不再赘述。预测结果如表 9－2 和图 9－4 所示。

从表 9－2 中可以看出：

第一，从点预测看，预测精度不够高。预测误差率仍然在 0.5% 以内，误差最小的是第 3 天（2013 年 1 月 8 日），最大的是第 4 天（2013 年 1 月 9 日），与上证综指的点预测结果比较，其最小的是第 4 天，最大的是第 3 天，刚好错位，二者的最大误差率约为 0.45%，最小误差则是深证成指的预测精度更高。同样，预测的 5 个交易日也没有明显的上升趋势和下降趋势，但与上证综指预测结果比较，其精度略高。这与一元 SV－N、SV－t 型的拟合优度是上证综指优于深证成指的结论有背离。再从点预测对应的涨跌方向上看，深证成指 2013 年年初的 5 个交易日，5 天持续上涨，SV 的符号预测是 4 天上涨 1 天下跌，比上证综指预测的准确程度要高，但由于只有短短的 5 天预测期间，符号预测难以较准确地说明上证综指与深证成指的差异，这些有待后续进一步的专门研究。

第二，从区间预测看，全部在预测区间内。实际的深证成指 5 个交易日均落在 95% 的置信水平下确定预测的后验置信区间内，点预测效果最差的是第 4 天，即 2013 年 1 月 9 日同样落在预测区间内，这与上证综指的预测结果基本相同，进一步说明区间预测的可靠性高。

第三，SV－N 与 SV－t 预测结果比较中可以得出，深证成指的 SV－t 模型预测结果好于 SV－N 模型。而上证综指的预测中，两个模型的差别不明显。

表 9－2　　SV 模型对深证成指波动率预测结果

时间	实际		SV－N 模型预测结果						SV－t 模型预测结果					
	股价指数	涨跌方向	股价指数	指数下限	指数上限	预测误差	误差率	涨跌方向	股价指数	指数下限	指数上限	预测误差	误差率	涨跌方向
2013. 1. 4	9096. 07	涨	9119. 47	8862. 21	9385. 22	23. 4	0. 26%	涨	9118. 48	8865. 31	9383. 15	22. 41	0. 25%	涨
2013. 1. 7	9108. 47	涨	9098. 78	8838. 48	9464. 30	－9. 69	－0. 11%	跌	9099. 26	8842. 72	9364. 20	－9. 21	－0. 10%	跌
2013. 1. 8	9110. 45	涨	9111. 73	8851. 05	9383. 25	1. 28	0. 01%	涨	9111. 79	8855. 30	9376. 78	1. 34	0. 01%	涨
2013. 1. 9	9154. 87	涨	9114. 07	8850. 41	9386. 14	－40. 8	－0. 45%	涨	9113. 32	8850. 76	9383. 70	－41. 55	－0. 45%	涨
2013. 1. 10	9170. 06	涨	9157. 50	8889. 29	9431. 14	－12. 56	0. 14%	涨	9158. 37	8894. 00	9429. 82	－11. 69	－0. 13%	涨

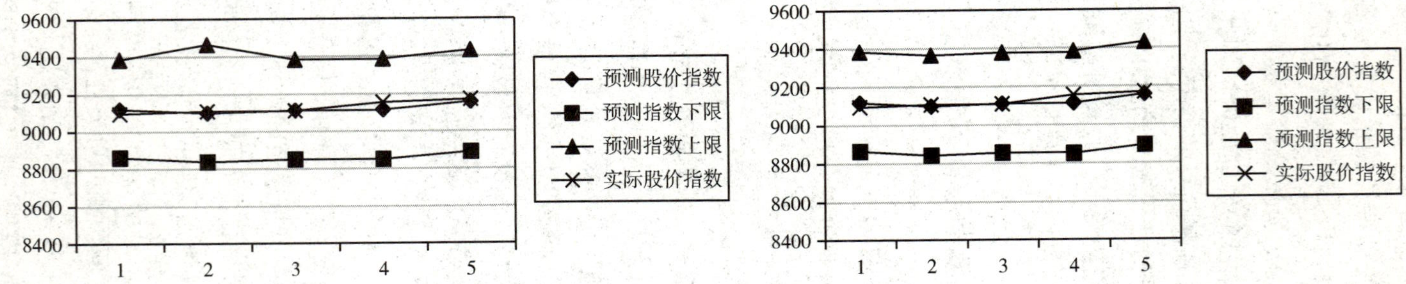

图 9－4　SV 模型对深证成指波动率预测区间图示

这与第6章一元SV实证分析支持深证成指存在厚尾特征，而上证综指的尖峰特征不明显的研究结论是相互吻合的。此外，实际的深证成指2013年年初的5个交易日持续上涨，持续上涨和下跌就是典型波动集群特征，结合拟合结果中反映波动持续性的参数 ϕ^* 分析，基于波动集群假设的SV－t模型的预测结果应该优于SV－N模型的结果。

第四，2013年1月4日第一天的预测误差率为0.26%，涨跌方向判断是涨，与实际相同，准确程度一般。但同上证综指的第一天预测结果比较看，上证综指是被低估，深证成指是被高估，深证成指的预测准确性更高。

由此可知，MCMC方法下SV－N和SV－t模型对中国深圳证券交易所的深证成指的波动性预测有一定可靠性，但预测的精度有待改进。同时，深证成指的预测结果略好于上证综指。预测精度不高的一般原因与上证综指相同，主要是市场以外的美股大涨对深圳市场的影响，差别化的股息红利税从2013年1月1日开始征收等。出现差异的一种可能原因是，SV模型拟合结果参数 ϕ^* 和 τ 的值表明我国深圳股票市场的内在波动性的确要大于上海股票市场，同时，在研究的视线窗内即2005～2012年间，深圳证券交易所的市场结构出现了变化，增加了中小板市场、创业板市场。其中创业板开板初期市场炒作盛行，至今让市场参与者记忆犹新，而中小板是IPO上市的主阵地，中小上市公司的总股本规模小，投资者惯有的“炒新”风气导致中小板的过度波动，进而加剧了深圳成指的波动。对应的上海证券交易所则在市场结构上处于稳定，在沪市IPO上市的公司，总股本规模较大，其波动性相对深圳中小板IPO公司要较小得多。应该说，上证综指和深圳成指的预测结果差异是对2005～2012年长达7年期间我国两个市场波动性差异的充分反映。

9.2.3　道琼斯指数波动率预测结果及分析

在对道琼斯股票价格指数进行预测时，由于美国股票市场与中国股票市场在交易时间上的差异，对样本期外5个交易日的选择存在差异，中国是2013年1月4日、7日、8日、9日、10日，而美国则是2013年1月2日、3日、4日、7日、8日这五天（1月5日、6日是周末）。为了便于程序运行，在WinBUGS运行中预测值同样对应设置为y[+1]、y[+2]、y[+3]、y[+4]、y[+5]。

其他预测过程与上证综指预测一样，预测结果如表9－3和图9－5所示。

表 9-3　　**SV 模型对美股道琼斯指数波动率预测结果**

时间	实际		SV-N 模型预测结果						SV-t 模型预测结果					
	股价指数	涨跌方向	股价指数	指数下限	指数上限	预测误差	误差率	涨跌方向	股价指数	指数下限	指数上限	预测误差	误差率	涨跌方向
2013.1.2	13412.55	涨	13101.91	12869.01	13339.80	-310.64	-2.32%	涨	13102.95	12870.04	13341.53	-309.6	-2.31%	涨
2013.1.3	13391.36	跌	13411.64	13172.15	13658.67	20.28	0.15%	涨	13411.91	13172.02	13657.44	20.55	0.15%	涨
2013.1.4	13435.21	涨	13389.81	13144.37	13641.73	-45.4	-0.34%	跌	13389.98	13146.08	13637.77	-45.23	-0.34%	跌
2013.1.7	13384.29	跌	13433.93	13181.48	13692.56	49.64	0.37%	涨	13434.21	13182.27	13690.60	49.92	0.37%	涨
2013.1.8	13328.85	跌	13384.12	13129.42	13641.07	55.27	0.41%	跌	13383.90	13133.49	13642.85	55.05	0.41%	跌

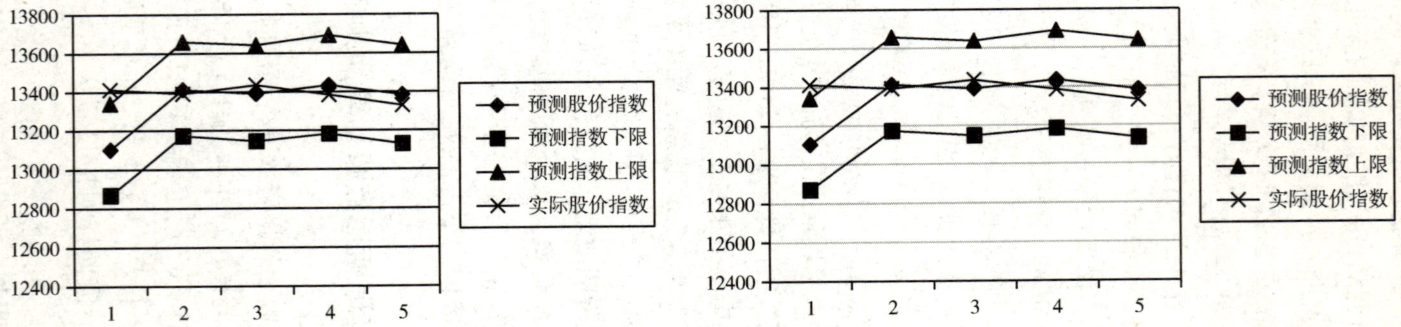

图 9-5　SV 模型对美股道琼斯指数波动率预测区间图示

从表 9－3 和图 9－5 中可以看出：

第一，2013 年 1 月 2 日第一天预测值属于异常点，误差率高达－2.32%。与上证综指、深证成指预测误差率在 0.5% 以内的平均水平相比，一元 SV 模型的道琼斯股价指数预测误差率高达－2.32%，不仅点预测呈现异常，而且实际道琼斯股价指数落在了预测的上、下区间之外，区间预测也出现例外。这与道琼斯指数一元 SV 模型整体拟合优度好以及波动水平、持续性、扰动性参数表明其波动率较低的实证研究结论背离。剔除第一天外，后续四天的预测误差率就在 0.5% 以内，与上证综指、深证成指的预测结果比，虽然预测精度略差一些，但属于正常的可信范围。从预测值对应的涨跌方向看，仅有 2 天相同，完全没有参考价值，失去了预测的意义。

第二，正态分布和 t 分布假设下的 SV 模型预测结果没有明显的差异，说明道琼斯股价指数的尖峰厚尾特征也不突出，与模型拟合结果相互印证。

预测出现异常的主要原因是美国在 2013 年 1 月 2 日发生了突发事件，美国国会众议院 2013 年 1 月 2 日晚投票通过了参议院此前提出的解决“财政悬崖”的议案。“财政悬崖”问题的一致意见达成并得到解决是美国政治、经济、社会等方面里程碑式的事件，对股票、债券、期货、期权、美元外汇、黄金等金融市场都带来了积极影响，受此利好消息提振，纽约股市各类股票价格指数全面大涨，道琼斯股指 2 日大幅上涨 2.35%，2013 年首个交易日迎来开门红。显然，从 SV 模型的估计、预测原理看，突发事件不在其研究之列，导致很大的预测误差。换言之，SV 模型预测在突发事件的背景下没有意义。

9.2.4 恒生指数波动率预测结果及分析

本书对中国香港地区的香港证券交易所恒生指数进行了 MCMC 方法下的 SV 模型预测的实证，由于中国香港放假制度与美国相同，因此，预测时间与道琼斯指数一样，设置的 y[+1]、y[+2]、y[+3]、y[+4]、y[+5] 对应的就是 2013 年 1 月 2 日、3 日、4 日、7 日、8 日这五天，预测过程与上证综指一样，在此不再赘述。预测结果分别如表 9－4 和图 9－6 所示。

从表 9－4 和图 9－6 中可以看出：

第一，基于正态分布与 t 分布假设下 SV 模型的预测结果基本相同，说明

表 9－4　　SV 模型对香港恒生指数波动率预测结果

时间	实际		SV－N 模型预测结果					SV－t 模型预测结果						
	股价指数	涨跌方向	股价指数	指数下限	指数上限	预测误差	误差率	涨跌方向	股价指数	指数下限	指数上限	预测误差	误差率	涨跌方向
2013. 1. 2	23311. 98	涨	22653. 85	22347. 07	22963. 71	－658. 13	－2. 82%	涨	22654. 33	22349. 53	22966. 01	－657. 65	－2. 82%	涨
2013. 1. 3	23398. 60	涨	23309. 13	22988. 34	23627. 40	－89. 47	－0. 38%	涨	23308. 89	22990. 88	23631. 89	－89. 71	－0. 38%	涨
2013. 1. 4	23331. 09	跌	23395. 43	23073. 30	23722. 79	64. 34	0. 28%	涨	23396. 54	23073. 07	23721. 37	65. 45	0. 28%	涨
2013. 1. 7	23329. 75	跌	23328. 16	23000. 06	23657. 18	－1. 59	－0. 01%	跌	23328. 41	23006. 96	23658. 60	－1. 34	－0. 01%	跌
2013. 1. 8	23111. 19	跌	23328. 52	22996. 67	23668. 60	217. 33	0. 94%	涨	23326. 81	22997. 82	23657. 25	215. 62	0. 93%	跌

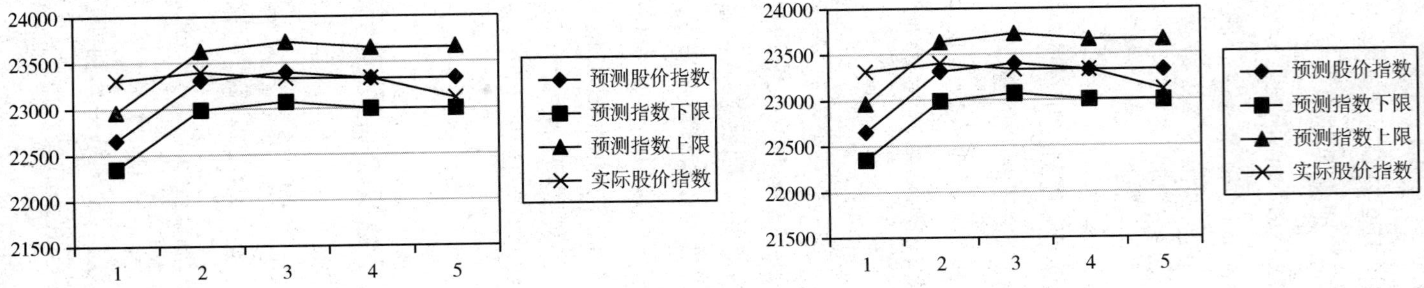

图 9－6　SV 模型对香港恒生指数波动率预测区间图示

香港恒生指数波动中的尖峰厚尾特征不突出，在四个指数的 SV 模型预测中，只有深证成指的正态分布与 t 分布假设下 SV 预测结果有差异，其余三个指数的预测结果基本相同，这与 MCMC 拟合得到的结论一致。

第二，2013 年 1 月 2 日预测值的误差过大，被低估了 -2.82%，预测值比实际值的绝对值低 657 点，而且也落在 5% 的置信水平对应的预测后验区间之外。与道琼斯指数一样，不论是区间或点预测，恒生指数 2013 年 1 月 2 日属于异常点，并且异常程度超过了道琼斯指数。一元 SV 模型拟合结果表明，道琼斯指数与恒生指数的波动率属于一类，上证综指与深证成指的波动率属于另外一类，中国港股与美股在波动水平方面更相似，从这一点看，模型预测结果与拟合结果高度吻合。

第三，恒生指数的预测值准确程度更低。除第一天属于异常点外，后续四天预测结果差异较大。从点预测对应的涨跌来看，仅有 3 天相同，对实际没有参考价值。这比上证综指、深证成指、道琼斯指数对应的预测准确程度要差，与 SV 模型拟合结果表明，恒生指数处于道琼斯指数与上证综指、深证成指之间的总体结果背离。

显然，恒生指数预测的异常点的原因与道琼斯指数一样，都是美国"财政悬崖"问题达成一致意见通过后的利好消息刺激的结果，再次证明 SV 模型预测在突发事件背景下没有实际价值。恒生指数预测结果与实际指数值的差异比道琼斯指数更大，对应的上证综指、深证成指 SV 模型预测值却几乎没有受到影响，其原因是香港地区实行美元联系汇率制度等决定其恒生指数与道琼斯指数高相关的特性，其 2013 年 1 月 2 日大涨是源于道琼斯指数的带动。所以，从道琼斯指数、恒生指数的波动中就给我们提出了应该进一步研究股票市场波动之间的联动性。

9.3　一元 SV 模型波动率短期预测

为了便于比较，同时考虑到 SV 模型的内在收敛特征，加之金融市场尤其是股票市场本身存在长记忆特征（专门研究），我们设计了两种预测模式：一种是基于全部样本期间，即 2005 年 7 月 21 日 ~ 2012 年 12 月 31 日的外推预测；另一种是基于 3 个月期的样本，即从 2012 年 12 月 31 日往前倒推 3 个月，共 55 个样本的短期外推预测，这样从一个侧面来印证预测的精度。用 MCMC

方法对3个月期样本的SV模型参数估计、预测过程与长期样本一样。

9.3.1 短期预测结果及分析

为了与全部样本期间的预测对比分析，3个月期的预测过程完全按照同样的方式进行，具体结果如表9-5~表9-8所示，表中没有给出预测的上下限区间，只给出了点预测结果。

表9-5 一元SV模型对上证综指波动率预测结果（3个月期）

时间	实际		SV-N预测结果			SV-t预测结果		
	股价指数	涨跌	股价指数	误差	误差率	股价指数	误差	误差率
2013.1.4	2276.99	涨	2269.67	-7.32	-0.32%	2269.32	-7.67	-0.34%
2013.1.7	2285.36	涨	2276.50	-8.86	-0.39%	2276.53	-8.83	-0.39%
2013.1.8	2276.07	跌	2287.00	10.93	0.48%	2280.84	4.77	0.21%
2013.1.9	2275.34	跌	2275.40	0.06	0.00%	2278.65	3.31	0.15%
2013.1.10	2283.66	涨	2279.88	-3.78	-0.17%	2350.12	66.46	2.91%

表9-6 一元SV模型对深证成指波动率预测结果（3个月期）

时间	实际		SV-N预测结果			SV-t预测结果		
	股价指数	涨跌	股价指数	误差	误差率	股价指数	误差	误差率
2013.1.4	9096.07	涨	9119.75	23.68	0.26%	9121.42	25.35	0.28%
2013.1.7	9108.47	涨	9099.47	-9	-0.10%	9097.94	-10.53	-0.12%
2013.1.8	9110.45	涨	9113.18	2.73	0.03%	9106.93	-3.52	-0.04%
2013.1.9	9154.87	涨	9112.67	-42.2	-0.46%	9119.47	-35.4	-0.39%
2013.1.10	9170.06	涨	9154.85	-15.21	-0.17%	9165.25	-4.81	-0.05%

表9-7 SV模型对道琼斯指数波动率预测结果（3个月期）

时间	实际		SV-N预测结果			SV-t预测结果		
	股价指数	涨跌	股价指数	误差	误差率	股价指数	误差	误差率
2013.1.2	13412.55	涨	13095.15	-317.4	-2.37%	13104.20	-308.35	-2.30%
2013.1.3	13391.36	跌	13413.38	22.02	0.16%	13402.45	11.09	0.08%
2013.1.4	13435.21	涨	13379.18	-56.03	-0.42%	13366.73	-68.48	-0.51%

续表

时间	实际		SV－N 预测结果			SV－t 预测结果		
	股价指数	涨跌	股价指数	误差	误差率	股价指数	误差	误差率
2013. 1. 7	13384. 29	跌	13427. 69	43. 4	0. 32%	13446. 81	62. 52	0. 47%
2013. 1. 8	13328. 85	跌	13388. 87	60. 02	0. 45%	13562. 31	233. 46	1. 75%

表 9－8　SV 模型对香港恒生指数波动率预测结果（3 个月期）

时间	实际		SV－N 预测结果			SV－t 预测结果		
	股价指数	涨跌	股价指数	误差	误差率	股价指数	误差	误差率
2013. 1. 2	23311. 98	涨	22653. 45	－658. 53	－2. 82%	22652. 61	－659. 37	－2. 83%
2013. 1. 3	23398. 60	涨	23309. 83	－88. 77	－0. 38%	23309. 80	－88. 8	－0. 38%
2013. 1. 4	23331. 09	跌	23399. 31	68. 22	0. 29%	23397. 24	66. 15	0. 28%
2013. 1. 7	23329. 75	跌	23330. 43	0. 68	0. 00%	23325. 94	－3. 81	－0. 02%
2013. 1. 8	23111. 19	跌	22653. 45	217. 1	0. 93%	23322. 08	210. 89	0. 91%

从表中可以看出：

第一，SV 模型的 3 个月期短期预测结果总体上与 7 年的长期预测结果基本相同。不论是从正态分布假设、t 分布假设下 SV 比较，或是点预测误差率以及点预测对应的涨跌方向，长期与短期预测结果没有本质差异，只有个别预测值出现误差率正负的差异。

第二，四个指数的短期预测结果仍然呈现出一些特征。首先，道琼斯指数、恒生指数的预测值在 2013 年 1 月 2 日存在异常点；其次，道琼斯指数与恒生指数之间的预测结果更相近，上证综指与深证成指之间的预测结果则属于另外一类；再次，恒生指数的预测准确程度最差；最后，预测的准确程度有待提高。

9. 3. 2　一元 SV 预测结果比较分析

为了说明上海证券交易所、深圳证券交易所、美国纽约证券交易所、中国香港地区证券交易所不同市场之间，同一市场在长短不同期限之间，以及同一市场同一期限在标准正态分布、t 分布不同假设下预测精度的差异，可以采用第 8. 1 节所介绍的预测精度常用的判断指标即均方根误差 RMSE、平均绝对误差 MAE、泰尔不等系数 TIC 来计算一元 SV 模型的预测精度。显然，预测效果越好，RMSE、MAE 的值越小，TIC 越接近于0。计算结果如表 9－9 所示，为了便于比较，分别按7年样本和3个月期样本（见 Panel A），按上证综指、深证成指、道琼斯指数、恒生指数（见 Panel B）的判别指标进行分类，同时按照预测效果进行排序。

表 9－9　　不同市场、期限、假设下 SV 模型波动率预测误差比较表

Panel A 按样本期限长短分类排序

样本期限	模型	预测精度判别指标					
		RMSE	排序	MAE	排序	TIC	排序
7 年样本期	上证综指—正态	0.0032819	5	0.0030182	5	0.0004264	8
	上证综指—t 分布	0.0006506	1	0.0005989	1	0.0004189	7
	深证成指—正态	0.0024327	4	0.0019222	4	0.0000972	6
	深证成指—t 分布	0.0024260	3	0.0018887	3	0.0000967	5
	道琼斯指数—正态	0.0107958	6	0.0071877	6	0.0000756	4
	道琼斯指数—t 分布	0.0021525	2	0.0014349	2	0.0000752	3
	恒生指数—正态	0.0134720	8	0.0088499	8	0.0000432	2
	恒生指数—t 分布	0.0134558	7	0.0088405	7	0.0000431	1
3 个月样本期	上证综指—正态	0.0031988	3	0.0027155	3	0.0004051	7
	上证综指—t 分布	0.0132881	5	0.0079878	5	0.0069903	8
	深证成指—正态	0.0005055	1	0.0004067	1	0.0000210	1
	深证成指—t 分布	0.0022141	2	0.0017443	2	0.0000805	4
	道琼斯指数—正态	0.0110694	4	0.007451	4	0.0000795	3
	道琼斯指数—t 分布	0.0132882	6	0.0102147	7	0.0001146	6
	恒生指数—正态	0.0179756	8	0.0126387	8	0.0000854	5
	恒生指数—t 分布	0.0134584	7	0.0088341	6	0.0000432	2

Panel B 按指数类别排序

指数	模型	样本期	预测精度判别指标					
			RMSE	排序	MAE	排序	TIC	排序
上证综指	正态	7 年期	0.0032819	3	0.0030182	3	0.0004264	3
		3 个月期	0.0031988	2	0.0027155	2	0.0004051	1
	t 分布	7 年期	0.0006506	1	0.0005989	1	0.0004189	2
		3 个月期	0.0132881	4	0.0079878	4	0.0069903	4

续表

指数	模型	样本期	预测精度判别指标					
			RMSE	排序	MAE	排序	TIC	排序
深证成指	正态	7年期	0.0024327	4	0.0019222	4	0.0000972	4
		3个月期	0.0005055	1	0.0004067	1	0.0000967	3
	t分布	7年期	0.0024260	3	0.0018887	3	0.0000210	1
		3个月期	0.0022141	2	0.0017443	2	0.0000805	2
道琼斯指数	正态	7年期	0.0107958	2	0.0071877	2	0.0000756	2
		3个月期	0.0110694	3	0.007451	3	0.0000795	3
	t分布	7年期	0.0021525	1	0.0014349	1	0.0000752	1
		3个月期	0.0132882	4	0.0102147	4	0.0001146	4
恒生指数	正态	7年期	0.0134720	3	0.0088499	3	0.0000432	3
		3个月期	0.0179756	4	0.0126387	4	0.0000854	4
	t分布	7年期	0.0134558	2	0.0088405	2	0.0000431	1
		3个月期	0.0134584	1	0.0088341	1	0.0000432	2

从表9-9中可以看出：

第一，在16种一元SV模型的预测中，深证成指的3个月期样本正态分布假设下SV模型的预测精度最高，而上证综指的7年期样本t分布假设下SV模型预测精度次之。均方根误差RMSE、平均绝对误差MAE、泰尔不等系数TIC计算结果都证明了这一点。这说明SV预测精度与样本期限长短以及正态分布、t分布假设都没有特定的关联性，而是取决于SV模型能否较好拟合其波动特征。但这与第6章得出的道琼斯指数SV模型拟合效果最好的结论相背离，背离的原因是：由于美国的财政悬崖问题的政策波动点的原因导致道琼斯指数预测精度不高，而财政悬崖问题不仅影响道琼斯指数，而且影响了中国香港地区的恒生指数以及中国内地上海、深圳股票市场的走势，但数据表明，深圳市场受影响最小，因而其对应的SV模型预测的精度最高。

第二，7年样本期数据的t分布假设下SV模型的预测精度要高于正态分布假设，而在三月样本期则不明显。这与第6章的拟合结果基本是一致的，说明股票市场不论是成熟的美国市场还是新兴经济体的中国市场，的确存在尖峰厚尾的特征。

第三，从四种指数SV模型预测结果看，上证综指7年期t分布假设SV模型预测结果最好，深证成指则是3个月期的正态分布SV、道琼斯指数则是7

年期 t 分布 SV、恒生指数是 3 个月期的 t 分布 SV 模型预测效果最好。显然，在波动中处于主动的道琼斯指数、上证综指是长期样本 SV 模型预测效果好，而在波动中受道琼斯指数影响的恒生指数、受上证综指影响的深证成指则是短期样本 SV 模型预测效果好。因此，有必要从股价指数波动的联动性角度来进一步预测。

9.4 MSV 模型波动率预测

遵循先单个市场的 SV 模型然后市场之间的联立 MSV 模型进行预测的脉络，本书在第 7 章基于 MCMC 股票市场随机波动联动性实证分析的基础上对二元 MSV 模型的预测。预测的基本过程与一元 SV 模型相同，但由于二元 MSV 模型中同时包含两个变量，在 MCMC 预测程序编写及运行中可以一并获得两个变量的预测结果。

根据研究目的，重点分析我国上证综指、深证成指波动率预测结果，第 7 章 MSV 模型实证分析结果也表明，股票市场之间波动联动性的传递路线是：道琼斯指数—上证综指—深证成指，恒生指数对上证综指、深证成指的波动联动性传递不明显。为此，选取上证综指与深证成指、道琼斯指数与上证综指之间的 MSV 模型来预测，也选取了恒生指数与上证综指的 MSV 以便相互之间的验证与比较。

9.4.1 上证综指—深证成指 MSV 模型波动率预测

为了便于对比，二元 MSV 模型预测波动率期限与一元 SV 一致，上证综指与深证成指 MSV 模型预测的 5 个交易日时间对应就是 2013 年 1 月 4 日、7 日、8 日、9 日、10 日。在 WinBUGS 运行中，预测值对应设置为 y [+1]、y [+2]、y [+3]、y [+4]、y [+5]。同样，同时进行点预测与基于 5% 置信水平的波动率区间预测，并通过波动率与股票价格指数的转换关系，可计算出波动率对应的指数和指数区间预测值。由于 MSV – N 和 MSV – t 模型的预测结果差异不大，为了简洁，只给出 MSV – N 模型的预测结果，具体如表 9 – 10 所示。

表 9 - 10　　上证综指—深证成指二元 MSV - N 模型波动率预测结果

时间	市场	实际		MSV - N 预测结果				误差	
		股价指数	涨跌	股价指数	指数下限	指数上限	涨跌	绝对误差	误差率
1 月 4 日	上证综指	2276.99	涨	2269.99	2094.29	2466.86	涨	-7	-0.31%
	深证成指	9096.07	涨	9120.70	8331.52	10016.62	涨	24.63	0.27%
1 月 7 日	上证综指	2285.36	涨	2276.85	2095.17	2458.41	涨	-8.51	-0.37%
	深证成指	9108.47	涨	9095.55	8288.30	9928.45	跌	-12.92	-0.14%
1 月 8 日	上证综指	2276.07	跌	2285.74	2103.65	2472.51	涨	9.67	0.42%
	深证成指	9110.45	涨	9110.63	8280.61	9961.99	涨	0.18	0.00%
1 月 9 日	上证综指	2275.34	跌	2277.80	2102.30	2478.00	跌	2.46	0.11%
	深证成指	9154.87	涨	9118.64	8322.51	10023.31	涨	-36.23	-0.40%
1 月 10 日	上证综指	2283.66	涨	2275.34	2092.67	2472.87	跌	-8.32	-0.36%
	深证成指	9170.06	跌	9155.69	8322.54	10054.47	涨	-14.37	-0.16%

从表 9 - 10 中可以看出：

第一，二元 MSV 预测结果基本可靠，但精度不高。上证综指、深证成指的 MSV 模型的点预测结果的误差率均在 0.5% 以内，结果有高估，也有低估，最准确的预测点，上证综指是第四天，深证成指是第三天，点预测准确性一般。从 95% 的置信度对应的后验区间预测看，上证综指与深证成指的预测值均在区间内，误差率最差的一天也不例外，说明区间预测有一定可靠性。从点预测对应的指数涨跌方向上判断，两个指数均只有三天的涨跌方向预测与实际相符，可靠性不高。

第二，二元 MSV 模型预测结果与其估计结果相关。前述第 7 章分析得出，中国沪深股票市场之间的波动联动性属于一类，二者波动联动性较强。从第一天的静态预测与后续几天的动态预测看，没有明显的误差扩大或者缩小的趋势，反过来说明 MSV 模型参数估计可靠、收敛。

第三，二元 MSV 模型与一元 SV 模型预测结果比较看，二者差异不大。通过比较表 9 - 10 与表 9 - 3、表 9 - 4 的沪深指数预测结果，不论是从点预测、区间预测，还是点预测值对应涨跌方向，二元 MSV 模型预测准确程度并没有明显提高，说明把市场之间的波动联动性纳入指数预测的一个影响因素，还没有达到明显提高预测精度的效果。

上证综指与深证成指之间的 MSV 模型预测波动率的结果可靠，但精度不高。其原因主要有：一方面，基于 MCMC 方法的 MSV 模型预测是通过把上证综指、深证成指视为一个内生系统，从系统的随机误差及相互关系角度来展开的，本质上与一元 SV 模型相同，比一元 SV 模型考虑更多的是把股票市场之间波动联动性纳入随机误差；另一方面，影响股价指数波动的因素众多，从 SV 模型拓展到 MSV 模型，只是考虑股票市场之间波动联动性对股价指数的影响，但仍然没有考虑经济、金融、投资者、交易机制等因素对股价波动的影响。实际的情况是，预测期间的 2013 年 1 月 4 ~ 10 日，中国央行行长发表公开讲话表示 2013 年货币政策不会有太大变化，强调货币政策将保持稳健，但将增强前瞻性、针对性和灵活性。同时，我国开始实施了差别化的股息红利税、上海证券交易所实施《上交所风险警示板》、证监会要求 IPO 在审企业关于 2012 年财务报告的自查工作等系列政策。外部因素有：元旦放假期间美股因为美国财政悬崖问题达成一致而出现大涨；欧债危机有进一步恶化的迹象等。这些因素在 MSV 模型参数估计的样本期间是没有的，因而预测中无法体现，预测准确程度难以提高。

9.4.2 道琼斯指数—上证综指 MSV 波动率预测

道琼斯指数与上证综指 MSV 模型预测过程和上证综指与深证成指 MSV 模型预测一样。需要说明的是外推预测时间问题，由于中国与美国股票市场的元旦放假时间不一致，而 MSV 模型参数估计及预测时要求数据量相同，在 WinBUGS 运行中预测值对应设置为 y[+1]、y[+2]、y[+3]、y[+4]、y[+5] 以保证预测符合随机波动的原理要求，而对应到具体实际时间上，道琼斯指数与上证综指就是 2013 年 1 月 2 日、3 日、4 日、7 日、8 日，上证综指 2013 年 1 月 2 日、3 日属于放假时间，舍弃这两天的预测结果。由于正态分布、t 分布假设下 MSV 模型预测结果接近，只给出 MSV - N 模型的预测结果，具体如表 9 - 11 所示。

表 9 - 11　道琼斯指数—上证综指二元 MSV - N 模型波动率预测结果

时间	市场	实际		MSV - N 预测结果				误差	
		股价指数	涨跌	股价指数	指数下限	指数上限	涨跌	绝对误差	误差率
1 月 2 日	道琼斯	13412.55	涨	13101.36	12361.19	13849.95	涨	-311.19	-2.32%
	上证综指								

续表

时间	市场	实际		MSV－N 预测结果				误差	
		股价指数	涨跌	股价指数	指数下限	指数上限	涨跌	绝对误差	误差率
1 月 3 日	道琼斯	13391.36	跌	13410.35	12649.71	14203.87	涨	18.99	0.14%
	上证综指								
1 月 4 日	道琼斯	13435.21	涨	13392.20	12668.18	14195.48	跌	－43.01	－0.32%
	上证综指	2276.99	涨	2271.65	1957.67	2641.79	涨	－5.34	－0.23%
1 月 7 日	道琼斯	13384.29	跌	13432.14	12681.99	14220.76	涨	47.85	0.36%
	上证综指	2285.36	涨	2277.71	1960.33	2645.12	涨	－7.65	－0.33%
1 月 8 日	道琼斯	13328.85	跌	13385.30	12637.46	14177.77	跌	56.45	0.42%
	上证综指	2276.07	跌	2286.20	1967.34	2650.60	涨	10.13	0.45%

从表 9－11 中可以看出：

第一，道琼斯指数与上证综指的二元 MSV 模型预测的上证综指结果显示，预测准确程度不高，可靠性强。由于时间错位的原因，上证综指只有三天预测值，其点预测值的误差率在 0.4% 左右，有大于实际指数的预测值，也有小于的预测值。从 95% 的置信度对应的后验区间预测看，上证综指的预测值均在区间内，说明区间预测有一定的可靠性。从点预测对应的指数涨跌方向上判断，上证综指三天的涨跌方向预测中前两天与实际相符，可靠性强。

第二，道琼斯指数与上证综指的二元 MSV 模型预测结果略好于道琼斯指数、上证综指一元 SV 模型预测结果，同上证综指与深证成指的 MSV 模型预测结果相差不大，没有明显的优劣差异。联动预测结果略好于单一预测，说明考虑股票市场之间的联动性能够起到提高预测准确程度的效果，这与沪深之间 MSV 预测结果有一定差异。

第三，道琼斯指数和上证综指的二元 MSV 模型预测结果与模型参数估计、拟合优度有关。在 MSV 实证分析中，已经得出美股、中国港股与沪深股票市场之间的波动联动性属于另外一类，模型中的波动溢出参数 ϕ_{12}^*、ϕ_{21}^*，波动动态相关系数 ρ，在比较中处于中间水平，预测结果反映了道琼斯指数与上证综指之间 MSV 模型的这样情形。

需要说明的是，道琼斯指数在二元 MSV 模型中的预测结果也与上证综指有相近的特征。

道琼斯指数与上证综指的 MSV 模型预测上证综指波动率的结果可靠，精度也有待提高，但相比较而言略好。其原因主要有：一方面是 MSV 模型预测的共性原因，即从系统的随机误差及相互关系角度来展开建模、估计及预测；没有考虑影响股价指数的其他众多因素，因此，难以对市场以外的突发事件进行预测。另一方面是我国上证综指与深证成指之间的波动联动性属于一类，波动联动性较强，而道琼斯指数与上证综指之间属于另外一类，其波动联动性更弱，但是，沪深之间的波动联动性属于同一国家，波动相互传递更多是在一天之内同步完成，而中美股市之间的波动联动性是跨国传递，有诸多障碍，客观上存在一天时间滞后期，此外，上证综指在此波动联动性中是被影响的市场，因此，最终表现出来就是预测值的精度略有提高。此外，上证综指预测值没有因为元旦放假的原因导致上证综指随着道琼斯指数的大涨而出现很大的预测误差，说明前述对中外股票市场由于交易时间不一致进行的样本数据处理方法得当，结果可靠。

9.4.3 恒生指数——上证综指 MSV 波动率预测

恒生指数与上证综指 MSV 模型预测过程同道琼斯指数与深证成指 MSV 模型预测一样。预测时间是 2013 年 1 月 2 日、3 日、4 日、7 日、8 日，舍弃上证综指的 2013 年 1 月 2 日、3 日的预测结果，只给出 MSV－N 模型的预测结果，重点分析上证综指，而不是恒生指数，具体结果如表 9－12 所示。

表 9－12　恒生指数—上证综指二元 MSV－N 模型波动率预测结果

时间	市场	实际		MSV－N 预测结果				误差	
		股价指数	涨跌	股价指数	指数下限	指数上限	涨跌	绝对误差	误差率
1 月 2 日	恒生指数	23311.98	涨	22658.63	21226.60	24239.05	涨	－653.35	－2.80%
	上证综指								
1 月 3 日	恒生指数	23398.60	涨	23309.21	21815.21	24872.86	涨	－89.39	－0.38%
	上证综指								
1 月 4 日	恒生指数	23331.09	跌	23396.22	21868.48	25014.76	涨	65.13	0.28%
	上证综指	2276.99	涨	2269.98	1985.08	2597.78	涨	－7.01	－0.31%
1 月 7 日	恒生指数	23329.75	跌	23335.76	21806.47	24989.78	跌	6.01	0.03%
	上证综指	2285.36	涨	2279.45	2003.54	2603.39	涨	－5.91	－0.26%
1 月 8 日	恒生指数	23111.19	跌	23319.28	21788.01	24910.01	跌	208.09	0.90%
	上证综指	2276.07	跌	2284.51	1998.47	2604.61	涨	8.44	0.37%

从表9－12中可以看出：

第一，恒生指数与上证综指的二元MSV模型预测结果可靠，但预测精度偏低。就上证综指而言，由于元旦放假的原因只有三天预测值，点预测误差率为0.3%左右，同时存在预测值左偏和右偏的情形，预测的精度还没有达到指导实际股票交易的要求。但从点预测对应的指数涨跌方向上判断，上证综指三天的涨跌方向预测有两天与实际相符，从95%的置信度对应的后验区间预测看，上证综指的预测值均在区间内，这又从另一个角度说明MSV预测结果可靠性强。

第二，从相互比较看，其略优于上证综指一元SV模型预测结果，同上证综指与深证成指、道琼斯指数与上证综指的二元MSV模型预测结果处于同一水平，没有明显的好坏之分。恒生指数与上证综指、道琼斯指数与上证综指的二元模型预测结果均略优于一元模型，而上证综指与深证成指的情况则差不多，再次说明把上证综指放在开放的资本市场、股票市场来分析预测，比把上证综指放在我国沪、深股票市场的内部来分析预测，效果要好，更符合实际。

第三，实证结论表明恒生指数与上证综指的MSV模型拟合优度低于上证综指与深证成指、道琼斯指数与上证综指之间的拟合优度，但总体上看，是道琼斯指数而不是恒生指数直接影响上证综指，因此，预测结果反过来证实了实证结论的可信度。

需要说明的是，恒生指数在二元MSV模型中的预测结果也与上证综指有相近的特征。

恒生指数与上证综指的MSV模型预测上证综指波动率的结果同道琼斯指数与上证综指的情形相近，略好于上证综指与深证成指的情形，预测的准确程度离指导实际有一定距离。除去MSV模型的共性原因外，针对恒生指数与上证综指的MSV而言主要有：二者的交易时间基本一致，没有道琼斯指数对上证综指的一天滞后期，又有一点时间上错位，恰好有波动性从一个市场传递到另外一个市场的时间间隔；港股中有大量中资股票，其属于同样公司的A、H股，这是天然的波动传递纽带。

9.4.4 MSV模型波动率短期预测

根据二元联立MSV模型模拟过程，参照一元SV模型预测的做法，在完成基于样本期（2007～2012年）基础上的二元MSV模型对上证综指、深证成指、道琼斯指数、恒生指数的波动率预测后，本书对基于3个月期的二元MSV模型的短期预测各指数的波动率进行测算。测算的原理、过程与7年期一样，同样区分为上证综指—深证成指、道琼斯指数—上证综指、恒生指数—上证综指等几种不同指数组合情况来展开。为了避免重复，表9－13只给出了MSV－N模型的情形，只有上证综指的预测结果（MSV－t模型结果，其他股价指数预测结果资料不显示。若有需要可以与笔者联系），同样，上证综指与深证成指的预测结果是2013年1月4日、7日、8日、9日、10日，而道琼斯指数与上证综指、恒生指数与上证综指的预测结果是2013年1月4日、7日、8日。

表9－13　　二元MSV－N模型波动率预测结果（3个月期）

时间	实际		MSV预测								
	上证综指		上证综指—深证成指			道琼斯指数—上证综指			恒生指数—上证综指		
	股价指数	涨跌	股价指数	涨跌	误差率	股价指数	涨跌	误差率	股价指数	涨跌	误差率
1月2日	—		—			—			—		
1月3日	—		—			—			—		
1月4日	2276.99	涨	2269.61	涨	－0.32%	2269.34	涨	－0.34%	2270.84	涨	－0.27%
1月7日	2285.36	涨	2278.49	涨	－0.30%	2276.98	涨	－0.37%	2277.83	涨	－0.33%
1月8日	2276.07	跌	2286.53	涨	0.46%	2286.42	涨	0.45%	2285.77	涨	0.43%
1月9日	2275.34	跌	2277.73	跌	0.11%	—			—		
1月10日	2283.66	涨	2275.33	跌	－0.36%	—			—		

从表9－13中可以得出：

MSV模型波动率3个月期预测结果总体上与全样本对应的预测结果基本一致。从点预测值的误差率看，全部都在0.5%以内，从点预测对应的指数涨跌方向上判断，准确程度不高。只不过，数据显示上证综指的预测值均处于95%的置信度对应的后验预测区间内。3个月期与7年期样本对应的MSV模型的点预测、涨跌方向判断、区间预测都接近，无一例外。

这说明，基于MCMC方法的MSV模型在充分反映样本数据的波动溢出、共生、尖峰厚尾等特征，在运算次数达到收敛标准后，样本期间的长短对预测结果没有显著的影响，波动的长记忆性特征不显著。3个月期MSV模型预测精度没有下降，就可用3个月期的数据代替大样本的数据，这对大大提高MCMC方法的运算时间、让MCMC方法连续不断地运算变为可能，才使得可以利用MSV模型预测结果进行预警，进而有利于MCMC方法和MSV模型用于指导实践。

9.5　基于联动随机波动模型的预警机制设计

联动二元 MSV 模型显示，美股的道琼斯指数、中国香港的恒生指数波动率与上证综指、深证成指波动率之间存在稳定的内在联系，并可以通过时间外推预测指数的波动率，而后转化为实际的指数变化。实际操作中，上海、深圳股票市场受到以美国股票市场为主的海外市场影响较大，投资者在进行短期股票买卖决策前，美国股票市场的走势是其主要的判断依据之一。为此，本书在预测的基础上，通过在联动 MSV 模型中事前设定联动市场的股价指数波动率参数，以此来推算上证综指的波动率，进而判断指数的走势，再设定判断指标来起到预警作用。

根据前述分析和研究设计，本书中只测定道琼斯指数、恒生指数对上证综指的预警。

9.5.1　预警过程

根据联立二元 MSV 模型的基本原理，在原有预测模型基础上，改进输入参数的方法就可实现预警。具体做法是：首先，把二元 MSV 模型中的一个指数设定为外生变量，这里主要是为了预警上证综指的波动率，因此，把道琼斯指数、恒生指数设定为外生变量。其次，人为给定外生变量一个波动率水平，范围在 ±10% 之间均可，理论上还可以更大。再次，应用 MCMC 方法，通过二元 MSV 模型预测出上证综指对应的波动率。最后，根据预测出来的波动率水平，采取相应的调节办法或者措施，促使上证综指波动率不要超过设定标准，达到降低上证综指波动风险的预警效果。

显然，MSV 预警过程中的核心是预测波动率。预警机制中波动率的预测与模型直接预测波动率不同，预警中有一个指数的波动率是事先人为设定的，另外一个指数的波动率才是预测出来的，而模型中则是两个指数同时预测出来。通过对 WinBUGS 程序的简单改造，就可以在 MSV 模型中计算出设定波动率与预测波动率。

MSV 预警中还有一个问题需要明确的是预警超前期限。超前期限越接近实际时间，预警的效果越好，但反过来，超前期限太近，留给可能采取进一步措施的时间间隔就太短。所以预警期限需要根据实际情况设定。

9.5.2 参数设定

第一，事前设定道琼斯指数、恒生指数的波动率。根据道琼斯指数在实际中运行的基本态势，结合道琼斯指数与上证综指的二元 MSV 模型估计、预测结果，设定道琼斯指数、恒生指数的波动率分别为：向上波动 1%、2%、3%、4%、5%这五种情况与向下波动 1%、2%、3%、4%、5%这五种情况，共 10 种情况。按照 10 种情形逐一预测上证综指对应的波动率水平。

第二，设定预警期限。考虑到股票投资决策中的前瞻性，同时，美股与中国股市在交易时间客观上存在一天的差异，因此，设定预警超前期限为 2 个交易日。为了保持一致性并便于比较，香港恒生指数的预警超前期限同样设定为 2 个交易日。需要说明的是，中国的国庆节、春节等由于放假制度导致时间差异较大，2 个交易日的预警期限可能较短，不足以涵盖风险。但正如 MSV 模型预测结果表明的那样，中国内地股市长假后第一天的涨跌受到长假期间美股、中国港股总体走势的影响，而不是长假中某一天。

9.5.3 预警阈值标准

当道琼斯指数、恒生指数对上证综指的波动率及对应股价指数涨跌测算出来后，这个波动率是否是过度波动，这个涨跌幅度是否是在可控、可接受的范围之内，需要设定一个预警的阈值。超过阈值的金融市场的随机波动就是泡沫的苗头或危机的先兆。而预警阈值标准是一个价值判断、主观判断，不同风险偏好的投资者、不同景气程度的市场走势、不同成熟程度的市场氛围下预警阈值可能有较大的差异。预警的阈值一种设定方式是综合考虑我国转轨体制下股票市场的实际特征、历史上的波动水平、股票及其他金融市场的完备程度来设定；另一种方式是可以从样本期的波动率找出特征来设定。本书提供一个阈值的参考标准，阈值可以设定为测算周期内波动率平均水平的 3 倍标准差，标准差计算方法与第 6 章按描述统计相同，第一、二天的 3 倍标准差递推计算。给出 2 个交易日的预警阈值，只要有一个预测出来的指数涨幅超过阈值就属于发出预警信号的范畴。当然，如果两个预测值都超出阈值，则属于很强的预警信号。

9.5.4　预警实现

首先设定道琼斯指数或者恒生指数在样本期外的第一天为 y [+1, 1], 第二天为 y [+2, 1], 对应当天上证综指的预测值为 y [+1, 2], 第二天的则为 y [+2, 2]。其次设定 y [+1, 1] 的值, 即分别为 1%, 2%, 3%, 4%, 5%, -1%, -2%, -3%, -4%, -5%, 并把设定的值按照样本波动率的处理方式转化为波动率。y [+2, 1]、y [+1, 2] 和 y [+2, 2] 则不设定具体值, 而是作为监测变量, 即预警指标。然后通过改写 WinBUGS 程序中样本容量, 就可以输入设定参数, 运行 WinBUGS 即可得到预警指标值, 运算过程与前述相同。

由于预警是 2 个交易日的短期预警, 可以采取移动计算, 在现有的技术设施和条件下, 可以保证以天天更新、天天监测的方式来建立常态的连续的预警机制。实际中还可以采取扩大样本计算周期, 以一个交易周为周期计算波动率, 同样就可以得出本周和下周的预警指标。提前一周的预警就给监管部门和其他管理部门预留出来了风险化解的时间和空间, 真正达到预警的效果, 起到预警的作用。

需要说明的是, 完整的预警机制包括后续采取的对策、措施。从波动率预警机制研究角度来说, 只要能提前给出上证综指的波动率水平, 发出预警信号, 市场监管者和参与各方就可以采取相应的措施, 预警就真正发挥作用。

9.6　基于联动随机波动模型的预警测定

9.6.1　道琼斯指数波动对上证综指的预警测定

MSV 预测结果已经证实, 3 个月期数据的样本预测结果与 7 年期的一样, MSV - N 与 MSV - t 模型预测结果基本一样, 为了提高效率, 更贴近实际预警需要, 本书根据预警机制的设计模式, 选取了 MSV - N 的 3 个月期拟合和预测的数据进行道琼斯指数与上证综指的预警测定。结果如表 9 - 14 所示。表 9 - 14 中给出了设定的道琼斯指数涨跌 5%、4%、3%、2%、1% 对应的波动率, 通过 MSV - N 模型预测上证综指第一天、第二天的波动率和指数及对应的涨幅, 按照测算周期内波动率标准差的 3 倍作为预警阈值标准。

表 9－14　二元联动 MSV 模型下道琼斯指数对上证综指的预警测定结果

设定参数		MSV－N 模型对上证综指预测结果						预警结果		
道琼斯指数		第一天			第二天			预警参照标准		是否预警
涨跌幅度	指数波动率 y	指数波动率	上证综指	涨跌幅度	指数波动率	上证综指	涨跌幅度	第一天	第二天	
5%	0.04925	0.0118	2262.56	－0.29%	－1.207E－4	2265.092	－0.18%	1.312%	1.426%	否
4%	0.039681	0.007188	2252.149	－0.75%	4.695E－5	2255.047	－0.62%	0.846%	0.976%	否
3%	0.030019	0.007071	2251.886	－0.76%	7.045E－6	2254.694	－0.64%	0.834%	0.960%	否
2%	0.020263	0.004845	2246.879	－0.98%	－9.497E－5	2249.451	－0.87%	0.610%	0.725%	是
1%	0.01041	0.002543	2241.712	－1.21%	4.246E－5	2244.587	－1.08%	0.379%	0.508%	是
－1%	－0.00959	－0.002336	2230.801	－1.69%	－3.122E－5	2233.497	－1.57%	－0.110%	0.011%	是
－2%	－0.01974	－0.004246	2226.545	－1.88%	－4.734E－5	2229.2	－1.76%	－0.300%	－0.181%	是
－3%	－0.03	－0.007906	2218.41	－2.24%	－8.023E－6	2221.142	－2.11%	－0.664%	－0.542%	是
－4%	－0.04036	－0.009528	2214.815	－2.39%	7.515E－5	2217.728	－2.27%	－0.825%	－0.695%	是
－5%	－0.05083	－0.01012	2213.504	－2.45%	－1.3E－6	2216.245	－2.33%	－0.884%	－0.761%	是

从表 9 – 14 中可以看出：

第一，预警机制对上证综指发出了预警信号。在道琼斯指数出现 10 种假设涨跌的情况下，按照 3 倍波动率标准差的预警阈值标准，对应的预测上证综指有 7 种情形都大于阈值，进而发出预警信号。应该说，预警机制很好地起到了事前警示的作用。需要说明的是，阈值与预测值的大小比较，采用的是绝对值比较，因为对于预警来说，超过阈值的涨跌都需要给出信号，只不过，由于我国股票市场层次不够丰富，没有做空机制，投资者更希望上证综指上涨，对于指数上涨的预警往往没有得到足够的重视。

第二，预警信号多数在道琼斯指数下跌假设情况下出现。数据显示，10 种假设、7 种发出预警信号，其中，5 种是假定道琼斯指数下跌，2 种是其上涨的情形，说明在 2013 年 1 月 4 日假定道琼斯指数的下跌走势对上证综指的波动联动性更强。实际情况是，由于放假原因，2013 年 1 月 2 日、3 日道琼斯指数大涨没有在上证综指中得到充分反映，导致预警信号多数出现在假定下跌的情况。而且第二天即 1 月 5 日的预警情况与第一天基本相同，更强化了这种上证综指对道琼斯指数“跟跌不跟涨”的趋势性。

如果预警阈值标准不选用本书提供的 3 倍波动率标准差，而是选用主观的价值判断，比如涨跌幅度 2% 为阈值，出现预警信号的数量由 7 种降为 3 种，但仍然是道琼斯指数下跌的情形，再次印证。

第三，上证综指预警走势与道琼斯指数假定变化趋势相同。假定道琼斯指数从 5% 逐渐下降到 –5%，MSV – N 预测出来的第一天上证综指从 –0.29% 逐渐下降到 –2.45%，第二天也不例外，从 –0.18% 逐渐下降到 –2.33%。虽然趋势是下降，但假定道琼斯指数上涨 1% ~5% 的情形，预警的上证综指波动率是正值，指数则均是下跌，道琼斯指数上涨对上证综指的预警作用不明显。

从金融学角度解释道琼斯指数对上证综指的预警测定结果，一是 MSV 预警与预测一样，对外生的突变事件难以预警。把预警结果与 MSV 预测结果（见第 8.4 节）进行对比可知，与 2013 年 1 月 4 日 MSV 预测结果最接近的是假定道琼斯指数上涨 5% 的情形下对应的上证综指，而实际情况是道琼斯指数 1 月 2 日因财政悬崖问题达成一致意见而大涨 2.35%，3 日、4 日则维持高位，1 月 4 日的上证综指只上涨 0.3%，说明基于 MSV 模型的预警机制发生作用与预测原理一样，对于股价指数随机波动以外的突发事件难以发生作用。二是我国股票市场的过度反应和反应不足现象并存。2008 ~2012 年我国股票市场持续低迷，弱势特征明显，股票市场对利空消息过于敏感，而对利好消息麻木，上证综指的确存在对道琼斯指数为代表的海外市场的下跌走势过度反应而对其上涨却反应不足的现象。对利空过度反应、利好反应不足说明我国投资者情绪是影响股票市场走势的重要因素，有待于从行为金融理论深入展开研究。

9.6.2 恒生指数波动对上证综指的预警测定

恒生指数波动对上证综指的预警测定和道琼斯指数对上证综指的预警测定一样，不再赘述。所不同的是预警阀值标准，根据恒生指数—上证综指的预警结果，3 倍波动率的标准差参考标准不再适用，应该选用主观标准，表 9 - 15 是按照 2% 的标准给出是否预警的结果。

从表 9 - 15 中可以得出：

第一，恒生指数对上证综指发出了清晰的预警信号。在假设恒生指数出现 -5% 到 +5% 涨跌幅度的 10 种情况，对应的上证综指第一天有 8 种情形都发出了预警信号，只有涨 1% 、跌 1% 的情况是在阀值范围内，这说明预警机制在恒生指数—上证综指之间发挥作用。需要指出的是，第二天预警测定结果基本相同，完全没有起到预警的作用，后续只分析第一天。与道琼斯指数对上证综指的预警测定结果比较，其预警值与阀值的比较更为直观、预警信号更清晰，第一天与第二天的作用也千差万别。

第二，上证综指发出预警信号的情形与恒生指数设定的涨跌幅度高度一致。从上证综指第一天预警结果看，其完全与恒生指数设定的涨跌方向相同，涨跌幅度略大，与道琼斯指数对上证综指预警结果出现的全部下跌，只“跟跌不跟涨”的特征完全不同。因此，预警信号对应就是恒生指数的设定，当预警阀值选用 3% 时，预警信号就是恒生指数设定的涨跌 ± 3% 、± 4% 、± 5% 这 6 种情形。

第三，恒生指数对上证综指的预警结果明显有别于 MSV 预测结果。恒生指数同样存在由于美股大涨带来的 2013 年 1 月 2 日、3 日、4 日持续上涨的实际情况，但 MSV 预测上证综指 2013 年 1 月 4 日是上涨，点位是 2270. 84 点，与当天实际上证综指相差甚微，而上证综指预警结果最接近实际指数的是恒生指数上涨 1% 假定情形，其余的均远离这一数字。这说明恒生指数对上证综指的预警效应更为突出。

同样的样本期间，中国股票市场同样持续低迷，弱势特征明显，但上证综

表 9-15 二元联动 MSV 模型下恒生指数对上证综指的预警测定结果

设定参数		MSV-N 模型对上证综指预测结果						预警结果	
恒生指数		第一天			第二天			是否预警	
涨跌幅度	指数波动率 y	指数波动率	上证综指	涨跌幅度	指数波动率	上证综指	涨跌幅度	第一天	第二天
5%	0.04727	0.04843	2381.73	4.96%	1.621E-4	2269.50	0.02%	是	否
4%	0.0377	0.04331	2369.57	4.43%	-2.325E-4	2268.60	-0.02%	是	否
3%	0.02804	0.03403	2347.68	3.46%	-1.265E-4	2268.84	-0.01%	是	否
2%	0.01828	0.02162	2318.72	2.19%	-1.604E-5	2269.09	0.00%	是	否
1%	0.00843	0.01182	2296.11	1.19%	-1.643E-4	2268.76	-0.02%	否	否
-1%	-0.01157	-0.01562	2233.96	-1.55%	7.174E-5	2269.29	0.01%	否	否
-2%	0.02172	-0.02562	2211.73	-2.53%	1.072E-4	2269.37	0.01%	是	否
-3%	-0.03198	-0.03649	2187.82	-3.58%	-1.143E-5	2269.10	0.00%	是	否
-4%	-0.04234	-0.04814	2162.48	-4.70%	-1.399E-4	2268.81	-0.01%	是	否
-5%	-0.05281	-0.05311	2151.76	-5.17%	1.052E-4	2269.37	0.01%	是	否

指对道琼斯指数是“跟跌不跟涨”的预警，而对恒生指数则几乎是完全同步同向预警，该现象背后的经济解释有：首先，有一批上市公司在香港股票市场和上海股票市场同时上市，即 A + H 股，而且在香港上市的中资股票占港股的比例接近 20%，中资股票的交易量占到总交易量的 35% 左右，这种趋势还在继续扩大，因此，恒生指数与上证综指的波动联动性是客观的。但道琼斯指数与上证综指波动的联动性则没有这样的直接通道，只能发生在对股票市场产生共同影响的政治、经济、金融等因素上，通过投资者情绪等来传递。恒生指数与上证综指间的预警特征更多符合协同市场假说理论，道琼斯指数与上证综指间的预警特征则更能说明行为金融理论。其次，恒生指数与上证综指在时间上基本同步，而道琼斯指数与上证综指则有一天的时间差，因此，A + H 股在交易时间段就已经做出了反映，按照收盘指数来测定的预警结果完全是同步涨跌了。而在一天的时间差中，导致道琼斯指数波动的因素可能会变化，同时会被中国股票市场参与各方充分解读，导致投资者的情绪更趋于理性，波动联动性更平稳。从第二天预警结果也能证实，恒生指数对上证综指的基本相同，没有任何作用，道琼斯指数对上证综指的情形则与第一天类似。最后，与 MSV 预测结果原因分析一样，道琼斯指数与上证综指间存在股票市场以外的诸多经济、金融、法规等壁垒或障碍，而恒生指数与上证综指间的壁垒和障碍要少得多。

9.7　结论与展望

本章就上证综指、深证成指、道琼斯指数、恒生指数的一元 SV 模型对其未来 5 天波动率进行预测，并通过二元 MSV 模型对上证综指—深证成指、道琼斯指数—上证综指、恒生指数—上证综指之间波动联动性进行了预测，在此基础上建立了预警机制，并实际测定了预警结果。这些研究的结论有以下三方面。

第一，可以通过 MSV 模型来建立预警机制，能起到预警效果。实证研究表明，不论道琼斯指数还是恒生指数，都能够通过预警机制对上证综指发出预警信号，而且恒生指数的预警信号更清晰。上证综指对道琼斯指数是“跟跌不跟涨”的预警，而对恒生指数则几乎是完全同步同向预警。在两天的预警期限中，主要依据第一天的预警起作用，第二天预警作用不大。预警虽然是建立在 MSV 预测基础上的，但其效果比预测更好，能够为我国股票市场的波动性风险管理提供有效的参考。

第二，MSV 预测结果可靠，但精度不够，对指导实际操作有一定距离。不论是一元 SV 模型或是二元 MSV 模型，不论是正态分布或是 t 分布假设，不论是七年的全样本或是 3 个月期的短期样本，对上证综指、深证成指、道琼斯指数、恒生指数未来 5 天的点预测值误差率在 0.5% 以下，点预测对应指数涨跌方向判断差异较大，但预测值均处在对应的后验预测区间。各种指数组合的 SV、MSV 模型预测精度没有显著的差异，预测值出现例外的情况是 2013 年 1 月 2 日，美股因财政悬崖事件突然达成一致意见而大涨。总体上，要想用预测值来指导实际操作还有待进一步研究。

第三，3 个月短期与 7 年期长期的预测和预警没有显著差别。实证结果表明，3 个月短期与 7 年全样本期的对 SV、MSV 预测和预警结果没有显著差异，这是对我国 2005～2012 年股票市场波动性数据的特征挖掘，基于此，用 3 个月期的数据进行估计、预测、预警等缩短了 MCMC 计算时间，提高运算效率，降低了对计算机等硬件设备的要求，为 MCMC 方法在实践中低成本运用和推广奠定了基础。

需要指出的是，股票市场波动性研究是金融学界一直以来的研究焦点问题，对其理论解释产生了随机游走假说、有效市场假说、协同市场假说、分形与混沌市场理论、行为金融理论等，对其实证研究则出现了 ARMA、ARCH、GARCH、SV、MSV 等模型，但很少有对波动性预警研究的。因此，本书对我国股票市场的波动联动性尝试进行预警分析，是一种有意义的探索，也基本实现预期目标。但从提高精度、指导实践的角度看，可以从以下三方面深入研究。

一是按照 MSV 模型建立的预警机制，每天进行预警测定，原始数据采用移动计算，在出现重大的突发事件后，修订预警机制，保证预警机制天天与市场波动的实际情况一致，尽可能把握住市场波动的变化特征。

二是可以不断试算调整预测预警中的参数，比如预测区间的置信水平可以设定为 99%，预警的事前假定可以更细化，预测预警周期可以拉长到周、月波动数据，也可缩短为小时、10 分钟等高频数据，以保证模型中参数不仅收敛，而且更加可靠。

三是建立多种因素 MSV 模型，从二元增加到三元及以上 MSV 模型，把更多的相关市场波动纳入系统中，减少漏损的市场。此外，在模型中增加影响波动的因素，建立因素 MSV 模型，充分反映其他因素对波动率的影响，力争提高 MSV 模型预测、预警的精度。

第 10 章

防范中国股票市场过度波动的对策建议

前述章节梳理了金融市场随机波动特征及相关理论，建立了单一和联动的随机波动模型，探讨了 MCMC 估计方法，并用 MCMC 方法 SV 模型实证研究了我国股票市场的上证综指、深证成指以及美股的道琼斯指数、中国港股的恒生指数、人民币兑美元汇率在 2005 ~ 2012 年间随机波动的水平、持续性、抗干扰性以及随机波动的联动性，在此基础上进行了波动联动性的预测、预警分析，预测结果精度不高但可靠，预警机制能起到预警的效果。本章以理论研究、实证分析得出的结论为依据，针对性地提出化解股市自身带来的、其他金融市场波动联动性带来的中国股票市场急剧波动的对策措施，以期防范中国股票市场过度波动，有助于中国股票市场健康平稳发展。

10.1 理顺实体经济与股票市场的良性互动关系

实证研究中运用 MCMC 方法及 SV 模型去分析股价指数的波动及联动性，没有直接涉及实体经济波动问题，但是，股票市场波动是对实体经济波动的综合反映。同时，一元 SV 模型的实证结果表明，上证综指、深证成指波动率属于一类，道琼斯指数、恒生指数属于另外一类，而且波动水平略小，所以，当前我国应该适当降低虚拟经济与实体经济间的阀值。因此，保持实体经济的健康、平稳、持续发展是各国宏观经济发展的首要目标，对熨平股票市场波动性而言，也是治本之策。不可否认，以健康、平稳、持续发展为首要目标的宏观经济客观上存在发展不平衡、周期性波动的现象，为此，需要先理顺实体经济与股票市场的良性互动关系。

10.1.1　降低虚拟经济与实体经济间的阈值

在宏观层面，全球经济波动影响中国经济波动，中国经济波动影响中国金融市场波动，中国金融市场波动影响股票市场波动。反过来，以股价指数波动为代表的股票市场波动也反作用于金融市场，金融市场波动到一定程度会导致实体经济波动。以金融平台为依托所进行的各项活动就构成虚拟经济，虚拟经济是随着实体经济的发展而产生和发展起来的，但各自有独立的运行方式、经营特点、服务对象，并随着金融产品、金融技术、金融工程的发展，虚拟经济愈发呈现出脱离实体经济而独立运行的经济形态，规模远远超过实体经济，并表现为金融高杠杆率和金融市场的高波动率特征。

因此，宏观上应该合理设定虚拟经济和实体经济之间的比例，落实到金融市场中就是要去杠杆化，具体到股票市场就是股票的各种衍生交易工具与股票本身应该有个倍数关系，即阈值，并给定阈值标准。阈值机制建立后，首先，要合理确定阈值标准，阈值标准不是固定的 3 倍、5 倍，而是结合我国的经济发展阶段、经济结构差异、金融市场成熟程度、投资者结构、金融风险防控能力综合动态确定。其次，需要统计部门把虚拟经济与实体经济的阈值纳入统计监测范畴，进行日常监测。最后，对于实际阈值超过标准阈值的情形，货币当局可以采取相应的调控措施。

10.1.2　有针对性地适时适度预调微调

在虚拟经济与实体经济间的阈值合理范围内，国民经济也会在局部区域、部分市场、个别行业中出现价格大起大落和生产大上大下的现象。我国的沪深股票市场在 2005 ~ 2012 年的样本期间就出现了上证综指从 6100 多点下跌到 1600 多点的大起大落，期间虽然有美国次贷危机引发的全球性金融危机导致我国经济、金融市场受到较大拖累，但如此大的波动仍然明显地偏离了实体经济。为此，我国针对金融危机的特定时期，采取了适时适度预调微调。在针对我国股票市场高波动率问题，首先，不仅仅采用货币政策，而是综合应用财政、货币、产业、收入分配等政策，组合为政策工具箱，不仅仅涉及股票市场的直接监管部门——证监会，而是上升到避免金融市场高波动累积成为系统性风险的层面，包括国家宏观调控的相关部门。其次，不仅仅是调控市场波动，而是从调控的方向、力度、节奏三个维度综合进行。再次，要避免结构性问题采取总量调控手段，个别问题采取一般性调控手段，更应该避免采用大的刺激政策。最后，保持调控政策措施连续性、稳定性，增强市场调控的前瞻性、准确性、有效性，形成适时适度预调微调的常态。

10.1.3 正确引导股票市场预期

当虚拟经济和实体经济间平衡发展又适时适度对股票市场进行预调微调的情况下，需要正确引导股票市场预期。一是证监会、外汇管理局、保监会、股票交易所、中国证券登记结算公司等要进一步健全统一信息发布平台，按照职责定期发布相关信息，引导市场投资者合理调整交易规模，优化交易结构。二是有关职能部门要完善新闻发布制度，及时、准确发布股票市场中 IPO、交易量、投资者等与价格波动有关的各种信息，客观分析价格变动的原因和影响，准确解读国家在经济、金融等方面采取的调控措施和取得的成效。三是要积极引导新闻媒体真实、客观、全面报道股票市场变动的信息，平衡报道股票价格波动对券商、上市公司、投资者、普通大众的影响，防止过度渲染赚钱效应与市场恐慌，努力营造良好的舆论氛围。

10.2 健全我国股票市场微观机制

宏观上建立起的实体经济与股票市场的良性互动需要有对应的微观机理，而通过 SV 模型实证研究股票市场的波动性以及海外股市、人民币兑美元的汇市与中国股市的波动联动性特征，具体是：一元 SV 模型实证研究结论表明拟合优度排序依次是道琼斯指数、恒生指数、上证综指、深证成指。MSV 研究结论表明沪深股票市场之间的波动联动性属于一类，美股、中国港股与沪深股票市场之间的波动联动性属于另外一类。因此，在我国现行的股票市场交易机制基础上，结合实证结论背后的原因分析，健全我国股票市场微观机制主要包括以下方面。

10.2.1　增加股票做空方式，全面从单边迈向双向交易

实证研究从影响中外股票市场波动联动性的因素角度选择了样本，从 2005 年 7 月到 2012 年年底。这期间，我国股票市场是单边做多的交易市场，缺乏做空机制，这是导致中国内地股票市场整体波动性、极端波动的频率和幅度大于美国、中国香港市场而表现出相对的过度波动的原因。更进一步分析缺乏做空机制，即市场中的投资者只有在股票价格上涨中才能有所收益，单边交易是导致股票价格出现大起大落的过度波动。从另一个角度看，单边交易的股票市场层次不丰富，难以设计创新的金融产品，无法建立有效的风险分担机制。为此，应根据我国股票市场的发展态势，适时逐步推出多种做空方式，实现单边交易全面迈向双向交易。

第一，扩大融资融券业务范围。我国于 2010 年 3 月 31 日正式推出了融资融券交易机制，截至 2012 年 12 月 31 日，开展融资融券业务证券公司已有 74 家，开立投资者信用证券账户超过 50 万户。中外融资融券交易机制运行均表明，其有助于完善股票价格的形成机制，对市场波动起着市场缓冲器作用。但我国推出融资融券交易时，为了保证融资融券交易的顺利开展，对券商、投资者、标的证券、保证金比例等均实施较为严格的限制。

当前，应该进一步扩大融资融券的业务范围，具体有：一是标的证券占全部交易品种的比例要提高，覆盖面要更广，既包括主板，还需要涵盖中小板、创业板和 ETF 等，在 2013 年 1 月 31 日沪深交易所规定的 509 种标的证券基础上，逐年扩大范围，达到沪深交易品种的 80%。二是参与融资融券的券商范围要拓展，对满足《证券公司融资融券业务管理办法》规定的证券公司，鼓励其开办融资融券业务。三是参与融资融券的投资者“门槛”适当降低，参与融资融券的投资者“门槛”包括交易股票的时间、资金、财产和收入、风险承受能力等。实际执行中的关键是资金规模达到 50 万元的标准可以适当降低，不能把融资融券业务界定在大户等少部分投资者范围内，其既不公平又没有达到融资融券的目的。四是严格融资融券业务的监管，在进一步扩大融资融券业务范围的同时要从市场准入、市场竞争和市场活动等方面严格监管，保证融资融券业务平稳开展，真正达到增加股票供求弹性、发挥市场缓冲器的作用。

第二，完善股指期货交易。融资融券交易制度是有助于标的股票的价格发现，增加股票供求弹性，对应地，股票指数期货交易是调节整个股票市场的供

求弹性、缓冲市场波动的工具。我国在推出融资融券交易后，推出了沪深300股指期货交易，并于2010年4月16日起正式上市交易。股指期货业务在我国推出后，出现某些时段过度波动的情形，典型时段就有股指期货到期日前后，以及每个交易日中股票交易结束而股指期货仍在交易的时段①。于是，有观点认为股指期货加大股票市场的波动。关于股指期货，理论上早就证明了融资融券业务的推出是有利于投资者分散股票市场的非系统性风险，而股指期货则有利于分散系统性风险。MCMC实证分析结论表明，美股波动性小于中国港股，更小于沪深股市，其中原因之一就是美股的股指期货等多元化的衍生交易工具比中国股市多。上证综指的波动性小于深证成指，其中的原因之一就是沪深300指数期货交易中，来自沪市的股票比例大、权重高。

由于股指期货从属性上讲属于期货交易，需要严格执行现行规定中对投资者设定的资金、信用、经验等方面的"门槛"，同时进一步完善股指期货交易。首先，在条件成熟后推出除沪深300以外的新标的股指期货合约，比如上证综指、深证成指等，满足不同投资者的避险需求。其次，股指期货合约的面值适当降低，提高其流动性，进而保证其参与者众多，把来自各方对股票指数走势的预期信息充分反映，发现市场普遍认可的股票指数。最后，应该大力提倡、鼓励应用股指期货进行套期保值交易，从持仓量、保证金等方面适当限制股指期货的投机性交易。

第三，试点股票期权交易。从美国股票市场的微观交易机制发展历程看，在推出融资融券、股指期货后就应该推出股票期权交易，理论上，本书第3章介绍的隐含SV模型就是以期权交易的波动率为对象，实际中，我国股票市场曾经推出过权证交易，其非常类似期权交易。股票期权交易完全以标的股票隐含的波动率为交易对象，适时推出期权产品交易可以最直接地降低股票市场的波动率水平。具体可以参照股指期货的做法，首先，出台股票期权交易的管理办法；其次，进行模拟交易，并把模拟交易作为期权交易开户的条件；最后，试点期权交易。在市场各方可接受、风险可控的前提下推出，先在一定范围内进行，达到要求后逐步推开，促使我国股票市场的波动率水平更低。

---

① 在笔者再次修改本书时，中国股票市场于2015年6~7月出现了市场流动性枯竭，"千股跌停"连续发生，过度波动突出。但流动性枯竭的原因不能简单归结于股指期货，有待进一步研究和官方调查。

10.2.2　交易机制从 t+1 逐步调整为 t+0

我国股票市场目前实行的是 t+1 交易机制，但是，沪、深证券交易所曾于 1992 年 12 月 24 日 ~1994 年 12 月 31 日实施过“t+0 回转交易”，限于当时股票市场发展阶段、投资理念、投资者结构、做空交易机制、监管手段等多方面原因，t+0 交易导致了股价波动过度、投机盛行而最终取消。目前，不论欧美发达国家，还是主要新兴经济体国家，均实行 t+0 交易制度。从前述波动联动性及其预警机制研究实证结论看，沪、深股票市场波动率受美股、中国港股波动率影响较大，其原因之一就是 t+1 与 t+0 交易制度的差异。t+0 交易制度作为一项积极的风险对冲交易制度，有利于保护中小投资者、市场风险对称化。同时，现阶段我国股票市场经过 20 余年的发展，业务及品种逐渐丰富，投资理念日趋成熟，机构投资者比例越来越高，市场监管手段与能力大幅提升，市场规模、国际化程度等都得到了大幅度发展，已经具备恢复 t+0 交易的条件。

我国股票市场逐步调整为 t+0 交易机制，要吸取欧美发达股票市场 t+0 交易的监管经验，最大限度控制 20 世纪 90 年代 t+0 时过度投机的问题再次出现，采取“分步走”的方式实施。

第一步，在一定范围内进行试点，待条件成熟后再扩展至全部市场。一定范围首选蓝筹股、融资融券的标的股票和股指期权合约对应 300 指数包括的股票，这样可以避免我国股票现货市场与期货市场交易机制不统一可能存在的风险，可以避免中小板及创业板的部分小规模股票受到 t+0 冲击而出现股价剧烈波动的问题。

第二步，设定投资者“门槛”，待条件成熟后再扩展至全部投资者。按照股票交易的融资融券、期货、期权模式，对 t+0 交易的投资者，从账户资金规模、股票交易时间、风险承受能力、信用及诚信记录等方面设定“门槛”，严格监控t+0交易行为。

第三步，股票市场全面实行 t+0 交易机制。当股票全面实施 t+0 交易后，就海外股票市场、股指期货、债券市场以及未来的期权市场的交易机制完全统一，促进我国股票市场交易制度与国际接轨，为我国股票市场波动性的预警提供更为系统的制度保障，有助于防范不同市场之间的过度波动，化解不同市场之间波动的过度联动，进而平抑我国金融体系风险。

10.2.3 继续实施涨跌停板的限制

我国沪深证券交易所对股票交易实施涨跌不超过10%的涨跌停板制度，这是对股票价格波动的一种人为控制，是对过度波动的直接干预，有助于保护中小投资者，有助于防范突发的“黑天鹅”事件对股票市场的冲击。虽然，现有一种观点认为我国实施涨跌停板制度没有起到降低股票市场的过度波动，反而存在助涨助跌的作用，但是，这种观点只在个别情况、少数时候被验证存在，大量的实证研究表明，涨跌停板的限制可以防止由于恐慌和投机引起价格大幅变动。从国际比较来看，多数股票交易所都采用不同形式的价格驱动的交易中止机制，股票日交易价格涨跌幅限制是主要的方式，只不过根据各国和各地区的实际情况，涨跌停板的幅度有所不同。因此，应该继续实施涨跌停板的限制，只不过针对我国的情形，可以对此作一些调整。

一是分类实施涨跌停板制度。现行制度中，涨跌停板分为三类：对新股上市以及上市公司增发、重组后的首日不设置涨跌停板，对ST类股票涨跌停板的幅度设定5%，其余的为10%。对于正常10%的情形，一种办法是可以区别其股票绝对价格高低来差别化设置涨跌停板的幅度，总的原则是价格越高的涨跌幅度就越小，价格越低的涨跌幅度越大。比如股票价格在100元以上的涨跌停板的幅度为7%，100元以下的仍为10%。另一种办法是参照沪深300指数的选择，综合股票的规模、业绩、波动性、换手率、信誉等指标，选择一些股票，其波动幅度为10%，其余的则调整为小于10%，对选定股票的范围实行动态调整。

二是实行涨停板、跌停板差别化的幅度限制。在融资融券、股指期货、股票期权的覆盖面不够广的条件下，我国股票市场单边上扬的情形较为突出，为此，涨停板的幅度应该小于跌停板的幅度，比如分别设定为8%与10%。

三是对连续到达涨跌停板幅度限制的股票实施进一步的限制。现行的涨跌停板制度对多日连续达到涨跌停板的情形没有规定，交易所根据实际情况只对其实施临时的停牌，应该在连续多日到达涨跌停板限制后，降低其涨跌幅限制。

四是扩大触及涨跌停板限制的信息披露范围。把每日专门公布涨跌幅超过7%的各前5种证券的成交量、成交金额以及所公布证券的交易金额最大的前5家营业部的名称和买卖金额，调整为公布所有的触及涨跌停板限制的公司，不仅仅限于前 5 家，这样来消除涨跌停板限制的助涨助跌，进而实现熨平股票市场波动性的效果。

10.2.4　尝试高频量化交易

所谓量化交易是指借助统计学、数学方法，利用计算机技术从庞大的历史数据中筛选出带来超额收益的多种“大概率”事件以制定策略，用数学模型验证及固化，并严格执行已固化的策略来指导投资，以求获得可持续的、稳定且高于平均的超额回报。量化投资主要通过高频交易方式来实现。量化交易是从小单成交交易、日内交易、直接接入、程序化交易、算法交易逐步发展形成的。高频交易在欧美发达证券市场已经非常活跃，美国股票市场高频交易量所占份额大，约为 60%，并逐年提高。虽然高频交易是对传统“价值投资”理念的侵蚀，但是大多数研究结论认为高频交易降低了买卖价差，提高了市场流动性，而并没有增加市场波动率，甚至反而可能降低市场波动率。

因此，我国股票市场应该尝试高频量化交易。通过尝试高频量化投资，理论上，一方面是顺应股票市场发展的内在逻辑要求；另一方面优化我国股票市场的微观结构，与发达国家股票市场的微观结构同质。实务上，2010 年 4 月股指期货上市使中国股票市场具备了完善的套利机制，具备高频交易的条件；同时，我国股票市场算法交易已经开始出现，量化投资基金不断涌现，证券公司、私募及民间投资都对量化策略进行研究，2013 年 8 月光大证券“乌龙”事件就是例证，高频交易发展所需的外部环境已逐步成熟。此外，现阶段主要是要逐步放开对高频交易的管制，并为高频交易提供相应的条件，制定并出台严格的监管规则，把高频交易的负面影响控制在最低限，真正做到股票市场的公平、透明、高效。

10.3　优化上市公司进、调、出的机制

当宏观上建立起实体经济与股票市场的良性互动关系、微观上有健全的交易机制和结构后，控制股票市场过度波动就需要转向供求分析。股票需求变化取决于投资者，股票供给变化主要受制于股票市场上关于上市公司进、调、出股市的机制，具体是股份公司的 IPO，上市公司的增发、并购重组，上市公司

退市等的影响。基于MCMC的MSV模型实证结论表明，从波动溢出系数ϕ_{21}^*看，道琼斯指数与上证综指的值比恒生指数与沪深指数的值要小得多，表明我国上证综指和深证成指的涨跌波动对恒生指数有一点影响，对道琼斯指数的影响几乎没有。其背后的主要原因就是，部分上市公司同时在A股、H股上市交易，而同时在A股、N股交易的几乎没有，这表明有关上市公司的机制也是防范市场过度波动的重要方面。

10.3.1 改革IPO为注册制①

针对我国股票市场IPO制度有海量的研究，从熨平股票市场过度波动的角度分析，IPO公司上市首日及随后的一周内均具有较大的波动性，并会带动相关板块的波动，进而导致股价指数的波动，股票市场中形成专门“炒新”概念。当然，我国IPO公司上市的强波动性有多方面的原因，其主要原因有二：一是IPO制度，现行IPO核准制，虽然是从审批制变革过来的，但其仍不够市场化，直接导致IPO公司稀缺性，不能有效调节股票市场的供给；二是IPO定价制度，经历市盈率定价法、询价法等，但仍然存在IPO定价市场化程度不高、IPO首日抑价严重等问题。因此，需要进一步改革IPO为注册制，IPO的发行定价机制与注册制同步改革，进一步增加IPO数量，调节供给；合理定价，让IPO价格把股票一级市场和二级市场有机地衔接起来，降低IPO公司上市首日的波动率，继而熨平股票市场的过度波动。

10.3.2 规范上市公司增发再融资行为

除IPO公司上市外，已上市公司的增发、配股等再融资行为导致公司股本变动，进而对股票市场供给有明显影响。我国证券市场中一直以来按照《上市公司证券发行管理办法》、《再融资管理办法》等增发的有关规定来审核、监管上市公司的增发行为。不论是公开增发或者是定向增发，容易导致股价操纵、内幕交易等行为，进而出现再融资前后股价明显异动，波动加剧。为此，应该严格规范增发等再融资行为，主要有：一是提高再融资决策中流通股股东

① 在笔者再次修改本书时，中国政府已经明确提出要改革IPO为注册制，而且提出了具体的时间表。

的比例，比如要达到75%流通股股东的同意，确保中小股东有足够的话语权，确保增发过程不侵害中小股东利益，确保增发实施后能否真正增加上市公司每股的盈利能力；二是融资决策者，公司实际控制人、公司大股东等必须按一定的融资百分比出资，并承诺将再融资获得的盈利按一定比例回报给投资者；三是上市公司再融资规划应写入公司的季报和年报，并在季报、年报中披露未来一年公司融资需求，以稳定投资者预期，避免公司股价受传闻影响产生不必要的波动。

10.3.3　规范上市公司的资产重组行为

与增发再融资一样，上市公司的资产重组行为导致公司数量、股本变动，进而直接影响股票供给量，资产重组前后存在明显的股价波动现象。资产重组是股票市场中永恒的主题，实务中，常常出现的上市公司通过重组、资产注入而“乌鸦变凤凰”就是典型例证。与增发再融资不同的是，资产重组的类型多、过程复杂，其可能是导致增加也有可能是减少股票供给量。我国《上市公司重大资产重组管理办法》(2008 年)[①]、《上市公司收购管理办法》从适用范围、标准、原则、条件等方面对资产重组行为进行了界定。但由于资产重组行为涉及面宽，重组中的控制人、大股东、关联方、战略投资者、中小投资者等多方重复博弈，本身具有不确定性，当然常常也伴随着内幕交易。为此，在我国监管机构根据股票市场中资产重组行为的演变而不断修改《上市公司重大资产重组管理办法》、《上市公司收购管理办法》等相关制度政策的背景下，重点是落实这些制度。一是全面落实《关于加强与上市公司重大资产重组相关股票异常交易监管的暂行规定》，尤其是要重视重大资产重组的事前、事中监管；二是加强稽查力量，对上市公司资产重组中的任何一方违反相关规定，都及时查处，保证资产重组规范进行，减少资产重组带来股票价格的额外波动；三是加大处罚力度，对查证属实的上市公司资产重组中的违法违规行为，不论是涉及哪一方，证监会应该加大处罚力度，处罚要达到资产重组中的收益全部罚没，同时要承担相应的民事责任。

---

① 在本书完成提交时，证监会出台了2014 年版的《上市公司重大资产重组管理办法》，并正在对《上市公司收购管理办法》进行修订。

10.3.4 严格执行退市制度

前述实证研究得出我国上证综指、深证成指的波动水平 μ 属于较大的一类，而道琼斯指数、恒生指数的 μ 属于较小的另一类，从退市制度的视角分析，美股和中国港股建立退市制度时间早、执行严，而我国建立退市制度时间晚，执行难是主要原因。作为一个开放的股票市场，有公司 IPO 上市，对应就应该有不符合挂牌标准的公司退市。退市制度应该与 IPO 制度一样是股票市场的一项基本制度。从熨平过度波动性角度看，退市制度直接影响股票的供给量，间接影响投资者对市场的预期，都将导致市场波动。中国证监会于 2001 年 2 月 23 日发布了《亏损公司暂停上市和终止上市实施办法》，直到 2012 年 6 月 28 日上交所、深交所公布才推出了新的退市制度方案，其间退市出现的特点是退市程序相对冗长、退市效率较低、退市难现象突出。实务中，上市公司因不退市而成为“壳资源”，并引发了“借壳、保壳、卖壳”等炒作。

为此，首先，要进一步完善退市制度①，退市制度要与 IPO 制度相互匹配，当 IPO 制度从核准制改革为注册制后，对应的退市制度也要修订，早期 IPO 审批制下上市公司数量不多，退市制度不严，而发展到注册制时，IPO 及上市相对宽松，退市制度反而要严格。其次，刚性执行退市制度，对触及退市的财务类、交易类标准的情形要简化退市程序；对上市公司通过各种手段调节利润以规避退市的现象，对上市公司欺诈发行、买壳卖壳中的合谋等行为一经发现立即退市，并不得申请重新上市。最后，探索建立主动退市制度，对强制退市与主动退市进行差别化处理，建设更加市场化和多元化的退市标准。最终建立并严格执行合理的股份公司进出市场的制度，熨平股票市场过度波动，促进股票市场健康、持续发展。

10.4 培育理性投资者

建立健全了的上市公司进、调、出股票市场的机制，可以保证股票市场有

① 在本书完成提交时，证监会出台了《关于改革完善并严格实施上市公司退市制度的若干意见》，与笔者提出的思路一致。

优质的上市公司和合理的股本数量，则股价的波动就取决于需求的变化，需求又取决于投资者，本节从投资者角度展开。根据有效市场假说、行为金融理论，投资者重点是培育理性投资者。根据一元 SV 模型的实证结论，“道琼斯指数、恒生指数、上证指数、深证成指拟合优度的 DIC 值比较看，SV - N 模型的值略小于 SV - t 的值。”正态分布、t 分布假设是这个差异的直接原因，但背后深层次的原因是投资者的理性假设与随机波动分布假设之间的差异。从防范市场过度波动的角度看，就是要培育理性投资者。

10.4.1　逐步壮大机构投资者

我国股票市场的投资者中个人投资者占比较大，而机构投资者较少。个人投资者更愿意噪声交易，而机构投资者比个人投资者更加富于理性，冲销个人投资者的非理性交易行为从而起到稳定证券价格的作用，相关研究表明，机构投资者持股比例与股票波动性之间存在负相关关系，因此，培养理性投资者首要的是进一步壮大机构投资者。具体如下：

其一，鼓励发展多元化的机构投资者。在现有机构投资者格局的基础上，进一步稳步发展证券投资基金、商业保险资金、企业年金和社保基金等机构；支持民营资本、专业人士设立基金管理公司；适当放宽境外合格机构投资者（QFII）；鼓励随着股票市场产品丰富后而创立新型的机构投资者，形成国有与民营、公墓与私募、境内与境外、传统与新兴的机构投资者并存的格局。

其二，逐步放松对机构投资者的限制。在满足证券、股票相关法律法规的前提下，应该逐步在交易杠杆、投资比例、交易便利等方面放松对机构投资者的限制，提高其投资股市的比例，激励其长期投资。

其三，鼓励形成多样化的机构投资风格。所有的机构投资者要树立理性投资理念，同时，每一个机构投资者要有独立思考和判断以及做专业投资的表率和典范，形成自身独有的投资者风格，从股票市场整体上看，多样化的投资风格通过充分竞争才会达到市场的均衡，进而减缓市场价格过度波动。

10.4.2　合理引导投资者情绪

根据行为金融理论，不仅中小投资者而且机构投资者都是有限理性的，其表现之一就是投资者情绪。所以从投资者角度看，在合理的投资者结构条件下，导致股价指数波动的因素就是投资者情绪。基于 MCMC 的波动性分析虽然没有单独分析投资者情绪，但从不同股票市场波动联动性可以推断，美股、中国港股和内地沪深市场波动的水平、持续性、抗干扰性都与投资者结构、理性程度和情绪有关。大量的关于投资者情绪的同类研究也得出相同的结论。因此，需要合理引导投资者情绪来熨平股市过度波动。

首先，建立健全投资者情绪的观察指标。现有对投资者情绪的研究较多，并构建了衡量投资者情绪的各种指标，比如 IPO 数量、IPO 首日收益率、基金仓位、换手率、投资者情绪指数、投资者信心指数等，但缺乏官方权威的投资者情绪度量指标体系。对出现没有直接原因的股票市场恐慌等情绪难以及时采取应对措施，导致市场过度波动。因此，应该在现有各种投资者情绪指标基础上，选择、调整、补充后形成一套相对权威的指标体系，并根据市场发展而动态调整。

其次，对投资者情绪进行合理的疏导。通过建立投资者互动平台，让监管方、交易所、上市公司、市场中介等对投资者普遍存在的疑问进行有效的互动交流；建立投资者相互之间通过现代互联网等社交网络工具进行交流的平台；可以参照舆情管理的方式进行引导；对个别问题要重视、防范，避免演化为集体情绪，可以尝试建立投资者心理引导机构，合理引导投资者情绪。

最后，充分发挥机构投资者稳定市场、稳定情绪的作用。在进一步壮大机构投资者的基础上，切实要求机构投资者树立理性、长期的投资理念，避免机构仓位、基金仓位成为投资者情绪的代名词，加强其投资规范化管理，避免股票市场波动发生共振效应，起到稳定市场的作用。

10.4.3 强化投资者教育

我国股票市场是典型的新兴股票市场，突出表现在新的交易产品不断推出，同时新的投资者逐渐增多。投资者专业知识的提高和良好投资理念的普及将有助于股票市场更加平稳发展。为此，在合理引导投资者情绪的基础上，应该强化投资者教育，对投资者的心理与行为进行影响，进而降低市场过度波动水平。

一是把投资者教育作为参与股票交易的基本条件。目前我国部分股票交易业务需要投资者具有一定的条件，比如融资融券业务要求投资者具备对产品的基础知识，但还不够，应该通过“门槛”条件来强化投资者教育。对新开户进入股票市场的投资者，不论其学历、工作、背景如何，均需要参加投资者教育环节；对于新开发的股票衍生产品，不论是新投资者或是经验丰富的投资者，均需要通过产品知识教育环节。教育环节的具体组织可以采用模拟考试、模拟交易、风险测试、视频录像等形式，也可以采用教师教学的方式。

二是全面进行投资者风险的警示教育。交易所、券商及其经营场所、电视报纸等媒体要长期坚持对投资者的风险警示教育，归纳整理和公布公示近来市场上的各种投资误区以及投资诈骗活动。通过案例回放、现身说法等灵活多样的形式，促使投资者树立风险防范意识、理性的投资理念。

三是全社会的股票知识科普教育。交易所要在投资者网络教育的基础上，开展全社会的股票知识科普教育，加大定期组织投资者、大学生、中学生到交易所、上市公司、券商实地参观的力度；编制通俗易懂、图文并茂的股票知识入门手册，免费向投资者发放，或者通过社交网络形式进行传播；设立投资者教育基金，向各种投资者教育活动提供资助。

从实证研究结论看，中国内地股票市场与美国、中国香港股票市场在正态分布和 t 分布假设的情况下结论一致。因此，培养理性投资者的建议虽然是针对防范中国内地股票市场过度的随机波动性而提出的，但是美国股票市场、中国香港股票市场同样也存在这样的类似现象，只是由于其发展历程较长，投资者相对中国内地股市更理性一些，但同样需要进一步提升股票市场投资者的理性程度。

10.5　进一步发挥政府的作用

鉴于我国股票市场发展历程短，具有新兴金融市场的典型特征，要熨平股票市场的过度波动，在理顺实体经济与股票市场的良性互动，健全微观机制，优化上市公司进、调、出机制，培育理性投资者基础上，还必须充分发挥政府监管在降低股票市场波动水平、波动联动性中的作用。

10.5.1　逐步建立股市波动预警机制

当前，我国对重大社会、经济、环境、安全等事件都逐步建立起预案和预警机制。而股票市场却一直在讨论是否建立异常波动的预警机制①，现行股票交易中的涨跌停板制度性质上属于预警机制，只不过是针对个别股票，不是一般意义上的预警机制。根据第9章中国股票市场波动联动性预警分析得出的结论，通过MSV模型来建立预警机制，能起到预警效果。因此，应该通过逐步建立股市波动预警机制提前化解股市发生剧烈异常波动，防风险于未然，最大限度控制股票市场过度波动在一定范围。

一是加强股票市场波动性研究。要建立股市波动预警机制的前提条件就是搞清楚股市波动的运行规律，这就需要实务界、理论界、政策制定者共同去面对股市波动性问题，需要进一步从各个层面、各个学科去开展股票市场波动性的研究。股市波动性研究中，需要学科之间的交叉与融合，需要采用股票市场内、外的大数据支撑，更需要证监会等政府主管部门牵头、支持开展研究。需要指出的是，有个别学者认为股票市场的波动性是不可预测、预警的，因而全盘否定对股票市场波动性的研究。显然，这种认识是片面的，回顾金融理论界对金融波动性本身的认识和解释也经历了有效市场假说、随机游走理论、协同市场假说、分形与混沌市场理论、行为金融理论等发展阶段。学者们从数量金融角度对波动性模型则提出了ARMA、ARCH 、GARCH、SV、MSV等模型。这些理论和对应的模型一开始都是研究股市波动性问题，没有对市场的深入研究就没有这些理论和模型。

二是搭建股市预警机制构架。要改变中国股票市场监管中偏重事后的做法，尤其是在市场波动性方面应该建立起预警机制。一方面，要逐步搭建起波动预警系统。预警系统主要由预警分析系统和预控对策系统两部分组成，其中，预警分析系统主要包括监测系统、预警信息系统、预警评价指标体系系统、预测评价系统等组成，预控对策系统根据股票市场过度波动的剧烈程度而确定控制方案。检测、信息等系统可与现有证监会、交易所的检测和信息进行有效的对接，预警、预警评价等则需要基于理论研究和股市运行实际逐步构建。另一方面，要把证监会、交易所、券商及基金公司、上市公司、投资者等诸多市场参与方都纳入波动性预警的范围，不能只是监管部门来预测预警，逐步通过法律法规的形式明确规定股市参与者有对异常剧烈波动报告等预警的责任。

① 在本书修改时，中国证监会批准上交所、深交所、中金所于2016年1月4日推出了指数熔断机制，但由于实施后股市反而出现过度波动，2016年1月8日暂停了指数熔断机制。

三是建立健全预警机构。为保证预警机制高效运转，并切实达到对过度波动的正确辨识、防错、纠错、治错的目标，建议证监会在现有的稽核局、信息中心、研究中心等职能部门基础上组建全新的预警机构，相应的交易所、券商及基金公司等也成立类似的机构或岗位。当然，业务单位根据实际可以把预警岗位与风险控制岗位合并，但必须有对应的保证体系。这样来保证预警机制完成从宏观管理、日常监控、收集各类信息到分析、判断、评价的全过程。需要指出的是，股市波动有其自身运行规律，一般情况下预警机制是不发出预警信号的，监管部门也不干预，但是，在股市发生剧烈异常波动、可能引发系统性风险时，健全的预警机制将有助于政府及时果断地采取多种措施稳定股市。

10.5.2 严格信息披露监管

信息披露是现代资本市场的基石，信息不对称会导致资产定价、公司治理、投资者权益、市场交易等发生扭曲，表现在波动性上就是大起大落。我国关于股票市场的信息披露制度已经建立起来了，从《证券法》等法律层面到证监会到交易所、上市公司、中介机构都有较为详细全面的信息披露规定，为此，应该严格信息披露的监管。

一是进一步提高信息披露质量。股票市场的信息范围广泛，其中上市公司信息是核心。而影响上市公司信息披露质量的因素众多，既包括上市公司的治理结构、社会责任，也包括解读利用信息的投资者结构，还包括决定信息传递、配置效率的监管体系和制度，需要所有的参与方共同行动，严格按照《上市公司信息披露管理办法》披露信息，逐步提高信息披露质量。

二是严格处罚信息披露中的违规行为。在我国股票市场中，信息披露常常出现不完整、不及时、不真实等违规行为，不论违规是何种原因，都必须加大处罚力度。首先，增加罚金的额度并且立即执行，一般地，罚金要大于其违法所得；其次，扩大处罚的范围，除了违规披露信息的上市公司外，从违规信息披露获得额外收益的各方均要处罚，尤其基金公司、中介公司等，必要时经济处罚之外加上行政处罚；最后，累进处罚，对首次违规披露信息的上市公司，暂停交易直到整改验收合格为止，再次违规的上市公司，暂定交易时间延长，同时暂停公司再融资，限制公司控制人、高管抛售股票等。

三是不断拓宽信息披露的范围。实际中存在一些《上市公司信息披露管理办法》没有规定但却影响股票价格波动的信息，上市公司、投资者对披露信息的理解和解读有差异，因此，在提高信息披露质量的同时，应该尽可能拓宽信息披露的范围，在公司治理、财务信息等基础上，披露上市公司的社会责任、知识产权等方面的信息。披露范围随市场变化而不断地进行动态调整，比如在推出融资融券业务后，就应该及时推出能够反映股票市场融资融券业务的融资、融券额度和排名及变化情况。

10.5.3 全面推进股票市场国际化

中外股票市场波动联动性实证结论有：从波动溢出系数 ϕ_{21}^{*} 看，道琼斯指数与上证综指的值比恒生指数与沪深指数的值要小得多，表明我国上证综指和深证成指的涨跌波动对恒生指数有一点影响，对道琼斯指数的影响几乎没有。同时，外汇与股票市场波动联动性实证结论表明："以人民币兑美元汇率为代表的人民币汇率市场与以上证综指、深证成指为代表中国股票市场之间波动不存在显著联动性。"这说明海外股票市场与沪深股市之间的波动联动性是跨国家或者地区之间进行的，其间存在资本市场开放程度、货币汇率、资金流动、金融监管等壁垒，因波动联动性较弱，但是，熨平我国股票市场波动联动性带来的过度波动依然有赖于全面推进股票市场国际化。

股票市场是资本市场的一部分，股票市场国际化是我国经济全球化尤其是资本项目对外开放和人民币国际化问题的有机组成部分，当前主要应该逐步加强人民币在资本与金融项下的自由兑换。在资本项目尚未完全开放的背景下，我国目前通过合格的境外机构投资者（QFII）、人民币合格境外投资者（RQFII）等制度安排实现有序、稳妥开放股票市场，通过合格境内机构投资者（QDII）等制度安排实现国内投资者投资国际股票市场，通过"沪港通"制度安排实现国内、国际投资者在一定额度范围内的相互投资上海证券交易所、香港联合交易所的部分股票。

一是进一步创新股票市场交易国际化的制度安排。中国股票市场建立之初就同步建立了国际化市场，推出了B股交易，上海证券交易所有以美元计价的B股，深圳证券交易所有以港元计价的B股。但是，我国B股市场的国际化程度不高，后来不得不"对内开放"以激活市场的流动性。现阶段，随着中国股票市场的发展壮大和逐步规范，在现有制度基础上探索更为便利的中外股票市场相互参与交易的制度，尤其是利用沪深交易所的特定条件来拓展在资本项目没有开放背景下的相互之间交易，比如在"沪港通"推出并成功运行的基础上，及时推出“深港通”[①]，可考虑在条件成熟时参照“沪港通”推出“沪伦通”，即伦敦证券交易所与上海证券交易所之间的相互交易机制。当然，可以参照中国政府不断与其他国家之间签订货币互换协议，在股票市场国际化上也可推出更多的类似“沪港通”的与其他国家股票市场之间相互参与的交易制度。

二是放宽对QFII、RQFII、QDII等制度的约束。DFII等制度是股票市场国家的一个通道，其本意是打通国内、国际股票市场的隔阂，进而提升中国股票市场波动的抗干扰性。但如果对DFII额度的调整是脉冲式的，带来对股票市场的波动性影响也是脉冲式，因此，需要对QFII、RQFII、QDII等从绝对、静态的额度管理向相对、动态管理过度，让制度本身也具有一定的不确定，促使其对股票市场波动性的影响也是平滑的。

三是鼓励上市公司之间的国际化。上市公司国际化就包括中国公司到国外股票市场去IPO、上市交易，也包括海外公司到中国股票市场来IPO、上市交易。中国公司在海外上市的情况一直都处于蓬勃发展的态势，同一上市公司中有A股，也有B股、H股、N股、S股等情形，也有单独在海外上市的公司，比如著名的电商公司阿里巴巴就在美国纽约证券交易所上市。但是，反过来，国外的公司到中国股票市场挂牌上市却由于人民币国际化、人民币完全自由兑换等原因而没有突破。这是波动联动性实证研究结论——美股影响沪深市场而沪深市场几乎不影响美股背后的原因之一。为此，国内曾经讨论提出在上交所增开国际版的计划，但没有落地。应该相信，在人民币国际化进程加快的背景下，海外上市公司到中国股票市场挂牌的步伐也在加快。

---

① 在本书修改完成时，2016年8月17日国务院已经批准“深港通”的方案，但是未披露实施细则和推进时间。

第 11 章

结论及研究展望

本书通过对金融市场波动性及其波动联动性的文献梳理、理论剖析，建立了一元随机波动模型（SV）、二元随机波动模型（MSV），运用马尔科夫链抽样（MCMC）的专门方法对中国沪深股票市场随机波动性，以及沪深股票市场随机波动与美国、中国香港地区股票市场的随机波动联动性进行了实证分析，并尝试建立随机波动的预警机制，在此基础上提出了熨平中国股票市场波动及联动性的对策建议。归纳起来，得到以下结论。

11.1 研究结论

结论一，从单一股票市场的随机波动性看，我国的上证综指、深证成指的随机波动属于一类，道琼斯指数与港股恒生指数的随机波动更相似，属于另一类。

以上海证券交易所综合股票价格指数、深圳证券交易所成分股票价格指数、美国股票市场的道琼斯工业股票价格指数、中国香港地区的恒生股票价格指数为分析对象，得出其在 2007 ~ 2012 年的样本期间呈现出：第一，上证综指、深证成指的随机波动水平强于道琼斯指数、恒生指数的波动水平，除深证成指外，随机波动的尖峰厚尾特征也不显著。第二，上证综指、深证成指、道琼斯指数、恒生指数四个指数的随机波动持续性基本相同，存在非常显著的波动集群特征。第三，从随机波动受干扰程度看，道琼斯指数的波动受干扰程度最小，上证综指、深证成指、恒生指数属于受干扰程度差不多的另一类。第四，基于正态分布假设和 t 分布假设 SV 模型下的实证研究结论没有显著差异。实证结论表明，沪、深与最发达国家美国道琼斯指数和中国香港地区的恒生指数在随机波动性上既有共性的一面又各自有特点，美股市场由于有规范严格的信息发布规则、灵活的做空机制、成熟的投资者、以股指为标的资产的衍生品众多，使得其波动性可能被削弱。

结论二，从股票市场之间的随机波动联动性看，上证综指、深证成指、道琼斯指数、恒生指数的随机波动之间存在联动性，上证综指与深证成指之间的波动联动性强于道琼斯指数、恒生指数与上证综指、深证成指之间的波动联动性。

经过对四个指数波动率之间的相关系数分析、Granger 因果检验、基于 MCMC 方法的模型实证研究，可以得出：第一，二元的 MSV 模型监测出上证综指、深证成指、道琼斯指数、恒生指数之间的随机波动存在联动性，表现出不同市场之间波动的溢出效应，不同指数之间波动的相关性。第二，二元 MSV 模型实证得出的波动水平、持续性和受干扰程度及相关性指标，均表明沪深股票市场之间的波动联动性强于美股、中国港股与沪深股票市场之间的波动联动性。第三，四个股票市场之间波动联动性传递路线是道琼斯指数—上证综指—深证成指，恒生指数对上证综指、深证成指的波动联动性传递不明显。道琼斯指数在波动溢出效应中是主动，恒生指数、上证综指、深证成指都是从动。第四，同样，基于正态分布与 t 分布的 MSV 模型的实证检验结果基本相同。不同股票市场的波动联动性结论表明，经济全球化下股票市场的联系日益紧密，其波动也从发达经济体传递到新兴经济体。与此同时，一个国家内部市场之间与跨国家或者地区之间的波动联动性，由于存在资本市场开放程度、货币汇率、资金流动、金融监管等壁垒而有显著的不同。

结论三，从外汇与股票市场之间的随机波动联动性看，以人民币兑美元汇率为代表的人民币汇率市场与以上证综指、深证成指为代表的中国股票市场之间波动不存在显著联动性。

选择与股票市场同样的样本期间 2005 ~ 2012 年，以人民币兑美元汇率为外汇市场的样本，综合相关系数、Granger 因果检验以及 MSV 模型得出的参数估计结果表明，外汇市场与上证综指、深证成指之间的波动不存在显著联动性。波动联动性不显著，因此，在预测预警机制中可以不考虑外汇市场的因素。汇市与股市波动联动性不强的主要原因有：一是样本期间我国人民币兑美元汇率形成制度的调整，在 2008 年 6 月 ~2010 年 6 月改为钉住美元，导致期间汇率几乎没有波动，而同期中国股票市场却是跌宕起伏，急剧波动。二是我国人民币还不是完全自由兑换的货币，导致外汇与股市之间、境内外之间的资金不能自由流动，管制下的资金流动不畅带来汇市与股市波动相互影响的微观机理不完全存在。三是影响外汇市场波动的因素更多，其交易机制更为灵活，包括外汇期货、期权、互换的风险对冲的衍生工具交易更为活跃，必然会导致外汇与股票市场波动存在较大的差异。

结论四，从随机波动的预测看，通过对 MCMC 改进，能够实现对上证综指、深证成指、道琼斯指数、恒生指数的波动性进行预测，且预测结果可靠，但精度不够，与指导实际操作有一定距离。

本书运用一元 SV 模型对上证综指、深证成指、道琼斯指数、恒生指数未来 5 天波动率进行预测，并通过二元 MSV 模型对上证综指—深证成指、道琼斯指数—上证综指、恒生指数—上证综指之间波动联动性进行预测，结果表明，第一，对上证综指、深证成指、道琼斯指数、恒生指数未来 5 天的点预测值误差率在 0.5% 以下，预测值均处在对应的后验预测区间。第二，点预测对应指数涨跌方向判断与实际指数涨跌的差异较大。第三，不论是正态分布或是 t 分布假设，不论是 7 年样本期或是 3 个月样本期，预测结果没有显著差异，但是短期样本的模拟与预测的计算时间更少，提高了运算效率，降低了对计算机等硬件设备的要求。虽然我们的预测误差率在 0.5% 以下，但对于股票价格指数而言，尤其是在市场处于盘整阶段时，0.5% 是较大波动，因此，要用预测值来指导实际需要进一步提高预测精度，这也是笔者后续努力的方向。

结论五，从股票市场随机波动预警机制看，可以通过 MSV 模型来建立道琼斯指数、恒生指数对上证综指的随机波动预警机制，也能起到预警效果。

本书在预测的基础上，通过在二元 MSV 模型中事前设定道琼斯指数、恒生指数的波动率参数，推算上证综指的波动率，进而判断指数的走势，再设定判断指标来起到预警作用。结果表明，第一，不论是道琼斯指数还是恒生指数，都能够通过预警机制对上证综指发出预警信号，而且恒生指数的预警信号更清晰。第二，上证综指对道琼斯指数是“跟跌不跟涨”的预警，而对恒生指数则几乎是完全同步同向预警。第三，在两天的预警期限中，主要依据第一天的预警起作用，第二天预警作用不大。由于同类研究中很少涉及波动性预警的问题，对波动性尝试预警分析是一种有创新意义的探索。对我国上证综指的预警效果，虽然在参数、精度等方面有待完善，但也基本实现预期目标，能够为我国股票市场的波动性风险管理提供有效的理论支持和决策参考。

结论六，股票市场随机波动的实证分析方法中，MCMC 方法是实现 SV 模型估计、模拟、预测、预警的可行方法。

对金融市场随机波动研究的方法涉及 ARMA、ARCH、GARCH 等模型，但 SV 模型把收益率的扰动性设定为不可观测，是服从一个随机过程的变量，更贴近实际，但却难以估计。虽然本书不是对 SV 模型的估计方法本身的比较，但在对上证综指、深证成指、道琼斯指数、恒生指数的一元 SV 和二元 MSV 模型的估计、预测、预警中能够顺利实现，从侧面说明 MCMC 方法的研发，以及与 MCMC 方法配套的 WinBUGS 软件的出现并得到同行的使用，找到了一个可行的路径，使得 SV 模型实证分析得到极大的推广，有助于随机波动领域研究进一步向纵深发展。

11.2　研究展望

11.2.1　考虑金融市场交互影响

正如在熨平中国股票市场随机波动的对策建议中指出的一样，一个股票市场的波动性不仅仅受到其他股票市场波动性的影响，更受到来自实体经济周期性、其他金融市场的波动性的影响，比如外汇市场、期货市场、黄金市场、基金市场、大宗商品市场、金融衍生品市场等。为此，本书是从金融市场随机波动的联动性及预警机制来进行研究设计的，但由于涉及面太宽、工作量太大、人力投入多、耗用时间长而没有完成，只是从股票市场间的随机波动来展开了研究。因此，后续研究首要的就是加入金融市场的交互影响，分别研究外汇市场对股票市场、期货市场对股票市场、黄金市场对股票市场、石油等大宗商品市场对股票市场的随机波动联动性研究。

当然，在引入金融市场交互影响后，一方面需要将二元 MSV 模型拓展到三维、四维甚至更多维度，另一方面增加了影响股票市场波动的因素，需要对 MSV 模型拓展到因素 SV 等新形式，这都要求基于 MCMC 的估计方法及其实现方式在现有研究基础上有待进一步深化。

11.2.2 引入高频交易波动性

随着我国金融市场的发展，量化交易，也称程序化交易，逐步引入我国沪深股票市场中，近年得到快速发展。与此同时，随着信息技术的发展，反映随着量化交易特征的以小时、分钟甚至更短时间的高频数据也纳入公开信息的范畴。高频数据一方面包含了股票市场微观结构等有用信息，与低频数据相比，其波动性有不同的规律和特征，值得深入研究；另一方面数据容量特别大，对其波动性研究又面临着数据校验、数据存储和数据运算等实际问题。虽然已经有一些研究从波动性原理、SV 建模、SV 估计方法等方面做出了有益的探索，但有待进一步系统化，更为重要的是，股票市场的交易正朝着高频交易的方向发展，深入研究高频交易波动性是未来的发展方向。

11.2.3 提高预测、预警精度

本书研究虽然实现了不同股票市场之间随机波动联动性的预测与预警，但是不论是，点预测或是涨跌方向预测的准确程度都不够，与要达到指导实际操作的目的有一定的距离，因此，提高预测、预警的精度是后续研究的方向。当然，金融市场的随机波动是金融学的永恒主题，提高预测、预警的精度是金融工程、金融数学领域的理论研究者和业界人士一直追求的目标。立足于本书研究，提高预测、预警精度，一是从原理上进行改进，比如可以对二元 MSV 模型的假设进行适当调整；二是从实现方式上进行改进，比如缩短运算样本，进行移动计算等来提高 MCMC 方法的计算速度等；三是对基于现有预测结果来计算风险价值（VAR）等，从多角度发挥预测结果的作用。

附录

附录1 SV－N模型估计的WinBUGS程序

```
#==============================#
# SV - N model
        {
                for (j in 1 : J) {
                        yisigma2 [j] < - exp( - theta [j])
                        y [j] ~ dnorm (0.0, yisigma2 [j])
                }
                        theta0 ~ dnorm (mu, inv_ tau2)
                        theta_mean [1] < - mu + phi *(theta0 - mu)
        theta [1] ~ dnorm (theta_mean [1], inv_tau2)

                for (j in 2 : J) {
                        theta_mean [j] < - mu + phi *(theta [j - 1] -
                        mu)
                        theta [j] ~ dnorm (theta_mean [j], inv_tau2)
                }
                mu ~ dnorm (0.0, 0.1)
                phistar ~ dbeta (20, 1.5)
                phi < - 2 * phistar - 1
inv_tau2 ~ dgamma (2.5, 0.025)
        }

#=====================
```

附录2 SV-t模型估计的WinBUGS程序

```
#==================================#
# SV -t model
{
mut < -0.0

for (i in 1 : N) {
y_tau [i] < -exp( -theta [i])
y [i] ~ dt (mut, y_tau [i], nu)
}

theta0 ~ dnorm (mu, tau)
theta_mean [1] < -mu +phi *(theta0 -mu)
theta [1] ~ dnorm(theta_mean [1], tau)

for (i in 2 : N) {
theta_mean [i] < -mu +phi *(theta [i-1] -mu)
theta [i] ~ dnorm(theta_mean [i], tau)
}

mu ~ dnorm (0.0, 1.0)
phistar ~ dbeta (20, 1.5)
phi < -2 * phistar -1
tau ~ dgamma (2.5, 0.025)
nustar ~ dchisqr (4)
nu < -2 * nustar

}
#==================================#
```

附录3　MSV－N模型估计的WinBUGS程序

```
#===================================#
#MSV-N model
        {
for (i in 1: N) {
    ysigmadet [i] <-exp(th [i, 1] +th[i, 2]) * (1-rhoep * rhoep);
    Yisigma2 [i, 1, 1] <-exp (th [i, 2]) /ysigmadet [i];
    Yisigma2 [i, 2, 2] <-exp (th [i, 1]) /ysigmadet [i];
    Yisigma2 [i, 1, 2] <- -rhoep * exp (0.5 * th [i, 1] +0.5 * th
[i, 2]) /ysigmadet [i];
    Yisigma2 [i, 2, 1] <-Yisigma2 [i, 1, 2];
    Y [i, 1: 2] ~ dmnorm (muy [], Yisigma2 [i,,]);
}
muy [1] <-0;
muy [2] <-0;
thmean [1, 1] <-mu1;
thmean [1, 2] <-mu2;
th [1, 1] ~dnorm(thmean [1, 1], itaua2);
th [1, 2] ~dnorm(thmean [1, 2], itaub2);
for (i in 2: N) {
            thmean [i, 1] <-mu1+phi1 * (th [i-1, 1] -mu1) +
            phi12 * (th [i-1, 2] -mu2);
            thmean [i, 2] <-mu2+phi2 * (th [i-1, 2] -mu2) +
            phi21 * (th [i-1, 1] -mu1);
            th [i, 1] ~dnorm(thmean [i, 1], itaua2);
            th [i, 2] ~dnorm(thmean [i, 2], itaub2);
}
#####Distribution ofϕ, μ, τ, ρε#####
phi1star ~ dbeta (20, 1.5);
```

```
phi1 <-2*phi1star -1; #φ1
phi2star ~ dbeta (20, 1.5);
phi2 <-2*phi2star -1;    #φ2
phi21 ~dnorm (0, 0.1);    #φ21
phi12 ~dnorm (0, 0.1);    #φ12

itaua2 ~ dgamma (2.5, 0.025);
taua <-sqrt (1/itaua2);   #τ1
itaub2 ~ dgamma (2.5, 0.025);
taub <-sqrt (1/itaub2); #τ2
mu1 ~ dnorm (0, 0.04); #μ1
mu2 ~ dnorm (0, 0.04); #μ2
rhoep ~dunif (-1, 1);          #ρε
}
#==============================#
```

附录 4　MSV－t 模型估计的 WinBUGS 程序

```
#= = = = = = = = = = = = = = = = = = = = = = = = = = = = = = = = =#
        {
for (i in 1: N) {
    ysigmadet [i] <-exp(th [i, 1] +th[i, 2]) * (1 -rhoep * rhoep) /
w [i];
    Yisigma2 [i, 1, 1] <-exp(th [i, 2]) /ysigmadet [i];
    Yisigma2 [i, 2, 2] <-exp(th [i, 1]) /ysigmadet [i];
    Yisigma2 [i, 1, 2] <- -rhoep *exp (0.5 * th [i, 1]  +0.5 * th
[i, 2]) /ysigmadet [i];
    Yisigma2 [i, 2, 1] <-Yisigma2 [i, 1, 2];
    w [i] ~dgamma(dstar, dstar);
    Y [i, 1: 2] ~ dmnorm(muy [], Yisigma2 [i,,]);
}
muy [1] <-0;
muy [2] <-0;
thmean [1, 1] <-mu1;
thmean [1, 2] <-mu2;
th [1, 1] ~dnorm(thmean [1, 1], itaua2);
th [1, 2] ~dnorm(thmean [1, 2], itaub2);
for (i in 2: N) {
        thmean [i, 1] <-mu1 +phi1 * (th [i-1, 1] -mu1) +phi12
         * (th [i-1, 2]  -mu2);
        thmean [i, 2] <-mu2 +phi2 * (th [i-1, 2] -mu2) +phi21
         * (th [i-1, 1]  -mu1);
th [i, 1] ~dnorm(thmean [i, 1], itaua2);
th [i, 2] ~dnorm(thmean [i, 2], itaub2);
}
#####Distribution ofφ, μ, τ, ρε, υ #####
```

```
phi1star ~ dbeta (20, 1.5);
phi1 < -2 * phi1star -1;          #φ1
phi2star ~ dbeta (20, 1.5);
phi2 < -2 * phi2star -1;          #φ2
phi12 ~ dnorm (0, 0.1);           #φ12
phi21 ~ dnorm (0, 0.1);           #φ21
d < -dstar * 2;                   #d: Freedom Degree υ
dstar ~ dchisqr (4);
itaua2 ~ dgamma (2.5, 0.025);
taua < -sqrt (1/itaua2);          #τ1
itaub2 ~ dgamma (2.5, 0.025);
taub < -sqrt (1/itaub2);          #τ2
mu1 ~ dnorm (0, 0.04);            #μ1
mu2 ~ dnorm (0, 0.04);            #μ2
rhoep ~ dunif (-1, 1);            #ρε
}
#==================================#
```

附录5 部分原始数据

时间	上证综指		深证成指		道琼斯指数		恒生指数		人民币兑美元汇率	
	收盘价	波动观测值	收盘价	波动观测值	收盘价	波动观测值	收盘价	波动观测值	汇率	波动观测值
2005. 7. 21	1020. 63	-0. 00057	2724. 26	0. 002532	10627. 77	-0. 005867	14620. 14	-0. 00028	8. 2765	0. 000160
2005. 7. 22	1046. 32	0. 024698	2782. 89	0. 020977	10651. 18	0. 0020917	14786. 46	0. 011074	8. 11	-0. 0201619
2005. 7. 25	1045. 4	-0. 00104	2758. 67	-0. 00906	10596. 48	-0. 005257	14794. 03	0. 000274	8. 1111	0. 0002959
2005. 7. 26	1072. 81	0. 025721	2831. 56	0. 025763	10579. 77	-0. 001687	14769. 93	-0. 00187	8. 1097	-1. 225E-05
2005. 7. 27	1089. 91	0. 015652	2886. 52	0. 018907	10637. 09	0. 0052946	14801. 86	0. 001921	8. 1099	0. 0001850
2005. 7. 28	1086. 55	-0. 00325	2893. 59	0. 00213	10705. 55	0. 0063067	14813. 32	0. 000536	8. 1128	0. 0005178
2005. 7. 29	1083. 03	-0. 00341	2887. 57	-0. 0024	10640. 91	-0. 006165	14880. 98	0. 004319	8. 108	-0. 0004314
……	……	……	……	……	……	……	……	……	……	……
2012. 12. 19	2162. 24	-0. 00026	8639. 56	0. 005130229	13251. 97	-0. 00755	22623. 37	0. 005464	6. 2865	-7. 82201E-05
2012. 12. 20	2168. 35	0. 002661	8693. 23	0. 005876339	13311. 72	0. 00439	22659. 78	0. 00137	6. 2877	0. 000351225
2012. 12. 21	2153. 31	-0. 00712	8658. 35	-0. 004336956	13190. 84	-0. 00923	22506. 29	-0. 00703	6. 2881	0. 000223972
2012. 12. 24	2159. 05	0. 002501	8631. 37	-0. 003437499	13138. 93	-0. 00405	22541. 18	0. 001311	6. 2913	0. 000669126
2012. 12. 27	2205. 90	-0. 00614	8939. 85	-0. 000409405	13096. 31	-0. 0015	22619. 78	0. 003243	6. 2949	0. 000732413
2012. 12. 28	2233. 25	0. 012161	9026. 99	0. 009383601	12938. 11	-0. 01226	22666. 59	0. 001829	6. 2896	-0. 000681948
2012. 12. 31	2269. 13	0. 015777	9116. 48	0. 009548219	13104. 14	0. 012642	22656. 92	-0. 00066	6. 2855	-0. 000491724

参考文献

1. 杜子平，苏卫东，张世英．金融市场波动模型化研究进展．西北农林科技大学学报，2002，2（4）：32－36.

2. 番旭，赵迎迎．沪深港股市动态联动性研究．经济评论，2012，6（1）：80－82.

3. 方媛，金融时间序列的随机波动模型评述，当代经济，2010（1）：79－81.

4. 郭卫超．基于SV模型的中国股市波动性实证研究．硕士学位论文，青岛大学，2010.

5. 郝立亚．基于蒙特卡洛模拟的贝叶斯随机波动模型及应用研究．博士学位论文，湖南大学，2011.

6. 郝立亚，朱慧明，李素芳，曾惠芳．基于MCMC的贝叶斯长记忆随机波动模型研究．湖南大学学报，2011，38（10）：82－87.

7. 胡四修．金融市场随机波动模型的研究与分析．统计与决策，2012（20）：26－29.

8. 胡素华．连续时间资产收益模型的贝叶斯分析．博士学位论文，天津大学，2006.

9. 黄超．基于贝叶斯跳跃厚尾随机波动模型的中国股市波动性研究．硕士学位论文，湖南大学，2010.

10. 黄凤文．金融市场波动记忆性、持续性与分形研究．硕士学位论文，天津大学，2002.

11. 黄杰伟．基于马尔可夫结构转换随机波动模型的股市波动性研究．硕士学位论文，湖南大学，2005.

12. 黄杰伟，谢赤．马尔可夫结构转换随机波动模型及其应用研究．湖南商学院学报，2005，12（4）：76－78.

13. 蒋祥林．中国股票市场波动性影响因素研究．博士学位论文，天津大学，2002.

14. 蒋祥林，王春峰．基于贝叶斯原理的随机波动率模型分析及其应用．

系统工程，2005，23（10）：22－28.

15. 李峰．基于MCMC模拟的贝叶斯金融随机波动模型分析．硕士学位论文，湖南大学，2007.

16. 李汉东，张世英．ARCH模型与SV模型之间的关系研究．系统工程学报，2003，18（2）：97－103.

17. 李汉东，张世英．随机波动模型的持续性和协同持续性研究．系统工程学报，2002，17（4）：289－295.

18. 刘凤芹．基于DIC准则的SV族模型的比较．统计与决策，2004（9）：24－25.

19. 刘金全，李楠，郑挺国．随机波动模型的马尔可夫链－蒙特卡洛模拟方法——在沪市收益率序列上的应用．数理统计与管理，2010，29（6）：1026－1035.

20. 刘乐平，袁卫．现代贝叶斯分析与WinBUGS软件的使用．数理统计与管理，2005，24：77－80.

21. 刘乐平，张美英，李姣娇．基于WinBUGS软件的贝叶斯计量经济学．东华理工学院学报，2007，26（2）：101－107.

22. 刘庆富，徐友传．国内外非同步期货交易市场之间的跳跃溢出行为：基于风险事件的视角．系统工程理论与实践，2011，31（4）：679－690.

23. 刘酉君．随机波动模型参数估计方法比较研究．硕士学位论文，天津大学，2007.

24. 柳会珍，顾岚，胡啸兵．极端波动、跳跃和尾部风险——基于已实现波动率的股票市场风险动态预测．数理统计与管理，2014，1（33）：158－169.

25. 卢素，刘金山．随机波动模型的参数估计方法．佛山科学技术学院学报，2011，29（1）：43－46.

26. 吕苏．次贷危机下沪深300指数与道琼斯指数的波动溢出效应研究．硕士学位论文，复旦大学，2012.

27. 马芙玲，梁满发，易科．MCMC方法在估计二元随机波动率模型中的应用．合肥学院学报，2010，20（1）：27－29.

28. 毛明来，陈通，徐正国．SV类模型体系探讨．西北农林科技大学学报，2006，6（4）：65－68.

29. 孟海英，桂芬，罗天娥．WinBUGS软件应用．中国卫生统计，2006，23（4）：375－377.

30. 孟利锋．随机波动模型及其建模方法研究．博士学位论文，天津大学，2004.

31. 鸟画，易传和，杜军，贺正楚．基于多元随机波动模型的信用风险衍生定价．管理科学学报，2010，13（10）：55－62.

32. 邵伟．蒙特卡洛方法及在一些统计模型中的应用．博士学位论文，山东大学，2012.

33. 邵锡栋，黄性芳，殷炼乾．变量随机波动率模型及在中国股市的应用．统计与决策，2008（18）：82－85.

34. 沈根祥．股票收益随机波动模型研究．中国管理科学，2003，11（3）：16－20.

35. 苏卫东．随机波动模型及其在中国股市的应用．博士学位论文，天津大学，2002.

36. 苏卫东，张世英．多元长记忆SV模型及其在沪深股市的应用．管理科学学报，2004，7（1）：38－44.

37. 王春峰，蒋祥林，吴晓霖．随机波动性模型的比较分析．系统工程学报，2005，20（2）：216－219.

38. 王鹰翔，张鲁欣．基于向量GARCH模型的国际证券市场波动溢出研究．管理评论，2011，6（23）：180－182.

39. 王远林．上海股票市场和国际主要股票市场之间波动溢出效应的实证研究．数学的实践与认识，2011，41（21）：99－103.

40. 吴小枫．沪深及纽约股市波动性的实证研究．硕士学位论文，中南大学，2009.

41. 吴鑫育，马超群，汪寿阳．随机波动率模型的参数估计及对中国股市的实证．系统工程理论与实践，2014，34（1）：35－44.

42. 西村友作，孙便霞．全球金融危机下的股票市场波动跳跃研究——基于高频数据的中美比较分析．管理工程学报，2012，1（26）：106－110.

43. 许启发．基于时间序列矩属性的金融波动模型研究，博士学位论文．天津大学，2005.

44. 徐永坤．基于随机波动模型的中国股市波动性实证研究．硕士学位论文，复旦大学，2008.

45. 杨金华．基于SV模型的我国股市波动性实证分析．硕士学位论文，江西财经大学，2010.

46. 余芳. 基于 MCMC 方法的 WinBUGS 软件应用. 经营管理者, 2010, (15): 303.

47. 余素红, 张世英. SV 和 GARCH 模型对金融时间序列刻画能力的比较研究. 系统工程, 2002, 20 (5): 28-33.

48. 余素红, 张世英. SV 和 GARCH 模型拟合优度比较的似然比检验. 系统工程学报, 2004 (6): 625-629.

49. 曾昭法, 左杰. 沪港证券市场收益的跳跃与波动溢出关系研究-基于 MCMC 算法的 SVCJ 模型. 中国管理科学, 2013, 21: 334-340.

50. 曾志坚, 徐迪. 金融危机对证券市场波动溢出的影响研究. 财经理论与实践, 2011, 11 (32): 76-79.

51. 张成思. 随机波动与经济周期平稳化研究. 财贸经济, 2010 (1): 121-126.

52. 张青, 程希骏, 陈功. 推广的 DCC 模型及其在中国股市的应用. 工程数学学报, 2011, 28 (1): 21-27.

53. 张瑞锋, 张世英. 基于 ICA-SV 模型的金融市场协同波动溢出分析及实证研究. 数学的实践与认识, 2008, 38 (23): 30-39.

54. 张瑞锋, 张世英. 基于 VS—MSV 模型的金融市场波动溢出分析及实证研究. 系统工程, 2007, 25 (8): 1-6.

55. 张世英 等. 协整理论与波动模型. 北京: 清华大学出版社, 2003.

56. 郑挺国. 基于有限混合状态空间的金融随机波动模型及应用研究. 博士学位论文, 吉林大学, 2009.

57. 周彦. 连续时间随机波动模型及其在中国股市的应用. 硕士学位论文, 天津大学, 2006.

58. 周彦, 张世英. 基于 MCMC 方法的连续时间 SV 模型建模研究. 工业工程, 2007, 10 (1): 83-86.

59. 周彦, 张世英. 跳跃连续时间 SV 模型建模及实证研究. 系统管理学报, 2007, 16 (5): 531-536.

60. 朱慧明, 李峰, 杨锦明. 基于 MCMC 模拟的贝叶斯厚尾金融随机波动模型分析. 运筹与管理, 2007, 16 (4): 111-115.

61. 朱慧明, 王延彦, 马超群. 基于贝叶斯多变量厚尾随机波动模型的期货与现货联动效应研究. 湖南大学学报, 2013, 27 (6): 45-51.

62. 邱冬阳, 王涛, 许雄奇. 金融市场随机波动: 基于文献综述的视角.

西南农业大学学报（社科版），2009（4）：4－9.

63. Alex，G. and Michael，H. "A Wavelet Whittle Estimator of Generalized Long－Memory Stochastic Volatility." Statistical Methods & Applications，2011，20（1），pp. 23－48.

64. Almut，E. d.，Veraart，Luitgard A. M. and Veraart. "Stochastic Volatility and Stochastic Leverage." Annals of Finance，2012，8（2），pp. 205－233.

65. Andél，J. "A Time Series Model With Suddenly Changing Parameters." Journal of Time Series Analysis，1993，14，pp. 111－123.

66. Andersen，T. G.，Bollerslev，T. "Answering the Critics：Yes，ARCH Models DoProvide Good Volatility Forecasts." International Economic Review，1998，39（4），pp. 885－905.

67. Andersen，T. G.，Bollerslev，T. Christoffersen，Peter F. and Diebold，Francis X. "Volatility Forecasting." PIER Working Paper，No. 05－011，2005.

68. Andrey，I. "New Solvable Stochastic Volatility Pricing Volatility Derivatives." Review of Derivatives Research，2013，16（2），pp. 111－134.

69. Bansal，R. Gallant，A. R. Hussey，R and G. Tauchen. "Nonparametric Estimation of Structural Models for High Frequency Currency Market Data." Journal of Econometrics，1995，66，pp. 251－287.

70. Berkowitz，J. "Testing Density Forecasts with Applications to Risk Management." Journal of Business and Economic Statistics，2001，19，pp. 465－474.

71. Black，F. "Studies of Stock Price Volatility Changes." Proceedings of the Business and Economic Statistics Section，American Statistical Association，1976，pp. 177－181.

72. Bollerslev，T. "Generalized Autoregressive Conditional Heteroskedasticity." Journal of Econometrics，1986，31，pp. 307－327.

73. Bollerslev，T.，Engle R. F. and Nelson，D. B. "ARCH Models" in R. F. Engle and D. McFadden（eds.），Handbook of Econometrics，Volume IV，2959－3038. Amsterdam：North-Holland，1994.

74. Breen，W.，Glosten，L. R. and Jagannathan，R. "Economic Significance of Predictable Variations in Stock Index Returns." Journal of Finance，1989，44，pp. 1177－1189.

75. Breidt，F.，Crato，J. N. and de Lima P. F. J. "On the Detection and Esti-

mation of Long Memory in Stochastic Volatility." Journal of Econometrics, 1998, 83, pp. 325 – 348.

76. Cathy, W. S., Chen, Feng, C. L. and Mike, K. P. "Threshold Variable Selection of Asymmetric Stochastic Volatility Models." Computational Statistics, 2013, 28 (6), pp. 2415 – 2447.

77. Chernov, M., and Ghysels, E. "A Study towards a Unified Approach to the Joint Estimation of Objective and Risk Neutral Measures for the Purpose of Options Valuation." Journal of Financial Economics, 2000, 56 (3), pp. 407 – 458.

78. Chib, S., Nardari, F., and Shephard, N. "Markov Chain Monte Carlo Methods for Stochastic Volatility Models." Journal of Econometrics, 2002, 108, pp. 281 – 316.

79. Christoffersen, P. F. and Pelletier D. "Backtesting Value-at-Risk: A Duration-Based Approach." Journal of Financial Econometrics, 2004, 2, pp. 84 – 108.

80. Christoffersen, P. F. and Diebold, F. X. "Financial Asset Returns, Direction-of-Change Forecasting, and Volatility Dynamics." Cambridge, Mass: NBER Working Paper 10009, 2003.

81. Comte, F., Coutin, L. and Renault, E. "Affine Fractional Stochastic Volatility Models." Annals of Finance, 2012, 8, pp. 337 – 378.

82. Danielsson, J. and Richard, J. "Accelerated Gaussian Importance Sampler with Application to Dynamic Latent Variable Models." Journal of Applied Econometrics, 1993, 8, pp. 153 – 173.

83. David, N., and Sylvain, S. "Moments Structure of ℓ 1 – stochastic Volatility Models." Quality & Quantity, 2012, 46 (6), pp. 1947 – 1952.

84. Ding, Z., Granger, C. and Engle, R. F. "A Long Memory Property of Stock Market Returns and a New Model." Journal of Empirical Finance, 1993, 1, pp. 83 – 106.

85. Duan, Jinchun. "Augmented GARCH (p, q) Process and its Diffusion Limit." Journal of Econometrics, 1997, 79, pp. 97 – 127.

86. Duffie, D. and Singleton, K. "Simulated Moments Estimation of Markov Models of Asset Prices." Econometrica, 1993, 61, pp. 929 – 952.

87. Easley, D. and O. Hara, "Time and the Process of Security Price Adjust-

ment." Journal of Finance, 1992, 47, pp. 577 –605.

88. Engle, R. F. "Autoregressive Conditional Heteroscedasticity with Estimates of the Variance of UK Inflation." Econometrica, 1982, 50, pp. 987 –1008.

89. Engle, R. F., Lilien, D. M. and Robins, R. P. "Estimating Time-varying Risk Premia in the Term Structure: The ARCH – M Model." Econometrica, 1987, 55, pp. 391 - 408.

90. Engle, R. F. and Ng, V. K. "Measuring and Testing the Impact of News on Volatility." Journal of Finance, 1993, 48, pp. 1749 –1778.

91. Eraker, B. "Do Stock Prices and Volatility Jump? Reconciling Evidence from Spot and Option Prices." Journal of Finance, 2004, 59, pp. 1367 –1403.

92. Fama, E. F. "The Behavior of Stock Market Price." Journal of Business, 1965, 38, pp. 34 –105.

93. Fiorentini, G., Sentana, E. and Calzolari, G. "Maximum Likelihood Estimation and Inference in Multivariate Conditionally Heteroskedastic Dynamic Regression Models with Student – t Innovations." Journal of Business and Economic Statistics, 2003, 21, pp. 534 –246.

94. Frederi, G. V. "Symposium on Stochastic Volatility: an Introductory Overview." Annals of Finance, 2012, 8 (2), pp. 151 –157.

95. Fridman M. and Harris L. "A Maximum Likelihood Approach for Non-Gaussian Stochastic Volatility Models." Journal of Business & Economic Statistics, 1998, 16 (3), pp. 284 –291.

96. Giacomini, R. "Comparing Density Forecasts via Weighted Likelihood Ratio Tests: Asymptotic and Bootstrap Methods." Boston College, Department of Economics, Working Paper 583, 2002.

97. Glosten, L. R., Jagannathan, R. and Runkle, D. E. "On the Relation between theExpected Value and the Volatility of Nominal Excess Return on Stock." The Journal of Finance, 1993, 48, pp. 1779 –1801.

98. Gourieroux, C. and J. Jasiak, Financial Econometrics, Princeton, NJ: Princeton University Press, 2001.

99. Gray, S. F. "Forecasting Volatility in Financial Markets: a Review." Journal of Economic Literature, 2003, 41, pp. 478 –539.

100. Rafał. K., Philippe, S. "Estimation of Limiting Conditional Distributions

for the Heavy Tailed Long Memory Stochastic Volatility Process." Extremes, 2013, 16 (2), pp. 203 – 239.

101. Roger, L., Dan, W. "Displaced Lognormal Volatility Skews: Analysis and Applications to Volatility Simulations." Annals of Finance, 2012, 8 (2), pp. 159 – 181.

102. Schwert, G. W. "Why Does Stock Market Volatility Change Over Time?" Journal of Finance, 1989, 44, pp. 1115 – 1153.

103. Shephard, N. "Stochastic Volatility: Selected Readings." Oxford: Oxford University Press, 2005.

104. Stephen, F. Forecasting Volatility, Financial Markets, Institutions, and Instruments, 1997, 6.

105. Hamilton, J. D. and Susmel, R. "Autoregressive Conditional Heteroskedasticity and Changes in Regime." Journal of Econometrics, 1994, 64 (1 – 2), pp. 307 – 333.

106. Hamilton, J. P., Time Series Analysis. Princeton, NJ: Princeton University Press, 1994.

107. Harvey, A. C. "Long Memory in Stochastic Volatility." In eds. J. Knight and S. Satchell: Forecasting Volatility in Financial Markets, 307 – 320. Oxford: Butterworth – Heineman, 1998.

108. Harvey, A. C.; Ruiz, E. and Shephard, E. "Multivariate Stochastic Variance Models." Review of Economic Studies, 1994, 61, pp. 247 – 264.

109. Harvey, C. R., and Whaley R. E. "Market Volatility Prediction and the Efficiency of the S&P100 Index Option Market." Journal of Financial Economic, 1992, 3, pp. 43 – 74.

110. Jackline, S., Deo, M. "Lead-Lag Relationship between the Futures and Spot Prices." Journal of Economics and International Finance, 2011, 3 (7), pp. 424 – 427.

111. Jacquier, E., Polson, N. G. and Rossi, P. E. "Bayesian Analysis of Stochastic Volatility Models." Journal of Business & Economic Statistics, 1994, 12, pp. 371 – 389.

112. Johannes, M., N. Polson and J. Stroud. "Sequential Optimal Portfolio Performance: Market and Volatility Timing." Working Paper, Columbia University,

University of Pennsylvania, and University of Chicago, 2004.

113. José, E. F., "Statistical Estimation of Lévy – type Stochastic Volatility Models." Annals of Finance, 2012, 8 (2), pp. 309 –335.

114. Lin. Wen-Ling, Engle, R. F., and Ito. "Do Bulls or Bears Move Across Borders? International Transmissions of Stock Returns and Volatility." *Review of Financial Studies*, 1994, 7, pp. 507 –538.

115. Liu, W., Zheng W. A. "Stochastic Volatility Model and Technical Analysis of Stock Price." Acta Mathematica Sinica, English Series, 2011, 27 (7), pp. 1283 –1296.

116. Mandelbrot, B. "The Variation of Certain Speculative Prices." Journal of Business, 1963, 36, pp. 394 –419.

117. Masaaki, F. "Asymptotic Analysis for Stochastic Volatility: Martingale Expansion." Finance and Stochastics, 2011, 15 (4), pp. 635 –654.

118. Melino, A., and Turnbull, S. M. "Pricing Foreign Currency Options with Stochastic Volatility." Journal of Econometrics, 1990, 45, pp. 239 –265.

119. Nelson, D. B. "Conditional Heteroskedasticity in Asset Pricing: a New Approach." Econometrica, 1991, 59, pp. 347 –370.

120. Nelson, D. B. "Stationarity and Persistence in the GARCH (1, 1) Model." Econometric Theory, 1990, 6 pp. 318 –334.

121. Patton, A. "Volatility Forecast Evaluation and Comparison Using Imperfect Volatility Proxies." Working Paper, London School of Economics, 2005.

122. Poon, S. H., Granger, C. "Forecasting Volatility in Financial Markets: a Review." *Journal of Economic Literature*, 2003, 41, pp. 478 –539.

123. Tauchen, G. and Pitts M. "The Price Variability-Volume Relationship on Speculative Markets." Econometrica, 1983, 51, pp. 485 –505.

124. Taylor, S. J. and Xu, Gary, The Magnitude of Implied Volatility Smiles: Theory and Empirical Evidence for Exchange Rates, discussion paper, University of Warwick. 1993.

125. Taylor, S. J. "Financial Returns Modeled by the Product of Two Stochastic Processes: a Study of Daily Sugar Prices 1961 –79." In O. D. Anderson (Ed.), Time Series Analysis: Theory and Practice, 1: 203 –226. Amsterdam: North – Holland, 1982.

126. Taylor, S. J. Modeling Financial Time Series. Chichester, John Wiley, 1986.

127. Tong, H. Non-linear Time Series. Oxford University Press. 1990.

128. Tristan, M. and Gareth, R. " An Adaptive Approach to Langevin MCMC. " Statistics and Computing, 2012, 22 (5), PP. 1041 – 1057.

129. Tse, Y. K. Zhang, Xibin, and Yu, Jun. "Estimation of Hyperbolic Diffusion Using MCMC Method. " Monash Econometrics and Business Statistics Working Papers, 2002.

130. Wang, L. " Investing when Volatility Fluctuates. " Working Paper, the Wharton School and Singapore Management University, 2004.

131. Whitelaw, R. F. " Time – Varying Sharpe Ratios and Market Timing. " Working Paper, NYU, Stern School of Business. 1997.

132. Yu Jun, " On Leverage in a Stochastic Volatility Model. " Journal of Econometrics, 2005, 127 (2), pp. 165 – 178.

后　记

本书是笔者作为负责人承担的国家社科基金项目结项成果经修改形成的。

股票市场因其价格变幻无常而充满了魅力，中国股票市场更是跌宕起伏而成为投机者的乐园。反过来，则风险巨大，难于监管，丧失投资价值。因此，对股票市场为主的金融市场波动性研究是金融学永恒的热点和主题。本书在沿袭前辈研究的基础上，采用相对前沿和比较专业的马尔科夫蒙特卡洛（MCMC）方法探索我国股票市场的波动性规律。这是当时申报国家社科基金项目的初衷。实际的研究到结项，过程耗时较长，变化较多，有太多的艰辛，也有诸多收获。最终呈现出来的内容是用 MCMC 方法分析了中外不同股票市场之间、人民币汇率市场与股票市场之间的波动性联动性，在此基础上构建了风险预警机制，并提出了化解中国股票市场过度波动的政策建议。

书中内容如此，但在修改过程中有两点需要说明：一是对书中的随机波动模型、MCMC 方法等部分内容不太满意。因此，邀请苏理云博士对随机波动模型、MCMC 方法等内容进行了更为专业的修订和完善，进而使本书的理论、方法与应用之间结合更紧密。具体来说：苏理云博士完成第 4 章，以及第 5.1、5.2、5.3 节，其余章节由笔者完成。二是对书名界定为股票市场或金融市场也颇费思量，虽然从研究内容看是中国股票市场，但中国股票市场目前是最有代表性的，其波动性是最有影响的，在现阶段足以代表金融市场的波动性，因此，最后书名确定为金融市场。

研究及书稿的形成过程中，引用了大量同行研究成果，得到相关专家、学者和同行的意见与建议、指导和帮助，特别感谢黄文峰博士从 MCMC 运行程序、海外股票市场经验等方面给我们无私的帮助，感谢项目组成员的贡献，感谢国家社科基金项目匿名评审专家的建议，感谢对以本书主要内容形成系列论文的点评专家，感谢笔者的研究生们收集数据、整理资料，感谢同事们、朋友们提供的各方面便利。

感谢重庆理工大学优秀著作出版基金的资助。

当然，由于作者的理论水平和实际能力有限，书中难免有不准确、不满意的地方，真诚希望读者不惜赐教。从另一个角度看，笔者把国家社科基金项目的研究成果修改并出版展示给读者，就是期盼能引起更多读者和同行的持续关注，就是希望丰富金融市场波动性研究，并服务于实践。读者和业界人士的意见与建议是笔者后续研究的方向，也将推动金融市场波动性研究的进一步升华。

邱冬阳

2017 年 12 月

于重庆理工大学